警 务 礼 仪

主 编 林 强

中国人民公安大学出版社

·北 京·

图书在版编目（CIP）数据

警务礼仪/林强主编．—北京：中国人民公安大学出版社，2008.12
ISBN 978-7-81139-316-3

Ⅰ．警… Ⅱ．林… Ⅲ．警察—礼仪—基本知识—中国
Ⅳ．D631.19

中国版本图书馆 CIP 数据核字（2008）第 184425 号

警务礼仪
JINGWU LIYI
主编 林 强

出版发行：中国人民公安大学出版社
地 址：北京市西城区木樨地南里
邮政编码：100038
经 销：新华书店
印 刷：涿州市新华印刷有限公司

版 次：2009 年 1 月第 1 版
印 次：2024 年 8 月第 16 次
印 张：16
开 本：787 毫米×1092 毫米 1/16
字 数：251 千字

书 号：ISBN 978-7-81139-316-3/D·269
定 价：62.00 元

网 址：www.cppsup.com.cn www.porclub.com.cn
电子邮箱：cpep@public.bta.net.cn zbs@cppsu.edu.cn

营销中心电话（批销）：（010）83903991
警官读者俱乐部电话（邮购）：（010）83901775
读者服务部电话（书店）：（010）83903257
教材分社电话：（010）83903259
公安图书分社电话：（010）83905672
法律图书分社电话：（010）83905637
公安文艺分社电话：（010）83903973
杂志分社电话：（010）83903239
电子音像分社电话：（010）83905727

警务礼仪

主　编　林　强

副主编　黄利天　纪智媛

撰稿人　(以姓氏笔画为序)

王智强　吕　霞　朱雯霞

齐丽莉　林　强　胡滨亭

前　　言

荀子曰："人无礼则不生，事无礼则不成，国无礼则不宁。"精辟地阐明了礼仪的重要意义及巨大作用。礼仪是一门较强的行为科学，现代社会对礼仪的要求越来越广泛，越来越细致，礼仪的规范化也越来越受到现代人的重视，各行各业的从业人员对礼仪知识的需求也越来越迫切。

警务礼仪是社会礼仪的重要组成部分，既包括警务人员在日常的社会交往和人际交往中应遵循的基本行为准则，也包括警务人员在警务活动中必须遵守的工作规范，具有鲜明的时代特征和显著的职业特色。加强警务人员礼仪教育，提高警务人员礼仪素质，是建设中国特色社会主义政治文明和精神文明的客观要求，是全面推进各项公安工作和公安队伍建设的必然要求，是深入开展"抓基层、打基础、苦练基本功"活动的重要内容，对于不断提升警务人员的整体素质和执法效益、塑造警务人员的良好形象，对于进一步增强警务人员的亲和力和凝聚力、构建和谐的警民关系，具有重要的意义。

为了帮助广大警务人员较好地掌握各种场合中所需要的礼仪知识，我们编撰了此书。全书共分九章，分别为：警务礼仪概述，警务人员形象礼仪，警务交往礼仪，警务办公礼仪，警务人员业务礼仪，警务人员面试礼仪，涉外警务礼仪，国旗、国徽、国歌和警徽、警歌礼仪，民俗和宗教礼仪等内容。参加本书编写的人员有林强副教授、王智强副教授、胡滨亭副教授、吕霞讲师等。具体章节的完成情况是：第一章，林强；第二章，吕霞、齐丽莉；第三章、第四章，林强；第五章，林强、朱雯霞；第六章，王智强；第七章、第八章，林强；第九章，胡滨亭。校稿工作由朱雯霞、齐丽莉负责。最后由林强、黄利天、纪智媛负责修改和定稿工作。本书参考了大量的报刊文献，吸收了专家学者最新的研究成果，在此向各位专家学者表示衷心的感谢。

本书在编撰过程中，限于编者水平，加之警务礼仪的形式与规范不断更新且涉及的领域异常广泛，疏漏和不当之处在所难免，真切希望广大读者提出宝贵意见，以求不断改进本书内容，共同为促进社会和谐作出新的更大的贡献。

林强

2008 年 11 月 1 日

目 录

第一章　警务礼仪概述

礼仪作为人类历史发展中形成的一种丰厚的文化积淀，不仅是社会生活的要求，也是一个人、一个组织乃至一个民族道德修养和文明程度的标志。中国自古就是一个讲究礼仪的国家，素以“礼仪之邦”而著称于世。警务礼仪是我国礼仪文化的重要组成部分，是警务人员所应当具备和严格遵守的礼仪规范。加强对警务人员礼仪教育，提高警务人员礼仪素质，对全面推进各项警务工作，树立公安机关和警务人员良好形象，增强警务人员亲和力，提高公安队伍战斗力，具有重要的意义。

第一节　礼仪述要

一、礼仪的含义

“礼仪”是一个复合词，由“礼”和“仪”两部分组成。“礼”和“仪”是两个不同的概念，“礼”是制度、规则，是一种道德规范。按我国古辞书《说文》的解释，“礼也，所以事神、致福也”，即礼是用来“事神”、“致福”的形式。例如，祭祀、跪拜、鞠躬都是在致礼，或行礼。“仪”是“礼”的外在表现形式。《辞源》对“仪”的解释有两层意思，一是指容貌、外表；二是指法度、标准。“仪”就是仪式、仪表、仪态，是一种被人们规定的共同认可的程序及规范。《辞源》对礼仪作了这样的明确概括：“礼仪，行礼之仪式。”

简单地说，礼仪是人类为维系社会正常生活而要求人们共同遵守的道德规范的外在表现形式之一，是人们在社会交往中形成的并得到共同认可的行为准则或规范。作为与其他法理、制度一起共同对社会的人与人之间的关系进行调控的一种手段或方法，它更多的还是表现出了一种约束，并成为大家共同遵循的一种规范，是保证社会协调的基本要求。

二、礼仪的历史沿革

礼仪是人类精神文明的产物。礼仪的历史是漫长而久远的。它随着人类社会的产生而产生，随着经济的发展、社会的进步而不断前进。

礼仪起源很早。从传说中的黄帝时代起，历经尧舜禹时代及夏商王朝，礼经历了萌芽、产生、继承与发展几个阶段，直到周代，礼制逐步系统化，并趋于完善，成为后世的典范。

起源于祭礼，在原始社会，人类还处在蒙昧时代，生产力水平极端低下，靠“天”吃饭，人们对许多自然现象无法解释，就把“天”、“神”作为宇宙间最高的主宰，对之顶礼膜拜，进行祭祀，这时就产生了最早的也是最简单的以祭天、敬神（即“图腾”）为主要内容的“礼”，当时只有简单的人际交往，只要不违背“图腾”，就可以继续交往下去。

奴隶社会，“礼”开始打上阶级的烙印，礼的含义也有所变化。人类进入阶级社会后，建立了严格的等级制度。为维护这种制度，并区别贵族中的等级，于是制定出繁杂的礼仪，如朝觐、射御、宾客、祭祀、婚嫁、丧葬等礼仪。

古代的礼仪，主要反映在典礼活动中，不同等级的人使用的器物、穿的衣服、行的仪式都不同。统治者通过强化礼仪，来体现自己的政治意图。于是礼仪成为统治阶级进行封建统治的工具，有些还以法律的形式固定下来，形成“礼制”，成为束缚人们行为的工具。

辛亥革命在推翻封建帝制的同时，也结束了封建礼制。五四新文化运动使中华民族开始了新文化建设征程。随着无产阶级的觉醒，社会主义礼仪具备了雏形。无产阶级是历史上最先进、最革命的阶级，以解放全人类为己任，他们具有高尚的情操。为了处理其内部以及与其他劳动阶级的关系，完成共同的历史使命，无产阶级更需要讲究文明礼貌，更需要有自己的礼仪规范。

新中国成立以后，中国的礼仪建设进入了崭新的历史时期，大致经历了三个发展阶段：一是礼仪革新阶段（1949 年至 1966 年）。主要任务是摒弃昔日束缚人们的“神权天命”、“愚忠尽孝”以及严重束缚妇女的“三从四德”等封建礼教，确立同志式的互助合作关系和男女平等的新型社会关系，继承和发扬尊老爱幼、讲究信义、以诚待人、先人后己、礼尚往来等中国传统礼仪中的精华。二是礼仪退化阶段（1966年至1976年）。“文化大革命”使国家遭受了难以弥补的严重损失，也给礼仪带来一场“浩劫”。许多优良的传统礼仪被当做“封、资、修”扫进垃圾堆。礼仪受到摧残，社会风气逆转。三是礼仪复兴阶段（1978年至今）。改革开放以来，人们对礼仪重新进行了文化审视和理性思考，不仅汲取了西方文明的优秀成果，使东西方文化和东西方礼仪有机地交融，逐步地完善和发展。从推行“五讲、四美、三热爱”活动到制定市民文明公约，各行各业的礼仪规范纷纷出台，岗位培训、礼仪教育日趋红火，讲文明、懂礼貌蔚然成风。我国的礼仪文化作为社会主义先进文化的重要内容，进入了全面复兴和建设的新时期，并正在对中华民族的全面振兴与世界的和平发展起着更加积极的促进作用。

三、礼仪的内容与划分

（一）礼仪的内容

学习礼仪首先要从掌握礼仪的基本内容开始。礼仪的内容丰富多彩。随着时代的变迁、社会的进步和人类文明程度的提高，礼仪的内容也在不断地推陈出新。古代有许多礼仪，由于具有强烈的封建色彩，或是迷信的产物，现已被人们所废弃。但也有些礼仪具有文明性、民族性等，被人们继承下来，成为礼仪的一部分。同时，人们根据社会交往的需要，不断地补充、丰富了礼仪的内容，使礼仪更趋完善、合理。礼仪的内容主要包括以下五项：

1. 仪表。仪表是指人的外表，包括仪容、服饰、体态等。仪表属于美的外在因素，反映人的精神状态。仪表美是一个人心灵美与外在美的和谐统一，美好纯正的仪表来自于高尚的道德品质，它和人的精神境界融为一体。端庄的仪表既是对他人的一种尊重，也是自尊、自重、自爱的一种表现。

2. 礼貌。礼貌是指人们在社会交往过程中良好的言谈和行为。它主要包括口头语言的礼貌、书面语言的礼貌、态度和行为举止的礼貌。礼貌是人的道德品质修养的最简单、最直接的体现，也是人类文明行为的最基本的要求。在现代社会，使用礼貌用语，对他人态度和蔼，举止适度，彬彬有礼，尊重他人已成为日常的行为规范。

3. 社交礼节。社交礼节是指人们在交际过程中逐渐形成的约定俗成的和惯用的各种行为规范之总和。社交礼节是社会外在文明的组成部分，具有严格的礼仪性质。它反映着一定的道德原则的内容，反映着对人对已的尊重，是人们心灵美的外化。在现代社会中，由于人与人之间地位平等，其礼节从形式到内容都体现出人与人之间相互平等、相互尊重和相互关心。社交礼节主要包括：介绍的礼节、握手的礼节、鞠躬的礼节、名片的礼节、电话的礼节等。

当今世界是个多元化世界。不同国家、不同民族、不同地区的人们在各自生存环境中形成了各自不同的价值观、世界观和风俗习惯，其礼节从形式到内容都不尽相同。

4. 仪式。仪式是指行礼的具体过程或程序。它是礼仪的具体表现形式。仪式是一种比较正规、隆重的礼仪形式。人们在社会交往过程中或是组织在开展各项专题活动过程中，常常要举办各种仪式，以体现出对某人或某事的重视，或是为了纪念等。常见的仪式包括结婚仪式、升旗仪式、入场仪式、开业或开幕仪式等。

仪式往往具有程序化的特点，这种程序有些是人为地约定俗成的。在现代礼仪中，仪式中有些程序是必要的，有些则可以简化。因此，仪式也大有越来越简化的趋势。但是，有些仪式的程序是不可省略的，否则就是非礼。

5. 民俗礼仪。民俗礼仪是指各种风俗习惯。它是礼仪的一种特殊表现形式。风俗习惯是由于历史形成的，普及于社会和群众之中并植根于人们心理中，在一定的环境下经常重复出现的行为方式。不同国家、不同民族、不同地区在长期的社会实践中形成了各具特色的风俗习惯。风俗习惯也是人们价值观的体现。它形式多样、内容繁杂，几乎每一个民族、地区甚至是一个个的村落都可能形成自己的风俗习惯。这些民俗礼仪千差万别，综合起来就可谓一部民俗大观了。

（二）礼仪的划分

对于礼仪的划分一向有不同的标准。从礼仪的基本组成因素来看，它包括礼仪的主体、礼仪的客体、礼仪的媒体、礼仪的环境等方面。

礼仪的主体是指礼仪的操作者和实施者，它既可以是个人，也可以是组织。礼仪的客体，即礼仪的适用的范围，它是指礼仪活动的指向者和承受者，它既可以是人，也可以是物。礼仪的媒体，是指开展礼仪活动的一种媒介，它实际上是礼仪的内容和形式的统一，既可以是实物媒介、人体媒介，也可以是通过活动体现出来的活动媒介等。

礼仪的环境是指礼仪活动得以进行的时空环境，礼仪的环境通常制约着礼仪的实施效果。

1. 按礼仪的主体划分，可以分为警务礼仪、护士礼仪、公务员礼仪、文秘礼仪、教师礼仪及服务员礼仪等。

2. 按礼仪的客体划分，可以分为政务礼仪、商务礼仪、服务礼仪、社交礼仪和涉外礼仪等。

3. 按礼仪的媒体划分，可以分为语言礼仪、服饰礼仪、仪表礼仪、办公礼仪等。

4. 按礼仪的环境划分，可以分为见面礼仪、介绍礼仪、宴会礼仪、面试礼仪等。

第二节　警务礼仪的基本理念

警务人员学礼仪、讲礼仪，首先要树立警务礼仪的基本理念。警务礼仪的基本理念是“礼者，敬人也”。这句话是孔子说的，这里的“敬”是尊敬、尊重的意思。“敬”是“礼”的本义，是礼仪的重点和核心。“人”包括他人和自己。在对他人表示尊重的同时，也要注意尊重自己。

一、尊重他人

尊重他人，就是要敬人之心长存，处处不可失敬于人，不可伤害他人的尊严，更不能侮辱他人的人格。尊重他人主要表现为以礼待人，平等待人，友善待人，尊重他人的风俗习惯，虚心学习他人的长处，反对傲慢自大，盛气凌人，自以为是，目空一切，唯我独尊。

人际交往的黄金定律是：“你想要他人怎样对待你，你就要怎样对待他人。”也就是说，你要想得到他人的尊重，首先要尊重他人。俗话说：“种瓜得瓜，种豆得豆。”处处尊重他人，得到的回报就是他人处处尊重自己，尊重他人其实就是尊重自己。不尊重他人，就没有资格和理由要求他人来尊重自己。

尊重，用通俗的话来说，就是“给面子”。在中国，“面子”很重要。战国时代有个叫中山的小国。有一次，中山国的国君以羊肉羹款待国内的名士，当时正巧羊肉羹不够，不能让在场的人都喝到。有一个没有喝到羊肉羹的人叫司马子期，此人怀恨在心，到楚国劝楚王攻打中山国。楚国是个强国，攻打中山国易如反掌。中山国被攻破，国君逃到国外。他逃走时发现有两个人手拿武器跟随他，便问：“我都这样了，你们还跟着我干什么？”两人回答：“从前有一个人曾因获得您赐予的一壶食物而免于饿死，我们就是他的儿子。父亲临死前嘱咐，中山国如有任何事变，我们必须竭尽全力，甚至不惜以死报效国君。”中山国国君听后，感叹地说：“与不期众少，其于当厄；怨不期深浅，其于伤心。吾以一杯羊羹而失国矣。”这句话的意思是说，给予他人东西不在于数量的多少，而在于他人是否需要；施怨不在于深浅，而在于是否伤了他人的心。中山国国君因为一杯羊肉羹而亡国，却由于一壶食物而得到两位勇士。这个故事警示我们，在日常生活、工作中，要处处尊重他人，处处帮助他人，处处给他人“面子”。

二、尊重自己

在警务活动中，警务人员首先要以实际行动来尊重自己，即应以自爱、自信与自尊为基础，在他人面前表现得豁达开朗，乐观坦诚，从容不迫，落落大方，理直气壮，气宇轩昂。既要谨慎，但又不拘谨；既要主动，但又不盲动；既要自我约束，但又不手足无措、畏首畏尾。在任何情况下，都要坚持自立、自强，努力以自身的实际行动在他人面前充分地展现公安机关和警务人员的精神风貌。

尊重自己，包括要尊重自身、尊重所从事的职业和所在的单位。

（一）尊重自身

知愧知耻、自尊自爱是每一位警务人员都应该恪守的为人原则。自尊即自我尊重，是指既不向他人卑躬屈膝，也不允许他人歧视、侮辱自己，是一种尊重自己，并期望受到他人、集体和社会尊重的心理。自爱，是指爱惜自己、珍爱自己的人格尊严。自尊才能得到他人的尊重。一个人只有自尊自爱，才能在他人心中树立威严，赢得他人的尊重；一个人如果能真正懂得知愧知耻、自尊自爱，就会主动维护他人的尊严，把尊重自己和尊重他人结合起来，从而展现出自身的教养、风度和魅力。

（二）尊重职业

警务人员要有强烈的职业荣誉感，要自觉地履行职业责任，遵守职业纪律，宁愿做出自我牺牲，也不能违背职业良心去做有损职业荣誉的事情。警察职业是警务人员维持生活、发展自己、承担社会义务的手段，首先，警务人员应该为自己所从事的职业而骄傲、而奋斗；其次，警务人员应该严于律己、忠于职守、爱岗敬业、维护警威，只有这样才会赢得交往对象的尊重。

（三）尊重单位

维护单位的形象就是从根本上维护自己的形象。在涉外交往中，要处处维护祖国的尊严和形象。祖国是我们的母亲，哪有儿女说自己的母亲不好呢？对自己工作的单位也是这样，它是自己立足、工作、生活的基地，荣辱与共，兴衰同俱。单位在社会有地位，自己也分享其荣誉；单位有实力，自己也有利益。所以，要千方百计维护单位的尊严和形象。

尊重是全方位的，“尊重祖国（单位）是根本，尊重上级是天职，尊重同事是本分，尊重下级是美德，尊重所有人是教养”。

三、不卑不亢

既要尊重他人，又要尊重自己，这就需要我们把握一个度，心里需要有一把“尺子”，这把“尺子”就是不卑不亢。不卑，就是不卑躬屈膝；不亢，就是不盛气凌人。不卑不亢是指对人要有恰当的分寸，既不低声下气、低三下四，也不傲慢自大、目中无人。站在现代的角度来看，我们可以把“不卑不亢”理解为：做人要有原则。也就是说，做人做事要有个底线，哪些事可以做，哪些事是绝对不能做的。如果没有了做人的原则，也就没有了衡量对与错的尺度，这样就很容易误入歧途，也容易让自己活得很累。

对比现代社会，有多少人在权势面前低下了头，有多少人在利益面前放弃了自己的尊严。我们身边就有一些人，见到领导就卑躬屈膝、点头哈腰；而看到群众，看到下属，就盛气凌人，表现出“门难进，脸难看，话难听，事难办”的工作作风，这些作风严重败坏了警务人员自身和公安机关的形象。这是没有自主性的表现，也是人们所厌恶的见风使舵、抬轿子的做法。

其实，从古到今，理智的领导也都是看不起这种不自尊、不自重的人，更不会重用他们。据说，有一次，李鸿章带了三个人去拜见曾国藩，请曾国藩给他们分派职务。不巧，曾国藩出去散步了，李鸿章示意那三人在厅外等候。不久，曾国藩散步回来，李鸿章说明来意。曾国藩接着就说：“面向厅门，站在左边的是个忠厚人，办事小心，让人放心，可分派他去做后勤供应工作；中间那位是个阳奉阴违、两面三刀的人，不值得信任，只应分派一些无足轻重的工作，担不得大任；右边那位是个将才，可独当一面，以后作为不小，应予重用。相信吗？以后这人官职在我们俩之上。”李鸿章很吃惊，问：“还没有用他们，您是如何看出来的呢？”曾国藩说：“刚才散步回来，看见厅外站着三个人，我走过他们身边的时候，左边的那位低头不敢仰视，可见是个老实、小心谨慎的人，因此适合做一些后勤供应之类只需要踏实、不需要多少开创精神和机变的事情；中间那位，表面上恭敬，可等我走了之后，就左顾右盼，可见是个阳奉阴违之人，因此不可重用；右边那位，始终挺拔而立，如一根栋梁，双目正视前方，不卑不亢，是大将之才。”右边这位，就是后来成为台湾第一任巡抚的刘铭传。

四、素质要求

警务人员践行警务礼仪应具备以下素质：

（一）一视同仁，稳重大方

在警务活动中，必然会遇到各种各样的人，有的地位高，有的地位低。但无论遇到哪种人，都应该一视同仁。如果我们诚实稳健，以礼待人，别人就会觉得我们是可信赖的人。如果我们夸夸其谈、不着边际，或者一味表现自己、自高自大，或者态度蛮横、不可理喻，别人就会认为我们缺乏修养，从而失去对我们的信任和尊重。

（二）热情服务，无私奉献

热情地帮助他人，为他人排忧解难，并且不祈求回报，这样就容易获得别人的尊重。如果把帮助他人当做为自己提供方便或获取私利的交易条件，那么就根本得不到他人的尊重。其实，帮助他人就是帮助自己，那些我们帮助过的人，当我们遇到困难时，他也会伸出手来帮助我们，为我们解除痛苦。

（三）记人之善，忍人之过

俗语说：“宰相肚里能撑船。”对待他人要宽宏大量，豁达大度。要多看他人的优点长处，要能容忍他人的缺点不足，并尽可能以真诚的态度给予帮助。对于那些犯过错误，或者直接损害过自己利益的人不要歧视，不要采取敌对的态度。一个心胸狭窄、斤斤计较的人是很难得到他人尊重的。

（四）诚信守约，说到做到

古人云："言而无信，不知其可也。"可见守信对于一个人来说是多么重要。待人要以诚相待、诚信守约。如果自己答应给对方办事情，就一定要办到、办好；如果自己没有能力替对方把事情办好，就应该向对方解释清楚，千万不要轻易作出许诺。那些只会开空头支票的人，往往是最被人瞧不起的。

（五）爱岗敬业，廉洁奉公

警务人员必须警钟长鸣，始终坚持爱岗敬业，廉洁奉公，执政为民，保持崇高的思想品质，只有这样才能不辱于人民警察的神圣使命。警务人员要敢于坚持原则，不做损害集体利益，损害公安机关形象的事，就会获得他人的普遍尊敬，即使那些要求得不到满足的人也会从心底里佩服我们。

第三节　警务礼仪的特征及作用

一、警务礼仪的特征

警务礼仪属于警察公共关系学的一个重要分支，与其他礼仪相比，有其自身的特征。

（一）规范性

警务人员代表的是政府的形象，是老百姓安全的心理保障，因此，警务人员在警务活动和人际交往中，必须随时随地严格按照有关规范和要求行事，都要高标准、规范性地要求自己，使自己的言行举止与警务人员的礼仪规范相一致。例如，《公安机关人民警察着装管理规定》对警务人员的着装予以规范；《公安机关窗口单位服务规定》对如何接待前来办事、报警、报案、求助、咨询的群众予以规范；《公安机关人民警察内务条令》对警务人员晋见或遇见领导时的礼节、交接岗时的礼节、进入居民住宅时的礼节等予以规范和制约。

（二）限定性

警务人员在对他人表示尊重时，不得自行其是、肆意而为，必须顾及自己的职业和身份，要始终维护和改善警务人员在群众心目中的形象，要始终维护公安机关和政府的形象，要始终维护我们整个中华民族的形象。例如，称呼要得体，不能对群众称兄道弟；对待外国朋友要一视同仁，禁止歧视；警务人员着装时禁止行鞠躬礼、跪拜礼；在大型安保活动中，禁止长时间使用手机等。

（三）严肃性

警务人员的言行举止不是个人私事，而是严肃的纪律，是要遵守国家的法律、法规和条令条例，其行为要与自己的角色相协调，与自己的工作环境相协调。一般公务人员在接待应酬时，喝点酒是一件非常正常的事情，因为我国自古就有“无酒不成宴”之说。但是，《公安部“五条禁令”》第4条规定：“严禁在工作时间饮酒，违者予以纪律处分；造成严重后果的，予以辞退或者开除。”

（四）发展性

警务礼仪的规范不是一成不变的，它作为一种社会历史的产物，随着社会自身的发展而不断完善。某一阶段被公认的礼仪准则规范随着历史的发展，有的被肯定，有的被否定，有的被充实，有的被摒弃。同时，一些新的内容又会被补充进来，不断推陈出新，这是警务礼仪适应时代发展变化的结果。另外，随着对外交流的扩大，各国、各地区、各民族之间的交往日益密切，各自的礼仪也随之相互影响、相互渗透、相互取长补短，使各国、各民族的礼仪在历史传统的基础上不断被赋予新的内容。

二、警务礼仪的作用

“人无礼则不生，事无礼则不成，国无礼则不宁。”（《修身》）可见礼的重要作用。礼仪有助于提高人的自身修养；有助于美化生活、美化个人形象；有助于促进人们的社会交往，改善人们的人际关系；还有助于净化社会风气等。警务礼仪主要有以下作用：

（一）树立形象，交流信息

这是警务礼仪的首要功能。在警务人员与公众的信息交流过程中，通过互相了解，形成一种动态的、立体的信息网络。传递信息的功能主要是通过两种交往手段（语言交往手段和非语言交往手段）进行的。在警务活动中，传递信息的功能不仅仅表现为语言手段，而且还有面部表情、手势、体态等非语言交往手段。非语言交往手段是警务人员个人形象的展现，它经常伴随着语言手段进行社会交往，运用各种表达形式来充实语言的表达，从而达到传递信息的作用。

（二）加强修养，提高素质

礼仪修养是道德修养的外在表现，道德修养决定着人们具有什么样的理想、信念、情感、意志、规范等。一般情况下，警务人员的道德修养主要体现在其待人接物的种种细节之中，而这些貌似琐碎的细节恰恰又展示着一个人的基本素质，这就是所谓“细节彰显素质，细节决定成败”。警务人员的礼仪修养，是其个人素质的重要组成部分。警务人员提高礼仪修养是提高个人素质的主要途径之一。

（三）联络感情，化解矛盾

在警务活动过程中，伴随着对交流信息内容的理解和对象个性特征的认识，双方都会产生一定的情绪体验。它表现为两种情感状态：一是情感共鸣；二是情感排斥。当双方对所交流的信息有相同的情绪体验，对象的个性符合自己的社会定式时，就会产生情感共鸣。情感共鸣使双方相互吸引，引起良好的人际关系的建立和发展；相反，则产生情感排斥，这就是所谓的“话不投机半句多”，“物以类聚，人以群分”。

（四）扬长避短、调节行为

人际交往是确定警务人员自我形象的主要途径。俗话说：“当局者迷，旁观者清。”人们很难直接观察自己，很难准确地察觉自身行为是否得体得当，很难客观评价自身能力的高低，所以需要以他人对自己的反应作为一种衡量参数。人总是渴望自身的价值得到社会的承认。在人际交往过程中，警务人员也可以根据众人对自身的评价不断调整自己的行为，使之符合社会群体对自己的期望，从而树立完美的形象。

第四节　警务礼仪的原则

警务礼仪的原则，是指警务人员在施行礼仪时的出发点以及遵从的指导思想。它是保证礼仪活动顺利实施并达到预期目标的基本条件。警务礼仪的施行要遵从以下几个原则，它们同等重要，不可或缺。

一、宽容自律

宽容自律原则，是指警务人员在施行礼仪时，要严于律己、宽以待人，做到“海纳百川，有容乃大”。宽容意味着要有容忍的雅量和多替他人考虑的品德，要多容忍他人、多体谅他人、多理解他人，千万不要求全责备、斤斤计较、过分苛刻。自律是指在没有任何监督的情况下，都能自觉地按照礼仪规范来约束自己、控制自己、检查自己、反省自己。在礼仪的遵守上，不能只要求他人做到，而自己却置身于礼仪之外；不能只要求他人尊重自己，对自己事事讲礼仪、讲礼貌，而自己对他人不尊重，不讲礼仪。

二、持之以恒

持之以恒原则，是指警务人员在非警务场合也必须遵守道德规范，遵守警务人员的基本礼仪标准，不能可有可无，此一时、彼一时。警务人员在警务活动范畴内是礼仪的模范执行者，到了非警务场合就丢弃了警务人员的准则，语言粗俗，行动随便，完全是另一番景象。这样的大反差表现，只能让人怀疑其警务礼仪的虚伪和造作。因此，警务人员必须始终如一、持之以恒地模范执行警务礼仪规范。

三、入乡随俗

入乡随俗原则，是指警务人员在施行礼仪时，要把握好与特定事情、特定人物、特定环境相协调的礼仪要求，做到注意分寸、认真得体。由于国情、民族、文化背景不同，客观上存在着“十里不同风，百里不同俗”的现象。对于这一现实要有正确的认识，不要自高自大、唯我独尊，简单否定其他人不同于己的做法。必须坚持入乡随俗，允许不同的风俗存在，尊重对方所独有的风俗习惯，要善于把礼节与不同的风俗同化，与绝大多数人的习惯做法保持一致，切勿目中无人、自以为是、指手画脚，贬低和嘲笑他人、随意批评和指责他人。

四、规范适度

规范适度原则，是指警务人员在施行礼仪时，要恰如其分、冷热有度、合乎标准，做到“有所为，有所不为”。“有所为”是指有些礼节、礼貌必须到位，即该做的必须做到，该说的必须及时准确地说出来。例如，进入领导办公室必须敲门或喊报告。“有所不为”是指有些行为不能做或者有些礼节、礼貌等行为不能做过了头，不能太过火。礼仪超过了一定的限度，就变成了恭维、拍马，甚至是低三下四、有求于他人的样子，给人一种虚伪的感觉。

五、灵活诚信

灵活原则，是指警务人员在施行礼仪时，要有敏锐的洞察力，要根据不同场合、不同对象、不同需要做出及时、恰当和灵活的反应，不能照本宣科、一成不变，要因人而异、灵活运用。

诚信原则，是指警务人员在施行礼仪时，要表里如一、诚心诚意、言行一致，做到“言必信，行必果”。不能说一套做一套，口是心非，三心二意，要赢得群众的信任，在群众中树立起可靠的形象。例如，漳州 110 践行“有警必接、有难必帮、有险必救、有求必应”的承诺，就是这条原则的体现。

第五节　学习和实践礼仪

礼仪是人类文明和社会进步的重要标志。《礼记·冠义》说：“凡人之所以为人者，礼仪也。”《礼记·曲礼》说：“鹦鹉能言，不离飞鸟。猩猩能言，不离禽兽。今人而无礼，虽能言，不亦禽兽之心乎?”由此，我们可以说，人与动物的根本区别不是语言的有无，而是礼。礼成了文明与野蛮的区别。这是更高一个层次的区别，是指族群与族群或者国家与国家之间的区别，是人与人之间的区别。

当今世界，礼仪无处不在，无时不有。礼仪与发展同在，与进步共生。学习礼仪，实践礼仪，遵循礼仪规范，树立文明新风，开创良好的社会道德风尚，是时代的呼唤、时代的要求，也是加强公安队伍正规化建设的现实需要。

从古到今，我国人民就以讲究礼仪闻名于世。中国共产党在领导中国人民进行革命和建设的伟大事业中，十分重视社会主义礼仪文化建设，努力把提高各族人民的文明修养和全社会的文明程度作为重要的工作任务。以毛泽东同志为代表的老一辈无产阶级革命家把全心全意为人民服务作为党的根本宗旨，作为每一个共产党员的道德修养标准。邓小平同志强调，要建设“有理想、有道德、有文化、有纪律”的四有新人。江泽民同志提出，要做知行统一、脚踏实地的人，努力使自己真心实意地为祖国、为人民做好每一件有意义的事。胡锦涛同志提出，要树立以“八荣八耻”为主要内容的社会主义荣辱观，倡导各级领导干部要大力提倡“勤奋好学、学以致用，心系群众、服务人民，真抓实干、务求实效，艰苦奋斗、勤俭节约，顾全大局、令行禁止，发扬民主，团结共事，秉公用权、廉洁从政，生活正派、情趣健康”的优良作风。

礼仪修养是一个自我认识、自我养成、自我提高的过程，是通过有意识的学习、效仿、积累而逐步形成的，是要有高度自觉性的。只有把礼仪修养看做是自身素质不可或缺的一部分，是立足社会服务人民的基石，是事业发展的基础，是完美人格的组成，才会真正有自觉意识和主动性地去学习。

学习礼仪，必须掌握科学的方法，掌握正确的学习途径，日积月累，学以致用，逐步提高自身的礼仪修养。

一、加强道德修养

礼仪修养是道德修养的外在表现，道德修养决定着人们具有什么样的理想、信念、意志、规范等，它是调节人们相互关系的行为规范的总和。孔子说：“德之不修，学之不讲，闻义不能徙，不善不能改。”他强调“修己以敬”，还强调“修己以安百姓”，认为只有品德修养好的人，才能严肃地对待一切事情；只有品德修养高尚的人，才能使百姓得到安定。由此可见，加强道德修养是礼仪修养的前提和基础，一个没有道德修养的人，也就谈不上是有良好礼仪修养的人。例如，一个人的语言修养往往反映这个人道德修养的水平。一般来说，思想进步、品德高尚的人，自然对人尊重，说话和气；相反，心术不正、品质恶劣的人，则必然是骗人欺人，言语污秽。

二、学习礼仪知识

礼仪知识越广博、越全面，在待人接物时就越应对自如。各个国家、民族、地区受不同历史、文化、习俗和宗教等因素的影响，形成了礼仪规范的多样性，有些礼仪在不同场合、对不同对象，也有不同的展现方法，就我国 56 个民族而言，各个民族的礼节习俗也不尽相同。有的人已具有较高的道德修养和良好的品德，但如果他对某一具体活动的礼仪不了解，这时还是凭以往的经验办事，轻则闹出笑话，重则影响工作效果，甚至造成误解。例如，同样是握手，男女之间的力度就不同，新老朋友之间也有很大差别。因此，我们应该注意搜集、学习礼仪知识，提高礼仪理论水平，力求全面、系统地掌握礼仪理论知识。

三、提高综合素质

加强文明礼仪教育，提高文明礼仪素养，根本目的是为了提高社会成员的综合素质，推动社会的全面发展和进步。综合素质是一个人的学习能力、工作能力、领导能力、审美能力以及心理素质的集中反映。各种能力是相互影响、相互联系、相互促进的。一般来说，综合素质较高的人，思考问题周密，分析问题透彻，处理问题有方，往往其道德修养和礼仪规范也是比较好的。因此，我们应培养自己对知识的广泛兴趣，努力涉猎多方面的知识，提高自己在经济、文化、艺术、审美等方面的能力。

四、学会自我反省

礼仪需要不断修炼、不断实践、不断完善。经常自我反省、自我审视、自我批评，是在否定的意义上对自身不良行为进行克服和纠正的有效方法。自省是一种超越自我的境界，既十分有效，又非常难以做到。警务人员要成为有较高礼仪修养的人，就要学会反省自己，做到自我监督、自我教育。要经常对自己的行为进行正确的分析和评价，弄清在礼仪方面哪些做得比较好，哪些还不够；既要善于发现自己的优点和长处，继续发扬，又要善于正视和改正自己的弱点和不足，百尺竿头，更进一步。三国时刘备曾说："勿以恶小而为之，勿以善小而不为。"这应成为我们培养礼仪修养的警言。

五、加强实践锻炼

文明礼仪是一个从认识到实践不断反复的过程，仅仅掌握礼仪理论和礼仪知识是远远不够的。文明礼仪的修养关键在于实践。修养既要修炼又要培养，离开实践，修养就成为无源之水、无本之木。一个人只有在实践中，才能认识到哪些行为符合礼仪规范的要求，哪些行为不符合礼仪规范的要求。同样，要克服自己的失礼行为和习惯，培养自己的礼仪品质，也必须依赖于社会交往实践。理论联系实际是礼仪修养的根本方法，强化礼仪实践，就要把文明行为、礼仪要求自觉地融入日常工作和生活中，体现在自己的一言一行、一举一动、一点一滴中。要在日常工作和生活的每一个细节中，注意自己仪表、仪容、仪态和礼仪、礼节、礼貌的积累，努力成为一个“明礼”的人，一个自觉践行礼仪的人。

【典型案例】

案例一

入乡随俗

很久以前，有一个被称为“裸乡”的地方。一次，兄弟二人去“裸乡”经商。

弟弟说：“福德大的人衣食充足；而福德小的人则衣匮粮缺。今日我们来到‘裸乡’，这里没有佛法，是道德比较落后的地方。我们前往这里，和他们交流起来比较困难。所以，我们应该入乡随俗，进退要遵循对方的规矩。”

哥哥说：“礼教不可亏。我怎么会因为他们裸身就放弃我的礼教呢?”

弟弟说：“这样做并没有破坏我们的礼教道德啊！因为我们的内心是正的。这就像黄金外表涂了一层铜一样。再说，这仅是权宜之计。我们还是一起进去吧！”

哥哥说：“还是你先进去看一下，之后回来告诉我具体情况。”

弟弟答应了。十天后，弟弟返回来告诉哥哥，必须要遵循当地的习俗。哥哥听后勃然大怒：“畜生！这哪还像人啊！你这样做，我偏不这么做！”

于是弟弟又回到‘裸乡’。他随从于那里的风俗，和当地人打成一片。国王很喜欢他，国民也非常敬重他。国王以高价购买了他的商品。哥哥乘着车也来到“裸乡”，但他执意坚持礼教，指责当地人的不是，他的所作所为违背了民心，国王非常生气，国民也特别讨厌他。有人还抢了他的商品，赶他出国。这就是不入乡随俗的后果。虽然这只是一个故事，却深刻地反映了入乡随俗的意义所在。

案例二

不卑不亢

1963 年 12 月的一天，陈毅应邀参加肯尼亚的独立大典。晚上在肯尼亚举行的国家舞会上，中国代表团和美国代表团的位置刚好排在一起。在中美关系长期僵持的时期，这无疑是个极其微妙的局面。陈毅既没有主动凑过去套近乎，也没有气哼哼掉头而去，而是坐下并喝起咖啡来。

当时，美国代表团成员有三个人：部长夫妇和美国劳联副主席，那位部长夫人首先向旁边搭话："你们是中国代表团吗?""是的。""我是否可以与您谈谈天?""可以。怎么不能谈?"双方就开始聊了起来。

那位部长一看夫人已开了头，便也过来，要与陈毅部长干杯，却又故作姿态地说："过去米高扬访问美国，到我家做客，与我夫人谈了一天。我为此受到了腊斯克国务卿的责备，希望我们这次干杯不要引起麻烦。"

听了此话，陈毅不是破口大骂，猛烈抨击，而是不软不硬地回了句："你怕麻烦，可以不跟我干杯。我也就不会有什么麻烦了。"

那位部长又匆匆说："我建议，为中美两国有一天能够改善关系干杯!"

听了此话，陈毅也不赌气不干，而是端起酒杯说："我希望，我相信，中美两国的关系总有一天能够前进一步的，但条件是美国的国务院要取消对中国的敌视侵略政策，只有这样才有可能。"

在这场交往中，陈毅以"不卑不亢、有礼有节"的言行举止捍卫了自尊，树立了中国外长的良好形象，为我们树立了对外交流的光荣典范。

第二章　警务人员形象礼仪

随着社会的进步、文明的发展，人们对个人形象问题越来越关注，警务人员也不例外。有人说“警察是国人的第一形象”，此话一点不假。因为无论是刚走下飞机舷梯的外国友人，还是刚踏上港口的中国游客，甚至是街头巷口悠闲漫步的市井百姓，最容易被人的目光捕捉到的是头戴国徽、身着制服的警务人员。见到我们，人们自然而然地会觉得安全稳定。警务人员因工作原因，与人民群众接触最为频繁，因此，警务人员的个人形象在一定程度上代表着国家形象、政府形象。

所谓警务人员的个人形象，一般是指警务人员在社会上所形成的公众印象，以及社会公众由此对其产生的基本看法和作出的总体评价。警务人员形象礼仪，是指警务人员个人形象的一系列具体的礼仪规范，包括仪容礼仪、言谈礼仪、举止礼仪、着装礼仪、敬礼礼仪等。

第一节　仪容礼仪

警务人员的仪容是指作为警察这种职业群体所应有的形象、气质、风度、精神面貌等方面的规范要求，即对警务人员静态形象的要求。作为警务人员，要时时注意自己的仪容，因为好的仪容是一种习惯，一种贯穿在点滴行为中的修养。警务人员的个人仪容，不仅是个人内在素质、精神力量和文明程度的外部表现，更是警察队伍纪律作风、战斗能力的重要体现。

根据《公安机关人民警察内务条令》第 16 条对公安民警的仪容方面的规定，公安民警应当保持头发整洁。非特殊任务需要，不得染彩发，男性公安民警不得留长发、大鬓角、卷发（自然卷除外）、剃光头或者蓄胡须，女性公安民警发辫不得过肩。公安民警不得文身，不得染指甲、留长指甲，不得化浓妆。根据上述要求，对警务人员而言，在仪容礼仪方面必须做到头发清洁、面容自然、化妆得体等。

一、头发

气质和魅力首先要“从头做起”。警务人员的头发应清洁、长短适中，并富有光泽，发型应体现出传统、庄重、得体、自然的风格。

（一）发型得体

发型，即头发的整体造型。发型不仅体现自己的个人修养与艺术品位，而且还是个人形象的核心组成部分。一般来说，选择发型与个人的脸形、发质、体型、年龄、服饰、场合等都有很大的关系。选择发型应注意以下细节：

1. 与脸形相协调。例如，长方脸形，应避免把脸部全部露出，刘海做一排，尽量使两边头发有蓬松感，不宜留长直发；方脸形的男性警务人员最好不留板寸头，否则容易让人将自己的脑袋与正方体相联系。

2. 与“发质”相协调。每个人的发质不一样，适合的发型也会不一样。在不违反公安部规定的情况下，要根据自己的发质选择发型。例如，直硬的发质，很容易修剪得整齐，设计发型时最好以简洁为主，尽量避免复杂的花样。

3. 与体型相协调。例如，高大体型的女性警务人员，简洁、大方的直发发型会减弱高大感；矮胖型的警务人员，可选择短发或有运动感的发型，尽量避免长发、蓬松或梳得过宽的发型。

4. 与年龄相协调。在发式造型方面，青年人应以简洁、自然的发型显示其青春的活力；中年人，年龄跨度较大，几乎任何发型都适合这个年龄段；老年人则适合较短而整齐的固定发型。发型选择不好，年轻人反而会显老；而成功的发型，会使年龄大者看上去年轻很多。

5. 与服饰、场合相协调。不同的服饰应与不同的发型相适应。警务人员上班期间身着警服，发型就要以简洁明快为主，女性警务人员则应将长发盘起，尽显英姿飒爽。而下班后就可依据所要前往的场合自行设计适合自己穿着的各种发型，以显得轻松潇洒，与环境协调合拍。着西装时，因西装给人以端庄整洁的感觉，发型也要梳得端庄、大方，不要过于蓬松，男性警务人员梳理个西装头，再穿上一套笔挺的西服，就会显得风度翩翩。

（二）长短适中

短发是世界各国对军队、警察等纪律部队发型的普遍要求和惯例，我国也历来这样规定，它既适合警察这一职业特点和快节奏的现代生活，又能体现蓬勃向上的精神风貌。男性警务人员发型方面的要求上限是前发不附额，侧发不掩耳，后发不触领，下限是不能剃光自己的头发。一般来说，年长的女民警最适合的发型也是短发，因为长发会使本来就有些发福的体型更显臃肿，同时，披散在脸颊边的垂发会显得憔悴而苍老，如果留长发，应盘低发髻。年轻的女民警留长发的，“八小时之外”可以任那长发在微风中飘逸，着警服时，发辫不得过肩，应将长发盘起置于警帽内。

（三）勤于梳理

梳理头发是每天必做的事，而且还不止一次。为了保持头发的整齐，在以下“五种情况”下应及时梳理：（1）出门上班前；（2）换装上岗前；（3）摘下帽子时；（4）下班回家时；（5）其他必要时。不要在他人面前梳理头发，使残发、头屑满天飞，也不要用手指梳头，要随时注意清理落在肩背上的头皮屑，还要注意断发和头皮屑不要随处乱扔。

头发要常洗，条件允许时头发应该至少是一至二天洗一次。男性警务人员20天左右应理发一次，女性警务人员可根据情况而定，但最长不应超过一个月。

二、面容

面容，通常是指人的面部容貌，即眼、眉、耳、鼻、嘴、颈。在人际交往中，“面子”问题至关重要，每个人的面容都会引起交往对象的特别关注，因此修饰面容是必不可少的。

修饰面容的基本原则是整洁、自然。面部修饰从清洁开始，即要勤洗脸，使脸部干净清爽，无油垢、无汗痕、无任何不洁之物。清洁脸部仅靠早晨起床后洗一次脸是远远不够的，如午休、用餐、劳动、外出后，通常都需要即刻洗脸。

（一）眼眉修饰

眼睛是生活中被人注意最多的地方。作为警务人员，在日常工作中，要注意保持眼部的清洁，应注意眼部分泌物的及时清除，随时检查。此外，人的眼部也容易患病，如红眼病、麦粒肿、沙眼等，应特别注意眼病的预防和治疗，以免有损尊容或传染他人。

在佩戴眼镜时，要注意保持眼镜的清洁，选择适合的款式。在室内不宜佩戴墨镜。

警务人员在每日进行面部清洁时，千万不能忽略对眉毛的清洁，应去除死皮、灰尘等异物，并进行必要的梳理。眉毛虽然不一定比眼睛引人注目，但其形状、颜色是否优美正常，都影响着个人面部的整体观感。警务人员不允许文眉或剃光眉毛，如果有断眉、残眉等情况，应及时补救。

（二）耳鼻修饰

每个人都不应忽略对耳朵和鼻子的护理。耳朵的清洁往往会出现死角，要及时处理耳孔及鼻孔中出现的不洁分泌物，但切记对耳鼻进行的保洁工作不要当众进行，对擤鼻涕、抠鼻孔、挖耳孔等行为都应避人耳目，在工作社交场合也不应弄出太大声响。

对鼻子上的“黑鼻头”，不能在人前抠、挖、挤，应有针对性地进行清理。每日出门前也应注意自己的耳毛和鼻毛是否长出耳孔和鼻孔，如果有，则应及时修剪，切勿当众用手拔除。

（三）嘴颈修饰

嘴部要力求做到牙齿洁白、无异味、无异物。牙齿的清洁是仪容美的重要部分，不洁的牙齿被认为是交际中的障碍，开怀大笑时露出牙垢、发黄或发黑的牙齿，也会使动人的笑容大打折扣。因此，要搞好口腔卫生、防止口臭，要养成早晚刷牙、餐后漱口的习惯，及时照照镜子。刷牙时要做到“3 个三”，即每天刷牙 3 次，餐后 3 分钟刷牙，刷牙时间要 3 分钟以上。如果条件许可，也可定期到医院洗牙，解决牙齿发黄、变黑和产生结石的问题。

注意呵护嘴唇。嘴唇通常较引人注目，到了冬季，要有意识地呵护好嘴唇，可以适当用一些护唇产品，避免开裂、暴皮。

没有特殊的宗教信仰和民族习惯，男性警务人员不得蓄留胡须，要养成每日剃须的习惯，切忌胡子拉碴，影响形象。女性警务人员如果因内分泌失调而长出类似胡须的汗毛，也应及时清除。

脖颈与头部相连，属于面容的自然延伸部分。修饰脖颈，一是要防止其皮肤过早老化，与面容产生较大反差。二是要使之保持清洁卫生，不要只顾脸面，不顾其他。

三、手臂

手臂是仪容的重要组成部位。手臂被称为人的“第二张名片”，是人体运用最为频繁的一个身体部位。根据《公安机关人民警察内务条令》第16条的规定，警务人员不得文身，不得染指甲、留长指甲。警察作为一支正规化的纪律部队应当远离文身这种反文明、反人性的现象。警务人员着警服时，染指甲、留长指甲，是不严肃、不得体的，体现不出警务人员应有的威武文明的精神风貌。除此之外，警务人员的手臂还应注意以下细节：

（一）清洁卫生

由于双手长期暴露在外，使用也较多，常会沾染灰尘、污垢、油渍、汗渍等其他污物，因而要做到讲究卫生勤洗手，及时清理甲缝污垢。上岗之前、手脏之后、吃东西之前、解手之后、接触精密贵重物品之前及下班之前等都要及时洗手。作为警务人员在公众场合下应避免以下不卫生的行为，如挠痒痒、搔头皮、揉眼睛、挖耳屎、抠鼻孔、剔牙缝、修指甲、搓泥垢、脱鞋袜，或将抠挖出来的污物乱弹、乱抹等行为。

（二）手部护理

应经常留意自己的双手，避免干燥、粗糙、皲裂、长斑和产生皱纹。着夏执勤服从事室外工作，太阳的暴晒会严重损伤手部皮肤，应采取必要的防护措施，如涂抹防晒霜等；从事技术工作的警务人员经常与各种试剂、消毒剂接触，应戴上防护手套，避免手部烧伤。

（三）修剪指甲

要保持指甲光润有型，指甲的长度不应超过手指指尖。不能用牙齿啃指甲，或用手撕指甲沟附近的“死皮”。在任何公共场合修剪指甲，都是不文明、不雅观的举止。精心修饰的指甲或指甲过长可能会分散他人的注意力，降低自身的可信度。

（四）祛除腋毛

在正式的场合让他人看到腋毛或腿毛是极不雅观、极失礼的行为。警务人员着便服时应有意识地不穿暴露腋毛的服饰。女士在社交活动中，穿着使腋窝外现的服装时，必须先祛除腋毛，以免有损整体形象。在社交和公务场合，男士不得穿短裤，不得挽起长裤的裤管。女士在穿裙装和薄型丝袜时，如露出腿毛，应先将其祛除。

四、脚部

俗话说“远看头，近看脚”。现实生活中，人们往往注重头部和身体的修饰，而忽略了脚部，给人以“凤凰头，扫帚脚”的感觉，从而失去了整体协调的美感。其实只要稍加注意，便能“足下生辉”。

警务人员脚部要做到“四勤”，即勤洗脚、勤换袜、勤换鞋、勤擦鞋。

（一）勤洗脚

警务工作是很忙碌的，双脚也是很辛苦的，每日上岗执勤、巡逻，有的经常需要“走千家，串万户”。所以，要注意时时呵护双脚，每天晚上睡觉前用热水泡脚几分钟，做简单的揉搓、按摩，这样既能洗净双脚、祛除异味，又能消除双脚疲劳，一举两得。

（二）勤换袜

不要穿有残破、异味的袜子，最好每日一换，防止臭气熏人。尼龙、腈纶质地的袜子容易产生异味，而棉质袜子具有良好的吸汗和护脚功能，应作为对袜子的首选。女性警务人员在着制式裙装时，应着肤色长筒丝袜或连裤袜，袜子一定要大小适宜，绝对不能穿随时都可能往下掉的袜子，尤其需要注意的是，袜口不能露在裙摆外边，不要穿带图案的袜子，应随身携带一双备用的肤色丝袜，以防袜子拉丝或跳丝。

（三）勤换鞋

人们往往比较注意勤换袜子，但勤换鞋子这一点，注意的人就不多了。有的人一双新鞋只要上脚，除非休息或换季，不待它“寿终正寝”那是不会更换的。其实，鞋子也是需要“休息”的。一双鞋子常穿在脚上，不仅会因为“超负荷运转”而缩短寿命，而且更会因此而使其内部发生霉变，产生令人掩鼻的异味。所以，至少应常备两双或更多的鞋子，交替穿用，适时晾晒。

（四）勤擦鞋

警务人员应保持皮鞋光亮，无灰尘，使全身上下一致整洁。在外人面前不要用手指、纸张、手帕等擦皮鞋；入住酒店时，不能用窗帘、枕巾、被单等擦皮鞋，这是缺乏教养的表现。

五、化妆

化妆，是运用化妆品和工具，采取合乎规则的步骤和技巧，对人的面部、五官及其他部位进行渲染、描画、整理，增强立体印象，调整形色，掩饰缺陷，表现神采，从而达到美容目的。对于警务人员来说，化妆并不是为了凸显个人，更重要的是为了塑造警察队伍的整体形象，同时也是为了向自己的交往对象表示尊重和敬意。

女性警务人员化妆应以淡妆为主，力求达到自然大方、素净雅致、简洁适度。化妆时，应注意以下细节：

（一）考虑自身条件

化妆是要从自身的特点出发，从弥补不足着手，扬长避短，锦上添花。不同的年龄、身材、肤色、容貌，都应有不同的上妆要求。如果是妙龄女警，肤质肤色都非常健康，就没必要用厚重的粉底来破坏自己的天生丽质。要对自己的身体条件，尤其是不足之处心知肚明。

（二）考虑妆容协调

妆容必须与所穿制服的颜色相协调，与自己所处的办公场所相协调，使自己的五官更加协调。例如，有人为了图轻便，不顾自身唇形是否美丽，每天的妆容只是用涂抹色彩艳丽的口红来完成。如果唇形比较厚实，就容易让人忽略自己面部其他器官的存在，会觉得自己每天总是张着“血盆大口”在办公场所晃悠。

（三）考虑浓淡相宜

要学会恰如其分地将自己所化之妆融于身体各部，而没有粘贴、描绘、雕刻之感，达到化妆的最高境界——若有若无、浑然天成。

（四）维护自身形象

化妆是属于个人隐私，修饰避人，是警务人员应当严格遵守的重要成规之一，切勿在公共场所当众化妆、补妆。

（五）注意化妆禁忌

警务人员在化妆方面要注意以下禁忌：

1. 不评论他人的化妆。
2. 不使用过多的香水。
3. 不在异性面前化妆。
4. 不使化妆出现残缺。
5. 不借用他人化妆品。

第二节　言谈礼仪

言谈是人们运用语言表达思想、沟通信息、交流感情的重要方式，包括言谈内容、言谈方式、言谈技巧等。它反映一个人的思想水平、知识修养、道德品质，也是礼仪形象的重要体现。警务人员言谈若要符合一定的礼仪规范，就要遵守言谈礼仪准则，掌握言谈技巧，回避言谈忌讳。

一、言谈准则

（一）语言文明

警务人员在言谈时，应注意语言内容文明、语言形式文明、语言行为文明的三者统一。做到措辞准确、发音正确、语调柔和、语速正常。要讲普通话、大白话，不要故作高深，用难懂的技术术语或文学语言去难为对方；应尽量回避不雅之语，选用文雅词语，要常用表示谦虚、恭敬的礼貌语，避免语气生硬、急躁、轻慢，杜绝粗话、脏话、黑话、怪话、空话、大话和官话等。

（二）态度端正

警务活动中的言谈，正确的态度应该是热情、诚恳、稳重、平易。热情是言谈的基本要求，冷漠无情、无精打采、有气无力的言谈是没有感染力的，无法收到效果。诚恳是言谈的基本态度，以诚为本，诚心待人，才能取得听者的信任，虚伪做作，华而不实，都是不可取的。稳重是成熟的表现，只有稳重，才能给人安全感，增加可信程度。平易是与人拉近距离的基本方式，傲慢无礼、狂妄自大、盛气凌人的言谈是没有亲和力的。

（三）内容适宜

谈话内容要根据交谈的实际情形而定。有明确话题时，谈话内容就要相对集中，不能东拉西扯，不着边际；没有明确话题时，则可以选择一些适当的话题，话题必须是健康有益、对方感兴趣、令人愉悦的，而不能是一些低级庸俗、耸人听闻、荒诞离奇、令人反感或者捉弄对方、非议他人的话题。

（四）表达得体

表达得体，即用最恰当的言辞和口吻表达意思。不同场合、不同对象、不同内容应当有不同的语气措辞和语调声态。是慷慨激昂，还是语调低沉，是慢条斯理，还是加快语速，是措辞严厉，还是用语平和，是直来直去，还是委婉含蓄，都要看具体情形。

（五）语言通俗

言谈语言要生动，要有活力、有感染力。要使语言生动，首先应口语化，应多运用大众化的语言，不应满口文绉绉的书面语言。应学会运用一些语言表达手段，如举例子、打比方、讲故事、用典型，甚至是有趣见闻、健康笑谈等。

（六）距离适当

与人交谈时，应保持适当的距离。过远，他人会以为自己不愿向他表示友好和亲近；过近，稍有不慎会把唾沫溅到他人的脸上，而这样一般是最令人讨厌的。美国心理学家爱德华·霍尔研究发现，人与人之间的距离可以分为以下几个区域：

1. 亲密距离（45 厘米之内）。这是人际间最亲密的距离，只能存在于最亲密的人之间，常用于情侣、亲友、父母、子女之间。就交往情境而言，亲密距离属于私下情境，即使是关系亲密的人，也很少在大庭广众之下保持如此近的距离，否则会让人不舒服。

2. 个人距离（45～75 厘米）。这是有分寸感的距离，通常是在非正式社交情境中使用，一般只有熟人和朋友才能进入这个距离。较少直接的身体接触，但能够友好交谈，让彼此感到亲密的气息。

3. 社交距离（1.2～2.1 米）。这是社交性或礼节上的人际距离，也是在办公室中经常见到的。它适用于比较正式、庄重、严肃的社交活动，如谈判、会见客人等。这种距离给人一种安全感，处在这种距离中的两人，既不会怕受到伤害，也不会觉得太生疏，可以友好交谈。

4. 公众距离（3.7～7.5 米）。通常演说者与听众之间的标准距离就是公众距离。它适用于报告会、演讲会等。这种距离能够让仰慕者更加喜欢偶像，既不会遥不可及，又能够保持神秘感。

二、言谈技巧

与人交谈在某种程度上也是一门艺术，这就要求警务人员在交谈中掌握一定的方法和技巧。

（一）因人而异

俗话说："到什么山唱什么歌，见什么人说什么话。"言谈要看对象，要看场合。不同对象，不同场合，要区别对待，不能墨守成规。

不能对每一种人都谈论同样的一件事。一位学者，不会对生意感兴趣。同样，一个生意人，也不会对哲学的大道理有兴趣。有这样一个笑话：某君以伶牙俐齿见长。有人向他请教有什么诀窍，他说："其实非常简单，就看他是什么人，对什么东西感兴趣，然后你和他谈他感兴趣的东西就可以了。例如，对方是屠夫，你就和他谈猪肉；如果对方是厨师，你就和他谈菜肴。”请教者又问：“那如果屠夫和厨师都在场怎么谈?”他说：“那我就谈红烧肉。”

不同地点、不同情景对交谈有不同的要求。一般有以下场合：庄重场合和一般场合；正式场合和非正式场合；悲愤场合和喜庆场合；大场合和小场合；适宜说话的场合和不适宜多说的场合。例如，在悲愤场合时说话要低沉、避讳、音量恰到好处；在喜庆场合时说话要轻松、明快、幽默。

（二）同频共振

同频共振是指一处声波在遇到另一处频率相同的声波时，会发出更强的声波振荡，而遇到频率不同的声波则不然。人与人交谈，如果能主动寻找共鸣点，使自己的“固有频率”与别人的“固有频率”相一致，这样就使彼此之间发生“同频共振”。

交谈最好的第一步，就是找到“交集”，找到共同兴趣、共同利益的所在。回避一切可能产生坏联想的东西，抓住一切能够引发美好感觉的题材。一对夫妻吵架，晚上睡觉，谁也不理谁。这时候如果有一方要打开僵局，最好谈什么主题?谈天气，谈银行账户，谈娘家或婆家，谈外面的交际应酬，都不是。应当谈子女，孩子总是血亲，两个人共同关心、爱恋的，就是孩子。当提到孩子好时，心里温暖，冰山就容易解冻了。

（三）倾耳而听

倾耳而听是指在交谈时，要善于聆听对方谈话。尤其是善于聆听带着某种情绪、心情不佳者的谈话，并做出适度的应答，反映了一个人的素养和交谈技巧，体现一个人的自信和对他人的包容与尊重。耐心地聆听别人说话，让人有一种被尊重和被欣赏的感觉。善于聆听的人有耐心、有虚心、有爱心。

聆听对方谈话时，要目视对方，神情专注，同时用体态语言和口头语言与之相配合。不能左顾右盼，东张西望，也不能边说边做其他事情，如翻书、看报纸、看电视节目、批阅文件等。最有价值的人，不一定是最能说的人。老天给我们两只耳朵一个嘴巴，本来就是让我们多听少说的，善于聆听，才是成熟的人最基本的素质。古人说“智者善听，愚者善说”。通常地位、身份高的人，在公众场合往往谨言慎行，因为他清楚“言多必失”的道理。

(四) 谦虚礼让

在交谈时，应争取做到“以对方为中心”，尊重对方，谦虚礼让，善于理解对方，应多给对方发言的机会。与多人交谈时，应善于“弹钢琴”，即要照顾到在场的每个人，要不时地与所有人攀谈，不要长时间地与个别人谈，冷落其余人，特别是不要只和地位较高的人交谈，以免留下“媚上欺下”的印象。

交谈时应避免以下失礼的行为：

1. 喧宾夺主，随意插话。在他人讲话时，尽量不要在中途打断他，确实需要发表个人意见或进行补充时，应等对方把话讲完。

2. 争先恐后，七嘴八舌。多人交谈时，讲话应有秩序，不要争先恐后，七嘴八舌，更不该硬性抢拦别人的话题。

3. 目中无人，始终独白。交谈时应做到目中有人，相互礼让，要多给对方发言机会。不要口若悬河，夸夸其谈，不给对方发言的机会。

4. 固执己见，强词夺理。交谈中允许各抒己见，百花齐放，百家争鸣。不要处处与人抬杠，得理不饶人，争得面红耳赤，你死我活。

5. 自以为是，否定他人。交谈最忌讳的是纠正他人非原则性的小错误，显着处处比别人高明，比别人知道得多。不管是善意或恶意地纠正他人的非原则性的小错误，都会给对方难堪。

三、言谈“四避”

警务人员与他人交谈时，应主动回避敏感问题，力求做到“四避”。“四避”，即避隐私、避浅薄、避粗鄙、避忌讳。

(一) 避隐私

隐私就是不可公开或不必公开的某些情况，有些是缺陷，有些是秘密。在言谈交际中避谈避问隐私是个人修养的重要体现。在社交言谈中要做到“五不问”：

1. 不问年薪收入。只要是跟他人收入有关的直接或间接的问题均不能问，因为年薪收入跟一个人的能力和地位有着直接的因果关系。

2. 不问年龄。谈论年龄问题，会让很多上了年纪的人、显老成的人失去信心。西方的年龄是保密的，特别是24岁以后绝不会谈论自己的年龄。

3. 不问婚姻、家庭、子女。家家有本难念的经。在现代社会，在尊重个人隐私的前提下，即使是很要好的朋友也不能触及他人的一些痛处，这会让人感到很不舒服，甚至他人可能会认为自己别有用心，在对她性骚扰。

4. 不问健康。可能出于对他人的关心，问一句："身体还好吗?"有的人可能会理解是一句问候语，可对有些人就不一样，会误解为我们在嘲笑或诅咒他的身体不健康。因此，在谈论健康话题时，一定要分清对象，注意场合，千万不要乱问一通。

5. 不问个人经历。俗话说："英雄不问出处。"打探他人的"背景"、"底细"，会让人误认为自己与他交往是别有用心。

此外，在涉外交谈时，除了上面的"五不问"之外，还要注意不要询问他们的政治见解与宗教信仰以及住址。什么党，什么派，信什么教，哪个教派，住哪里等，这些事情完全属于个人隐私。

（二）避浅薄

浅薄，是指不懂装懂，"教诲他人"或讲外行话，或者言不及义，言不及知识，只知柴米油盐，鸡猪猫狗，张长李短，男婚女嫁。言辞单调，词汇贫乏，语句不通，白字常吐。如果浅薄者相遇，还不觉浅薄，但有教养、有知识的人听他们谈话，则无疑会感到不快。社会、自然是知识的海洋，我们每个人都不可能做万能博士或百事通。我们应当学有专攻又知识渊博，但总有不如他人之处，总有不懂某种知识之处，要谦虚谨慎，不可妄发议论。

有的话不宜在公共场合说，否则让人感觉浅薄，缺乏涵养，警务人员应该做到"六不谈"：

1. 不谈论政府的是是非非。警务人员无论在思想上还是行动上都要与政府保持一致，做到忠于党，忠于祖国，忠于人民，忠于法律，这是最基本的素质和要求。

2. 不谈论涉及保密的话题。每个人都有好奇心，但是要有限度，要克制，不是什么事都可以去打听、去窥探的。对于一些不该知道的事情，知道得越少对自己越安全。国有国法，家有家规，凡事切记不可乱说，尤其是关系到一些保密的话题。例如，不要谈论公安机关常用的一些侦查手段等。

3. 不谈论交往对象的不是。俗话说："和谐为美。"与人交往，要给对方面子，这样双方才会获得进一步的交往。如果给对方难堪，到最后只会让自己陷入尴尬的境界。

4. 不谈论领导、同行及同事的是非。人非圣贤，孰能无过。在单位内部，可以适当地发表批评和自我批评，但是在外人面前最忌讳说自己单位及同行同事的是非。一个爱谈论是非的人，一定不会受到别人的尊重。

5. 不谈论炫耀自己的话。良贾深藏若虚，君子盛德貌若愚，即要韬光养晦，不要锋芒毕露，过分沾沾自喜地炫耀及表露个人野心的语言都会破坏自己的人脉，招惹他人的嫉妒或提防，结果是只能自食浅薄的炫耀带来的恶果。

6. 不谈论过分谦虚的话。谦虚固然是一种美德，但过分的谦虚，以至于在他人面前过分地自我贬损，自轻自贱，会让对方小看自己，自尊才能赢得他人的尊重，谦虚决不能以牺牲自尊为代价。

（三）避粗鄙

粗鄙是指言语粗野，甚至污秽，满口粗话、丑话、脏话，上溯祖宗、旁及姐妹、下连子孙、遍及两性，不堪入耳。它是对一个民族语言的污染。言语粗鄙是最无礼的语言，只能说明言谈者的低级趣味。遇有此类情况，既要维护自己的尊严，又要控制好自己的情绪，思维敏捷、临场应变能力强的人通常采取以退为进、借力打力、大智若愚的“以柔克刚”策略，而不是置身份、体面而不顾，勃然大怒，拍案叫骂的“以暴制暴”。

警务人员在执法过程中，对别人的称呼要恰当有度，不要一开口就称兄道弟，尤其和陌生人交谈时，切忌装热情、套亲近。同时，不要谈论一些小道消息、男女关系、黄色段子这些俗气而又没有品味的话题。

（四）避忌讳

忌讳，是人类视为禁忌的现象、事物和行为，避忌讳的语言同它所替代的词语有约定俗成的对应关系。社会通用的避讳语也是社会一种重要的礼貌语言，它往往顾及对方的感情，避免触忌犯讳。常见的避讳语类型有：

1. 对表示恐惧事物的词的避讳。例如，关于“死”的避讳语相当多，就是与“死”有关的事物也要避讳，如“棺材”说“寿材”、“长生板”等。

2. 对谈话对方及有关人员生理缺陷的避讳。例如，对各种有严重生理缺陷者通称为“残疾人”，是比较文雅的避讳语。

3. 对道德、习俗不可公开的事物行为的词的避讳。例如，在餐厅把上厕所称为上洗手间。

第三节 举止礼仪

举止，又称举动、仪姿、仪态或姿态，是指人的行为，包括动作、神色、表情等。举止作为无声的语言，被俗称为“形体语言”，是表达主观意见的手段，一个人的情绪，喜、怒、哀、乐等心理感受都会通过举止表达出来。

良好的举止不仅体现出警务人员的内在素质，也会给警务人员在执行公务、接触群众等诸方面带来许多便利。警务人员的举止要文明、端庄、优雅、敬人，即要求警务人员行为举止要自然大方、规范端庄、高雅脱俗、得体友善。

警务人员行为举止的内容包括恰当的表情、挺拔的站姿、优雅的坐姿、平稳的步姿、端庄的蹲姿、得体的手姿等。

一、表情

在人际交往中，面部表情能真实地反映人们的思想、情感及其心理活动与变化。表情包括脸色的变化、肌肉的收展以及眉、鼻、嘴等动作，其所传达的信息要比语言来得巧妙、丰富，而且复杂得多。

在丰富多彩的表情中，眼神和微笑最具礼仪功能和表现力。警务人员在警务活动中，常常会使用到眼神、微笑等表情。

（一）眼神

眼神，是对眼睛总体活动的统称。俗话说：“眼睛是心灵的窗户。”它是人体传递信息最有效的器官，而且能表达最细微、最精妙的差异，显示出人类最明显、最准确的交际信号。眼神是最富于感染力的表情语言，运用恰当则魅力无穷，使人赞赏；运用失度就陷入轻佻，令人咂舌。

眼神运用要符合一定的礼仪规范，不同场合、不同对象对眼神有不同的要求。例如，见面时要目光对视或行注目礼。眼神运用应注意以下细节：

1. 注视时间。注视时间必须根据交往对象和场合不同而灵活运用。例如，与别人交谈时，不可长时间地凝视对方，一般注视对方的时间约占全部相处时间的1/3左右，自始至终地注视对方是不礼貌的；

无意与他人的目光相遇时不要马上移开，应自然对视 1 ~2 秒，然后慢慢离开；与异性目光对视时，不可超过 2 秒，否则将引起对方无端的猜测。在社交场合，注视对方的时间长短是有讲究的，注视的时间长短有着不同的含义。

（1）注视对方的时间约占全部相处时间的1/3，表示友好。

（2）注视对方的时间约占全部相处时间的2/3，表示重视。

（3）注视对方的时间不到全部相处时间的1/3，表示轻视。

（4）注视对方的时间在全部相处时间的2/3 以上，即目光始终盯在对方身上，有两种情况：一是表示有敌意，或有寻衅滋事的嫌疑；二是表示对对方本人感兴趣。

2. 注视部位。注视对方什么部位，要依据传达什么信息、造成什么气氛而异；要依据不同场合、不同对象而选择所注视的部位。

注视的常规部位及注视类型：

（1）双眼。注视对方双眼，表示自己重视对方。短时间地注视对方双眼，表示聚精会神、专心致志，称为关注型注视。

（2）额头。注视对方额头，表示严肃、认真，有诚意，称作公务型注视。

（3）眼部至唇部之间。注视这一区域，表示礼貌、尊重、尊敬对方，称为社交型注视。

（4）眼部至胸部区域。注视对方的眼睛、嘴部和胸部，表示亲近、友善，多用于关系密切的男女恋人之间，至爱亲朋之间，禁用于关系一般的异性，称为亲密型注视。

目光注视对方，应自然、稳重、柔和，不能死盯住对方某部位，或不停地在对方身上上下打量，这是对人很不礼貌的行为。但是，不同国家、不同民族、不同文化习俗对眼神的运用也有差异。例如，在美国，一般情况下，男士是不能盯着女士看的；日本人对话时，目光要落在对方的颈部，四目相视是失礼的；阿拉伯民族认为，不论与谁说话，都应看着对方。

3. 注视方式。注视他人有多种方式，常见的方式有：

（1）直视，即直接注视对方，表示认真、尊重，适用于各种情况。如果直视对方双眼，称为对视，表示自己坦诚，重视对方；如果全神贯注地注视对方，称为凝视，表示专注、恭敬；如果长时间目不转睛地直视对方，称为盯视，表示出神或挑衅。

(2) 侧视，是一种直视的特殊情况，即对方在己侧面，转头面向对方，直视对方。如果没有转头面对对方，则为斜视，斜视表示轻视、蔑视，是对人极不礼貌的行为，是社交中忌讳的眼神。

(3) 仰视，即主动居于低处，抬眼向上注视他人，以表示尊重、敬畏对方，适用于面对尊长之时。

(4) 俯视，即向下注视他人，可表示对晚辈宽容、怜爱，也可表示对他人轻慢、歧视。

(5) 扫视，即视线不断移动，注视时上下左右反复打量，表示好奇、吃惊，禁用于异性的眼神。

(6) 环视，即有节奏地注视不同的人员或事物，表示重视、"一视同仁"之意，适用于演讲、授课或同时与多人交往时。

眼神表达出异常丰富的信息，但微妙的眼神有时是只可意会，难以言传，只能靠我们在社会实践中用心体察、积累经验、努力把握，才能在社交中灵活运用。

(二) 微笑

人是属于微笑的动物。在人的千姿百态的言行举止中，微笑是最美的，它的美在于文雅、适度、亲切、自然。微笑是人们对美好事物表达愉悦情感的心灵外露和积极情绪的展现，是典型的自得其乐、充实满足的心理历程，是表现对他人的理解、关心和爱，是礼貌与修养的外在表现和谦恭、友善、含蓄、自信的反映。笑是上帝赋予人类的一项特权，真诚的微笑可以缩短人与人之间的距离，可以消除人与人之间的隔阂与误会。一个没有笑的世界简直就是人间地狱。

微笑是自信的象征，微笑是礼貌的表现，微笑是交际的手段，微笑是健康的标志，微笑是成功的基石。微笑要诚恳和发自内心，微笑时应做到"四个结合"：

1. 与口眼相结合。要口到、眼到、神色到，笑眼传神，微笑才能扣人心弦。笑要自然、大方、真诚、友善，防止笑得勉强、生硬、虚伪、做作、失真，切勿假笑、冷笑、怪笑或皮笑肉不笑。

2. 与神、情、气质相结合。这里的"神"，就是要笑出自己的神情、神色、神态，做到情绪饱满，神采奕奕。"情"，就是要笑出感情，笑得亲切、甜美，反映美好的心灵。"气质"就是要笑出谦逊、稳重、大方、得体的良好气质。

3. 与语言相结合。语言和微笑都是传播信息的重要符号，只有注意微笑与语言相结合，声情并茂，相得益彰，微笑才能发挥出它应有的特殊功能。切勿语言高雅，却面无笑意；脸上挂笑，却出言不逊。

4. 与仪表、举止相结合。以笑助姿、以笑促姿，形成完整、统一、和谐的美。要做到表里如一，切勿脸上挂笑，却举止粗鲁；举止得体，却面无笑意。

（三）运用眼神和微笑应注意的细节

1. 如果对对方的讲话感兴趣时，要用柔和友善的目光正视对方的眼部区域，内心充溢着专心、友善和敬意。

2. 如果要中断谈话，可以有意识地将目光稍微转向他处。

3. 当对方说了幼稚或错误的话显得拘谨害臊时，不要马上转移自己的视线，而应继续用柔和理解的目光注视对方。

4. 当对方缄默不语时，不应再看着对方，以免加剧尴尬局面。

5. 当双方谈话谈得很投机时，不应东张西望，那样会让对方认为你听厌烦了。

二、站姿

站姿，又称立姿、站相，是在站立时所呈现出来的具体姿态。优美、典雅的站姿，是培养仪态的起点，是培养其他动态美的基础。“站如松”是指站立姿势要像松树一样直立挺拔，双腿均匀用力。得体的站姿给人以健康向上的感觉，不好的站姿给人以委靡不振的感觉。

（一）公务场合站姿

警务人员履行公务时应当保持良好的站姿，不得过于随便，不得将身体倚靠在任何物体上，不得嬉笑打闹、高声喧哗。公务场合站姿一般有两种：立正式和跨立式。

1. 立正式。立正是警务人员的基本姿势。立正时，身体重心落在两腿之间；上体正直，微向前倾，头要正，颈要直，口要闭，下颌微收，面部庄重，两眼向前平视；收腹收臀，直腰挺胸；两肩要平，稍

图2－1

向后张；两腿并直，脚跟并拢，脚掌分开呈“V”字形，两脚尖向外分开约45°；两臂自然垂放在腿部两侧，手指稍微弯曲呈半握拳状，拇指尖贴于食指第二节，中指贴于裤腿外侧中缝（见图2－1）。

2. 跨立式。跨立式主要用于出操、执勤、站岗等场合，可以与立正互换。跨立时，两腿挺直，左脚向左跨出约一脚之长，与肩同宽，两脚平行，上体保持立正姿势，身体重心落于两脚之间。双手背后轻握，放在后腰处，左手握右手腕，拇指根部与外腰带下沿（内腰带上沿）同高；右手手指并拢自然弯曲，手心向后（见图2－2）。

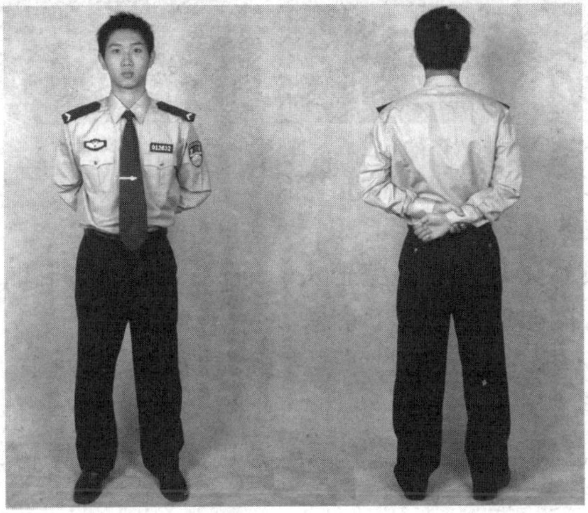

图2－2

（二）社交场合站姿

在社交场合常见的站姿主要有三种：

1. 侧放式。身体直立，双手放在身体两侧，双腿自然并拢，脚跟靠紧，脚掌分开呈“V”字形（见图2－3）。

2. 前腹式。身体直立，右手搭在左手上，轻轻地贴紧腹部，两腿并拢或双腿分开与肩同宽，脚掌分开呈“V”字形（见图2－4）。

3. 丁字式（此式限女性）。一脚在前，将脚跟靠于另一脚内侧，两脚尖展开90°，呈斜向“丁”字形，身体重心落于双脚间，双手轻握，放在腹前（见图2－5）。

图2-3

图2-4

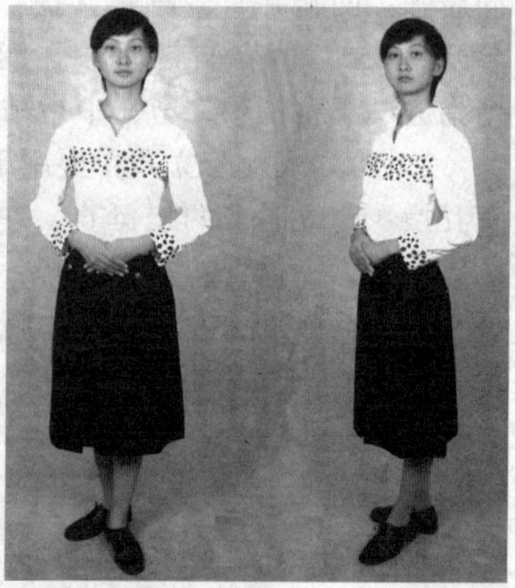

图2-5

（三）站姿禁忌

警务人员站立时，要避免歪头、缩颈、斜肩、斜腰、挺腹、弓背等不雅姿态。同时应注意以下禁忌：

1. 精神不振。忌无精打采、左顾右盼或东倒西歪。不得席地坐卧，不得背手、叉手、袖手、插兜、搭肩、挽臂、揽腰。

2. 姿态歪斜。不得随意靠、扶、趴、跨任何支撑物。不得晃动身体，不得双手交叉抱胸或叉腰。

3. 双脚乱动。不得双脚随意抖动，脚打拍子；不得用脚尖乱点乱划，乱踢乱踩。

4. 分腿过大。忌两腿交叉或两脚间距过大，女性尤其注意。

三、坐姿

坐姿，是在就座之后所呈现的姿势。“坐如钟”是指坐姿要文雅端庄、安详舒适，给人以沉着、稳重、优美的感觉。警务人员在公共场合的坐姿十分重要，它可以体现出个人的礼仪修养，也是展现个人气质与风范的重要形式。

（一）入座姿势

入座由一系列的具体环节所构成，警务礼仪对其中的各个环节都有规范：

1. 讲究方位。在正式场合，无论是从正面、侧面或背面走向座位，都应“左进左出”，即从椅子左侧一方入座，从椅子左侧一方离座。

2. 入座有序。入座时，若与他人一起入座，应讲究入座顺序，按照“尊者优先”、“女士优先”的原则，请长者、尊者、女士优先入座。

3. 入座得体。入座时，应走到座位前面转身，背对椅子，右脚稍向后撤，使腿肚贴到椅子边，轻轻坐下。腰背应不倚或稍倚椅背，一般以臀部坐满椅子的 2/3 为宜，宽座沙发则至少坐 1/2。落座后至少 10 分钟左右不要靠椅背。时间久了，可轻靠椅背。

4. 整理衣裙。着裙装的女士，入座前应先将裙子的下摆向前收拢，避免反复起身整理衣服。坐下去时应该用手轻轻地压一下或捋一下裙摆的后面，使其坐下后，处于完全平整的状态。

5. 入座无声。入座时，要不慌不忙、从容不迫、鸦雀无声，切勿争抢座位，或手忙脚乱、响声四起。

（二）落座姿势

落座后，上身正直，头正目平，颈部挺拔，下颌微向内收。挺直的上体与桌、椅均应保持一拳左右的距离，背部和臀部呈直角（见图 2－6)；双臂贴身下垂，双手掌心向下，自然地放膝盖前沿；两腿自然弯曲，两脚平放落地。男士两膝间的距离以一拳为宜，女士两膝不应分开。

1. 男性警务人员坐姿。

(1) 标准式。上身挺直，双肩正平，两手自然放在两腿或扶手上，两腿间距与肩大致相等，小腿垂直落于地面（见图 2－7)。

图 2－6

图 2－7

(2) 前伸式。在标准式的基础上，两小腿前伸一脚的长度，左脚向前半脚，脚尖不要翘起（见图 2－8)。

（3）交叉式。在标准式的基础上，小腿前伸，两脚踝部交叉（见图2-9）。

图2-8

图2-9

2. 女性警务人员坐姿。

（1）垂直式。双腿垂直于地面，双脚的脚踝、膝盖直至大腿并拢在一起，双手自然放在双腿上，脊背伸直，头部摆正，目视前方（见图2-10）。

图2-10

（2）斜放式。座椅较低时，应采用双腿斜放式，即双腿并拢后双腿同时向右侧或左侧斜放，并与地面呈45°左右的夹角（见图2-11a、图2-11b）。

（3）交叉式。在垂直式的基础上，小腿前伸，两脚踝部交叉（见图2－12）。

a　　　　　　　　b

图2－11

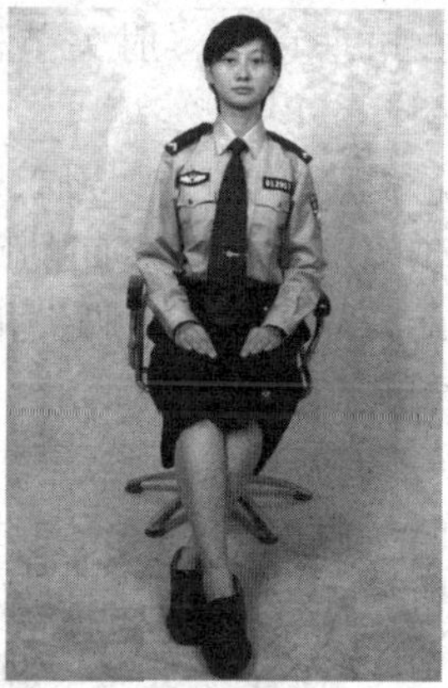

图2－12

（三）坐姿禁忌

落座后，身体各部位所呈现的下述姿势，都是不符合礼仪要求的。

1. 头部。仰头靠在座位背上，或低头注视地面，左顾右盼，或闭目养神，或摇头晃脑。

2. 上身。上身前倾、后仰、歪向一侧，或是趴向前方、两侧。

3. 手部。双手端臂，双手抱于脑后，双手摸摸、碰碰、敲敲、打打，或将肘部支撑在桌上。

4. 腿部。双腿敞开过大，在尊长面前高跷“二郎腿”；两腿笔直伸开，反复抖动不止；骑在座位上，或把腿架在其他高处。

5. 脚部。将脚抬得过高，以脚尖指向他人，或使对方看到鞋底，跷到自己或他人的座位上；以脚踩踏其他物体；两脚脚跟着地，脚尖朝上，摇荡抖动不止。

四、走姿

走姿，是指人们在行走的过程中形成的姿势，又称步姿或行态。它自始至终都处于动态之中，属于人的全身性的综合活动。“行如风”，是指走起路来像风一样轻盈，有一种轻快自然的美。协调稳健、轻松敏捷的步姿能够传递出警务人员朝气蓬勃、积极向上的信息。

（一）走姿基本要求

1. 目视前方。行走时，双目向前平视，微收下颌，面容平和自然。

2. 双肩平稳。肩峰稍后张，大臂带动小臂自然前后摆动，肩勿摇晃；前摆时，手不要超衣扣垂直线，肘关节微屈约 30°，掌心向内，勿甩小臂，后摆时勿甩手腕。

3. 自然挺拔。头正、挺胸、收腹、立腰，重心稍向前倾。

4. 步幅适当。男性步幅（前后脚之间的距离）约 25 厘米，女性步幅约 20 厘米。或者说前脚的脚跟与后脚尖相距约为一脚长。步幅与服饰也有关，如女士穿裙装（特别是穿旗袍、西服裙、礼服和穿高跟鞋）时步幅应小些，穿长裤时步幅可大些。

5. 注意步位。行走时，假设下方有条直线，男士两脚跟交替踩在直线上，脚跟先着地，然后迅速过渡到前脚掌，脚尖略向外，距离直线约 5 厘米。女式则应走“一字步”走姿，即两腿交替迈步，两脚交替踏在直线上。

6. 注意步态。步态，即行走的基本态势。性别不同，行走的态势应有所区别。男性步伐矫健、稳重、刚毅、洒脱、豪迈，好似雄壮的“进行曲”，气势磅礴，具有阳刚之美，步伐频率每分钟约 100 步；女性步伐轻盈、玲珑、娴淑，具有阴柔秀雅之美，步伐频率约每分钟 90 步。

7. 注意步韵。跨出的步子应是全部脚掌着地，膝和脚腕不可过于僵直，应该富有弹性，膝盖要尽量绷直，双臂应自然轻松摆动，使步伐因有韵律节奏感而显得优美柔韧。

（二）走姿类型

警务人员日常走姿一般可分为以下三种类型：

1. 礼仪型。身体直立，双肩端平，挺胸收腹，上体稍向前倾；双目平视正前方，下颌微收，面部庄重；两臂伸直放松，手指自然弯曲，以肩关节为轴，上臂带动小臂，在身体两侧前后自然摆动，摆幅以30°至35°为宜，“前不露肘，后不露手”；两腿有节奏地交替迈进，步幅以45厘米为宜，大致走在一条直线上。这种走姿步伐矫健，腿和手的摆动坚强有力，富于节奏感，显得庄重而威武。

2. 自然型。步伐稳健，步幅大小、快慢适中，上身直立，双眼平视前方，两手自然摆动，显得轻松而平静。

3. 沉郁型。步伐沉重，步速缓慢，步幅小得像踏步，双眼直愣愣地盯着地面，显得痛苦而沮丧。

上述走姿中，礼仪型走姿主要用于仪仗检阅等警务场合；自然型走姿主要用于走亲访友、接待宾客、饭后散步等场合；沉郁型走姿则只能用于肃穆场合，如慰问不幸者或者追悼死亡者等场合。

（三）走姿禁忌

警务人员行走时，应避免以下举止行为。

1. 心神不定。行走时弯腰驼背、低头无神、步履蹒跚；左顾右盼，盯住行人乱打量或行迹不定；目视天空，傲慢无礼；盯着地面，显得焦急而深沉。

2. 方向不定。行走时方向不明确、忽左忽右、变化多端；多人行走时，排成横队，勾肩搭背，边走边说，影响其他人通行。

3. 速度多变。行走时忽快忽慢，要么慌慌张张地奔跑，要么停滞不前。

4. 八字步态。行走时两脚尖向内构成内“八”字步，或两脚尖向外构成外“八”字步。

5. 声响过大。行走时用力过猛，或穿着钉有铁掌的鞋子，声响过大，妨碍、影响他人，或惊吓他人。

五、蹲姿

通常认为“蹲”这个动作是不雅观的，所以只有在非常必要的时候才蹲下来做某件事。日常生活中，蹲下捡东西或系鞋带时一定要注意自己的蹲姿，尽量迅速、美观、端庄。

（一）正确蹲姿

蹲姿有四种基本形式，即高低式、交叉式、半蹲式和半跪式。

1. 高低式。下蹲时，上体保持挺直，目光平视前方。左脚在前，右脚在后；左小腿基本与地面垂直，全脚掌着地；右脚向后退半步，右脚前脚掌着地，脚跟上提；左膝高于右膝，两腿靠紧慢慢向下蹲，臀部向下坐在右脚跟上，上身稍向前倾；以左脚作为身体的主要支撑（见图 2－13）。

2. 交叉式。下蹲时，上体保持挺直，目光平视前方。右脚在前，左脚在后；右小腿基本与地面垂直，全脚掌着地，左腿在后与右腿交叉重叠，左膝向后伸向右侧，左脚跟抬起，脚掌着地，两脚紧靠，合力支撑身体（见图 2－14）。

图 2－13

图 2－14

3. 半蹲式。半蹲式蹲姿，一般是在行走时临时采用。它的正式程度不及前两种蹲姿，但在需要应急时也采用。基本特征是身体半立半蹲。主要要求在下蹲时，上身稍许弯下，但不要和下肢构成直角或锐角；臀部务必向下，而不是撅起；双膝略为弯曲，角度一般为钝角；身体的重心应放在一条腿上；两腿之间不要分开过大（见图 2－15）。

4. 半跪式。半跪式蹲姿，又称单跪式蹲姿。它也是一种非正式蹲姿，多用在下蹲时间较长，或为了用力方便时。双腿一蹲一跪。主要要求在下蹲后，改为一腿单膝点地，臀部坐在脚跟上，以脚尖着地。另外一条腿，应当全脚着地，小腿垂直于地面。双膝应同时向外，双腿应尽力靠拢（见图 2－16）。

图 2－15

图 2－16

（二）蹲姿禁忌

1. 突然下蹲。蹲下来的时候，不要速度过快。当自己在行进中需要下蹲时，要特别注意这一点。

2. 离人太近。下蹲时，应和身边的人保持一定距离。和他人同时下蹲时，更不能忽略双方的距离，以防彼此“迎头相撞”或发生其他误会。

3. 方位失当。在他人身边下蹲时，最好是和他人侧身相向。正面他人、背对他人或者双腿平行叉开下蹲，都是不礼貌的。

4. 毫无遮掩。在大庭广众面前，尤其是身着裙装的女上，一定要避免在下身毫无遮掩的情况下下蹲。

5. 杜绝陋习。有些人有蹲在凳子或椅子上的生活习惯，但是在公共场合这么做，是不能被接受的。

六、手姿

手姿，又称手势，是指手的动作与姿势。手势是一种体态语，人们常常借助各种手势表达自己的情感，进行沟通，它是一种无声的语言。手势语的内涵非常丰富，特定的手势往往反映人们的心理，使用时稍有不慎就会引起他人的不快。

警务人员在工作、生活中正确掌握和运用手势语，有助于正确理解、尊重他人，体现自己的良好形象。

（一）手势类型

各种手势构成不同的手势语，手势一般分为四种类型：

1. 指示性手势语，是用手表明方向、地点等具体对象的手势。

2. 情绪性手势语，是用手表达和传递情感的手势。

3. 象征性手势语，是用生动的手势表示约定俗成的抽象概念。

4. 形象性手势语，是用手模拟某个物体的手势。

（二）常用手姿

1. 导向。将左手或右手抬至略低于肩膀的位置，掌心向上，五指并拢，以肘关节为轴，向目标方向伸出手臂。这种手势语主要用于引导来宾、指示方向。

2. 鼓掌。一般是左掌心朝上，右掌心向下，以右掌心有节奏地拍击左掌心，必要时，还要起身站立。多用于在会议、演出、比赛等场合表示欢迎、祝贺、支持等含义。鼓掌时不应戴手套，宜自然。鼓掌用在不恰当的时机，则表示反对、起哄、拒绝、讽刺、驱赶等意思，即所谓“鼓倒掌”。

3. 夸奖。伸出右手，四指握拳，拇指上翘，指腹面向对方，这种手势在大部分地区通常用于表扬或肯定他人。

4. 招呼。向他人挥手招呼，正确而有礼貌的手势是：高抬手臂，手心朝下，轻挥手腕。如果手心朝上，四指并拢，向内侧摆动，则很容易让人误解。

5. 安慰。成人之间用手轻拍他人的手背、手臂或背部，表示默契、理解或安慰。而成人轻拍小孩子，则是一种爱抚的表现。

6. 拒绝。交叉双臂身体前倾，表示拒绝、防范。

7. 轻蔑。伸出食指指点对方，或拇指向下，表示对对方的轻蔑与瞧不起。

8. 侮辱。向上伸中指。在中国有些地方表示“胡扯”，福建、四川等地用这一手势来表示“对对方的侮辱”。

（三）手姿运用原则

手势并不是孤立运用的，要做到表情达意，必须要与人的眼神及面部表情相配合，这样才能合理地发挥手势的意义。一般来说，手势的正确运用应注意以下细节：

1. 简洁明确。手势的运用，要使人看清、看懂，并能根据手势领会其意图与心理。不能含糊不清、模棱两可。

2. 自然得体。手势要与语言表达一致，要符合对象、场合的需要，不能刻意模仿他人的手势，以免妨碍自己思想感情的表达。

3. 动幅适度。手势的动幅过大或过多，会使人觉得浮躁张扬，过小又会显得暧昧不堪，手势太生硬会使人敬而远之。

4. 和谐统一。手势要与整个面部表情和身体形态和谐一致，下意识的动作要坚决避免。

（四）手姿禁忌

在警务活动或社会交往中，下列手姿均在禁止范围之内。

1. 不卫生的手势。在他人面前咬指甲、挠头、掏耳、抠眼屎、挖鼻孔、剔牙齿、抓痒痒、摸脚丫等。

2. 不稳重的手势。在公众场合总是控制不住自己的双手，乱摸、乱动、抬胳膊、抱腿，“指手画脚”、“手舞足蹈”，显得非常幼稚。

3. 失敬于人的手势。在交谈或开会等场合，用手指或笔敲打桌面，在纸上乱涂乱画，玩弄打火机、手帕、头发、首饰等物件，均表示对对方不感兴趣、不同意、不耐烦。

4. 容易误解的手势。有些手势由于个人习惯和文化背景的不同，则会被赋予不同的含义。例如，自己以手触自己的头，表明“自我亲密性接触”，而用手去触他人的头，那就有可能被视为是一种侵犯了。允许他人以手触自己的头，表示的是信任对方或彼此之间关系亲密，如恋人之间、夫妻之间、父子之间，都可以用手触摸对方的头。而男人之间以手触头，则表明给予援助或给予祝福，或施予攻击。

第四节　着装礼仪

服装是一面镜子，人们通过着装可以判断一个人的社会地位、文化修养、审美情趣；服装又是一种文化，它可以反映一个民族的文化素养、精神面貌和物质文明发展的程度。如何着装从一个侧面可真实地传递出一个人的性格、气质、爱好和追求。雅致、端庄的服饰表示对他人的尊敬，邋遢不洁的着装则是一种不礼貌的行为。警务人员着装礼仪包括着警服和着便服两种情况。

一、警服礼仪

警务人员着全国公安机关统一的制式服装时，就意味着代表国家行使法定的警察职权，是警察内在性质的外部标志，象征着国家和法律的权威及对工作对象有强制性和威慑力。规范着装是对警务人员的基本要求，它直接关系到警容、警威和公安队伍的形象。因此，警务人员必须严格按照《公安机关人民警察着装管理规定》着装。

（一）着警服规范要求

2007年6月5日，公安部发布施行修订后的《公安机关人民警察着装管理规定》，并附录《公安机关人民警察警服主要品种穿着规范》。修订后的规定对人民警察规范着装提出了更严格的要求，具体如下：

1. 警服整洁，配套穿着。保持警服干净、平整，皮鞋光亮，袜子干净无异味。上下内外衣制式一致，新旧程度相近。不同制式警服不得混穿，警服与便服不得混穿。警服内着非制式服装时，不得外露。不得披衣、敞怀、挽袖、卷裤腿。

2. 规范装饰，警容严整。警衔、领花、胸徽、警号等标志按规定缀钉、佩戴。系扎制式腰带，不同制式警用标志不得混戴。不得扎围巾，不得系挂钥匙、手机和饰物，不得佩戴耳环、项链、手链、领饰、戒指等首饰和其他与公安民警身份或者执行公务无关的标志、物品。

3. 警帽端正，鞋袜适宜。除工作需要或者其他特殊情形外，应当穿制式皮鞋、胶鞋或者其他黑色皮鞋，穿深色袜子。非工作需要，不得赤脚穿鞋或者赤脚；男性公安民警鞋跟一般不得高于3厘米，女性公安民警鞋跟一般不得高于4厘米。不得歪戴警帽。

（二）着警服注意事项

1. 工作时间，通常着执勤服；参加训练时，通常着作训服；参加授衔仪式、宣誓、阅警、重大会议、外事等活动时，除主管（主办）单位另有规定外，着常服。

2. 着春秋执勤服和冬执勤服时，内着制式圆领恤衫或制式圆领毛衣。或者内着黑色或藏蓝色圆领恤衫或圆领毛衣。

3. 着夏执勤服时，上衣口袋不宜装过重、过厚的东西；不能戴警便帽。

4. 着作训服时，只佩戴套式软质肩章，不能佩戴警号和胸徽；内着制式圆领恤衫或制式圆领毛衣。如果内着背心等其他非制式服装时，非制式服装不能外露。

5. 着外穿式制式衬衣时，应系制式腰带；衬衣下摆应系于裤腰内。

6. 着多功能服时，里面必须着冬执勤服或者冬常服。

7. 身躯有明显伤残的警务人员和女性警务人员怀孕后体型发生显著变化的不得着装。

8. 着装时，除在办公区、宿舍内或者其他不宜戴警帽的情形外，应当戴警帽。

进入室内时，通常要脱帽。

(三) 着警裙注意事项

警裙，是女性警务人员夏季穿着的制式服装，它设计合体、飘逸。着警裙，更显得女性柔曼婉约、娉婷清丽。着警裙时应注意以下细节：

1. 警裙的侧链要拉好，要将上衣掖在裙子内，腰带扣系好正对前方。

2. 应选择肤色的长筒袜。不能穿大红大绿、花里胡哨的袜子，它将会破坏警服的端庄与威严。

3. 着裤装行走时，走一条直线或两条直线均可，步幅稍大一点更精神，但着警裙时应走一条直线，步幅不宜过大，使裙子的下摆与脚的动作显出优美的韵律感。

4. 着警裙入座前，应当先将裙摆向前收拢。坐下后，应双腿并拢侧放。

5. 要保持警裙的平整和爽贴，入坐后臀部不要频繁挪动，避免出现皱褶影响美观。

6. 袜口不能露在裙摆外，避免出现“三截腿”。所谓“三截腿”，就是裙子一截、袜子一截、鞋子一截。

二、便服礼仪

警务人员所说的便服，通常都是相对于警服而言，即除穿着警服以外的着装。在通常情况下，警务人员非因公外出应当着便服，也就是说，警务人员在工作之余就应当穿着便服。但这一客观事实并不能证明警务人员在选择便服时，可以随心所欲、毫无顾忌。

(一) 着装原则

穿着便服时，应遵循目前世界上公认的四个原则，即 TPO 原则、整洁原则、个性原则和三色原则。

1. TPO 原则。TPO 原则是世界通行的着装打扮的最基本的原则。TPO 是英文 Time、Place、Object 三个词首字母的缩写。T 代表时间、季节、时令；P 代表地点、场合；O 代表目的、对象。它要求人们的服饰应力求和谐，以和谐为美。

2. 整洁原则。正确的着装，能起到修饰形体、容貌等作用，形成和谐的整体美。在任何情况下，服装都应该是整洁的。服装不能沾有污渍，不能有绽线的地方，更不能有破洞，扣子等配件应齐全。

3. 个性原则。它有两层含义：穿着对象和交往对象。也就是说，自己的穿着既要适合自己，能表现自己的个性风格，又要对应别人，与自己的交际对象保持协调一致。警务人员在任何场合，着装都应避免过分裸露、过分透薄、过分短小、过分艳丽。着装，要综合考虑自己各方面的条件和社会条件，使之穿出自我、穿出个性。

4. 三色原则。它是指全身上下的穿着包括袜子、腰带和所携带的包具等，应保持在三种色系之内，很接近的色彩视为同一种色系。三色原则有助于保持庄重、保守的总体风格，在色彩上显得规范、简洁、和谐。

（二）着便服注意事项

根据着装原则，着便服时应注意以下细节：

1. 与时代、季节、时间相协调。在不同的时代、不同的季节、不同的时间的服装有不同的特点。

（1）时代性。20 世纪 50 年代，不分男女老少一律是蓝制服或绿军装，谁若穿着讲究一点，必然被视为资产阶级情调。

（2）季节性。在深秋时节穿一件无袖轻薄的连衣裙，很难给人留下美感。

（3）时间性。一般有日装、晚装之分。日装要求轻便、舒适，便于活动，但款式不可以使身体裸露，而晚装则要求艳丽、华贵、珠光宝气，可适当裸露。

2. 与自身条件相协调。选择服装应该与自己的年龄、体形、肤色和谐统一。

（1）与年龄相协调。不同年龄的人有不同的穿着要求。年轻人应穿得鲜艳、活泼、随意一些，这样可以充分体现出青年人的朝气和蓬勃向上的青春之美。而中、老年人的着装则要注意庄重、雅致、整洁，体现出成熟和稳重，透出那种年轻人所没有的成熟美。

（2）与体形、肤色相协调。不同的人，身材有高矮，体形有胖瘦，肤色有深浅，穿着应当因人而异、扬长避短。例如，身材矮胖、颈粗圆脸形者，宜穿深色低“V”字形领，大“U”形领套装，浅色高领服装则不适合。而身材瘦长、颈细长、长脸形者宜穿浅色、高领或圆形领服装。

3. 与职业、交往对象相协调。不同的职业有不同的穿着要求。例如，警务人员、教师整天面对的是普通百姓和学生，所以穿着要庄重一些，不要打扮得过于妖艳，服装款式也不要过于怪异，这样可以给人留下一个良好的印象；与交往对象相协调。医生面对的是病人，穿着要力求显得稳重和富有经验，一般不宜穿着过于时髦给人以轻浮的感觉，这样不利于对病人进行治疗。

4. 与场合、环境相协调。工作时间着装应遵循端庄、整洁、稳重、美观、和谐的原则，不必穿高档服装，不能过于艳丽、裸露。正式社交场合，着装宜庄重大方，不宜过于浮华。外出旅游，穿着应以轻装为宜，力求宽松、舒服、方便运动。在喜庆场合不能穿得太古板，在庄重场合不能穿得太随便，在悲伤场合不能穿得太刺目。节假日休闲时间着装应随意、轻便些，西装革履则显得拘谨而不适宜。家庭生活中，着休闲装更益于与家人之间沟通感情，营造轻松、愉悦、温馨的氛围。穿背心、短裤、睡衣等到大街上去购物或散步，那是不雅和失礼的行为。

5. 着内衣禁忌。忌在公共场合整理内衣；忌在长辈、上司、异性、晚辈视线范围内整理内衣；忌内衣颜色过深且外露；忌内裤高于外裤。

（三）正式场合着装要求

正式场合应该着正装。正装，顾名思义，就是正式场合的装束，而非娱乐和居家环境的装束。

1. 男士正装。必须同时符合以下五个原则：

（1）三色原则。若超出三种颜色，一般都会给人以繁杂、低俗之感。

（2）有领原则。正装必须是有领的。无领的服装，如 T 恤，运动衫一类不能成为正装。

（3）纽扣原则。正装应当是纽扣式的服装，拉链服装通常不能称为正装，夹克事实上也不能成为正装。

（4）皮带原则。男士的长裤必须是系皮带的，弹性松紧的运动裤等不能成为正装，牛仔裤自然也不算正装。

（5）皮鞋原则。正装离不开皮鞋，运动鞋和布鞋、拖鞋是不能成为正装的。最为经典的正装皮鞋是系带式的，不过随着潮流的改变，方便实用的懒式无带皮鞋也逐渐成为主流。

2. 女士正装。必须同时符合以下四个原则：三色原则、纽扣原则、皮鞋原则和套装原则。套装是指上下身服装必须协调配套，但不要求是同色。

3. 正装特例。民族特色的服装不受正装原则的约束，均属于正装系列，如中山装、唐装、旗袍以及各少数民族特色的服装。

4. 正装色彩。一般为单色、深色、无图案。套装色彩以深蓝、灰色、棕色、黑色等为宜；衬衣的色彩以白色、灰色、深蓝色为宜；皮鞋、袜子、公文包的色彩以深色或黑色为主。

三、西装礼仪

西装已成为世界性通用的服装，可谓男女老少皆宜。西装以其设计造型美观、线条简洁流畅、立体感强、适应性广泛等特点而深受人们青睐。“西装七分做，三分穿”，着西装应遵循以下细节：

1. 西装上下装颜色应一致。在搭配上，西装、衬衣、领带其中应有两样为素色。

2. 衬衣颜色应与西装颜色相协调，不能是同一色。正式场合男士不宜穿色彩鲜艳的格子或花色衬衣。衬衣袖口应长出西装袖口 1 ~ 2 厘米。

3. 领带的颜色、图案应与西装相协调，系领带时，领带的长度以触及皮带扣为宜，领带夹应夹在衬衣自上而下第四、第五粒纽扣之间。

4. 在正式庄重场合穿西装时，必须打领带，其他场合不一定都要打领带。打领带时衬衣领口扣子必须系好，不打领带时衬衣领口扣子应解开。

5. 西服的上衣口袋和裤子口袋里不宜放太多的东西。穿西装内衣不要穿太多，春秋季节只配一件衬衣最好，冬季衬衣里面也不宜穿棉毛衫，可在衬衣外面穿一件羊毛衫。

6. 西装纽扣有单排、双排之分。单排双粒扣西装，扣上端一粒，忌全部扣上或扣下端一粒。单排三粒扣，系上两粒或只系中间都符合要求。双排扣西装应把扣子都扣上。

7. 西服袖口的商标牌应摘掉，否则会贻笑大方。

8. 穿西装时，必须穿皮鞋。不应穿鞋跟钉铁的鞋。鞋带松了不要当众整理。

四、佩戴饰品

佩戴饰品，要适应自身。要充分发挥自身的长处，掩饰短处，以达到最佳审美效果。警务人员在考虑佩戴饰品时，应注意以下细节：

（一）首饰

佩戴首饰也应遵守 TPO 原则，具体要求是：

1. 注意场合。只有在交际应酬时，佩戴首饰才最合适；上班时间以不戴或少戴首饰为宜；从事劳动、体育活动和出席会议时也不宜戴首饰。

2. 强调和谐。一般穿较考究的服装时，才佩戴昂贵的首饰；穿运动装、工作服时不宜戴首饰。胖脸形的女士不宜戴耳环，圆脸形的女士戴项链应加个挂件。

3. 考虑性别。女士可以戴各种首饰，男士只宜戴结婚戒指。

4. 符合规范。项链是平安、富有的象征，应根据身材和个性特点，选择适当的款式和色彩。戒指是首饰中最明确的爱情信物，佩戴戒指可标明婚姻状况：戴在食指上表示求婚，戴在中指上表示已在恋爱中，戴在小指上则表示自己是一个独身主义者。戒指一般只戴一枚，而且戴在左手上。手镯或手链如果在左手腕或左右两腕上同时佩戴，表示佩戴者已经结婚；如果仅在右手腕上佩戴，则表明佩戴者是自由而不受约束的。

5. 手镯或手链的戴法还要考虑因各民族的习俗不同而有所区别。中国人习惯将手镯或手链戴在右手上，而一些西方人则习惯戴在左手上。由于右手是劳动之手，所以左手戴手镯或手链已被现代人所普遍认可。一般女士佩戴手镯或手链就不用戴手表。

6. 戴手镯时，对手镯的个数没有严格限制，可以戴一只，也可以戴两只、三只甚至更多。如果只戴一只，应戴在左手；如果戴两只，则可以左右手各戴一只，或都戴在左手上；如果戴三只，就应都戴在左手上，不可以一手戴一只，另一手戴两只。戴三只以上手镯的情况比较少见，即使要戴也应都戴在左手上，以造成强烈的不平衡感，达到标新立异、不同凡响的效果。

（二）饰物

1. 围巾和帽子。围巾、帽子若与服装的风格一致，可增加整体的形象美。在冬季，人们的服装色彩较暗，可以用颜色鲜艳的围巾、帽子点缀。如果服装颜色很艳丽，可用颜色素雅的围巾、帽子求得一种色彩的平衡。帽子还可以用来修饰脸形，长脸形的人宜戴宽边或帽檐下垂的，脸宽的人则应戴小檐高顶帽。

2. 手提包。一般要求手提包与服装相和谐。夏季拎包应轻巧，冬季提包的颜色可以鲜明些；草编的手提包配上运动衫或棉布便服就十分自然得体。

3. 眼镜。如今，眼镜已不只是医疗保健品，它不仅能保护眼睛，而且还是一种饰品。一副精美的金边眼镜，会给人增添几分斯文，而大框架的眼镜则显示出一种豪放气派。

4. 胸花。胸花有金属的、塑料的、镶嵌宝石的，还有用与衣服料子相同的呢绒做的，很有情趣。女子佩戴胸花没有一定的原则，只要看上去不刺眼就行。

5. 手帕。作为一种饰物，在西装左上边口袋里，露出折成三角形、双尖形、花瓣形等形状的手帕，能给人平添几分风度。

第五节　敬礼礼仪

敬礼是警务人员的第一语言，是警务人员在日常工作交往中相互表示敬重和友好的礼节，标准的敬礼动作是警务人员精明干练的体现，是树立良好形象的第一步。

一、敬礼的由来

敬礼的起源可以追溯到古罗马帝国。据说，古罗马帝国的骑士在相互遇见时，有举起盔甲上的面甲的传统。他们以此来互表敬意和骑士精神，同时，也是为了向同伴显示自己的脸部，以免被同伴误杀。

到了中世纪，欧洲的一些骑士们常常在公主和贵族妇女面前比武。在经过公主的坐席时，他们要对公主唱赞歌，歌词的内容往往把公主比作光芒四射的美丽的太阳。而每当此时，他们总要把手举起来作遮挡太阳的姿态，久而久之，也就逐渐演变成举手到眉的“敬礼”了。

当今世界各国纪律部队通行的敬礼，首先是从英国军队开始的。据说，英国军队在打败了西班牙的无敌舰队以后，曾为凯旋的将士举行一次规模相当壮观的祝捷大会。在大会上，英国女王伊丽莎白一世亲自为有功的将士颁发奖品。当时，为了维护女王的尊严，规定将士在领奖时要用手遮住脸部，不得对女王平视。这种动作后来就演变成用手接触帽檐的礼节。目前，世界各国敬礼的动作虽互有差别，但举手接触帽檐这一点却是通用的。

英国军人敬礼时手心外翻，人们一般认为这是为了说明手中没有武器。而双脚并拢，呈立正姿势，则是表示军人的气魄。由于行礼主要是为了表示敬意，因而在实行军衔以后，便由同时相互举手改为下级向上级首先敬礼，而后上级还礼。

现代通行的敬礼首先从英国陆军开始，而后传到海军，再由海军传到美国，进而传到全世界。

二、敬礼种类及动作要领

警务人员敬礼的种类主要有三种：举手礼、注目礼和举枪礼。

（一）举手礼

举手礼是世界各国警察普遍采用礼节，只是敬礼的具体动作有所不同。使用举手礼时要求精神振奋、姿态端正，以充分表示“敬礼”之意。警务人员行举手礼时必须着警服，戴不戴警帽均可，着便服时不得行举手礼。

举手礼的动作要领：上体正直，右手取捷径迅速抬起，五指并拢自然伸直，中指微接帽檐右角前约 2 厘米处（戴无檐帽或者不戴军帽时微接太阳穴，与眉同高），手心向下，微向外张约 20°，手腕不得弯曲，右大臂略平，与两肩略成一线。敬礼时双目平视前方或注视受礼人，保持约 3 秒。同时注视受礼者。礼毕时，将右手按原路线迅速收回。

行举手礼时，行礼者与受礼者的距离不能靠得太近，也不能离得太远，一般在距离 5 ~ 7 步处行礼较为适合。

单人在停止状态与行进间行举手礼的要领略有差别。在停止状态，应面向受礼者立正，行举手礼，待受礼者还礼后礼毕；在行进间，应将头转向受礼者行举手礼，手不随头转动，并继续行进，左臂自然摆动，待受礼者还礼后礼毕。

（二）注目礼

注目礼的礼节是在一些特定的时机和场合使用的敬礼形式，要求眉宇舒展、神情专注、姿态端正。

注目礼的标准姿势要求：行注目礼时面向受礼者，呈立正姿势，目光随受礼者移动，时间视情况而定。

（三）举枪礼

举枪礼这一礼节仅限于执行阅兵和仪仗任务时使用。

举枪礼的动作要领：右手将枪提到胸前，枪身垂直并对正衣扣线，枪面向后，离身体约10厘米，准星护圈与眼同高，大臂轻贴右肋；同时左手接握表尺处（虎口对准枪面并与标尺上沿取齐），小臂略平，大臂轻贴左肋，同时转头注视受礼者（右、左转头角度不超过45°），并目迎目送受礼者。

三、公共场合敬礼的规范要求

1．参加庆典、集会等重大活动或升国旗时，着警服列队的应当自行立正、行注目礼，带队人员应当行举手礼；未列队的警务人员应当行举手礼。

2．晋见或者遇见上级领导时，着警服的警务人员应当行举手礼，上级应当还礼；因携带武器装备或者执行任务需要，不便行举手礼时，应当行注目礼；晋见或者遇见本单位经常接触的领导和其他同志时，应当互相致意。

3．警务人员在进入上级领导办公室前，应当喊“报告”或者敲门，得到允许后方可进入并向上级领导敬礼；进入同级或者其他人员室内前，应当敲门，经允许后方可进入。

4．遇见上级领导进入集体办公室内检查工作时，在座的警务人员应当自行立正，由办公室负责人或职级最高者或值班警务人员向领导行举手礼，报告当前正在进行的事宜，并陪同检查。在检查过程中，被检查的警务人员应立正致意。正在接听办公电话或接待来访群众时除外，但应迅速向领导立正致意；遇见上级领导进入个人办公室内检查工作时，着警服的警务人员应立正，行举手礼，向领导报告。待领导还礼或致意后，再继续工作。

5．门岗警务人员应对出入门房的上级领导及上级领导的车辆敬礼，对门岗的敬礼应当还礼，在车内的上级领导应行注目礼。

6．警务人员在工作窗口或公共场所交接班时，应当互相行举手礼；因事接触本单位的同级及其他同志时，通常互相敬礼；不同单位的警务人员因公接触时，应当主动致意。

7. 警务人员因公与非公安人员接触时，应当主动致意；实施文明检查、纠正违章等情况时应先行敬礼，敬礼要严肃认真，并使用公务用语，态度刚柔适度。

8. 警务人员在外事活动场合与外宾接触时，应当主动致意，行注目礼。

9. 着警服的警务人员与领导握手前，必须先行举手礼。

四、执勤、待命时敬礼的规范要求

（一）行进间的敬礼要求

晋见或遇见领导或上级领导时，应当敬礼并问好，单人距离受礼者5至7步，行举手礼或注目礼，在受礼者还礼后礼毕。

1. 停止间敬礼。在行进间遇见领导，应马上止步立正，并主动致意问好，待领导还礼或致意后，再继续行进。

2. 行进间敬礼。行进间换齐步，转头向受礼者行举手礼，手部随头部转动并继续行进，左臂仍自然摆动，在受礼者还礼后礼毕。

3. 队伍行进间敬礼。列队在行进间相遇，由带队指挥员按照单人行进间敬礼的规定相互行举手礼，其他人员按原步伐行进；遇见上级领导时，由带队指挥员按照单人行进间敬礼的规定行举手礼，其他人员行注目礼。

（二）队列在停止间的敬礼要求

当上级领导来到时，带队人员向队列发出“立正”口令，然后向上级领导敬礼和报告；当上级领导两人以上到场时，应当向职务最高的领导敬礼和报告；当职务相当的领导先有一人在场，对后到的领导只由本队列在场职务最高者向其敬礼和报告。

（三）队伍在待命时的敬礼要求

当上级领导来到时，由在场职务最高者或者先见者发出“立正”口令（当人员处于坐姿时，应当先发出“起立”口令），并由在场职务最高者向领导敬礼和报告。

（四）执行警卫或保卫任务时的敬礼要求

首长车队经过时，应呈立正姿势行注目礼，以示尊重，分队指挥员应当还礼，在车内的领导应行注目礼。

五、阅警时敬礼的规范要求

（一）阅警式敬礼

在阅警仪式中，当首长行进至队伍右前方时，带队指挥员下达“敬礼”口令。听到口令后，指挥员行举手礼，其余人员行注目礼，目迎目送首长，左右转头不超过45°。当首长问候“同志们好”或“同志们辛苦了”时，列队人员应齐声回应“为人民服务”或“人民公安为人民”。当首长通过后，指挥员下达“礼毕”口令后，列队人员礼毕。

（二）分列式敬礼

当受阅方队行进至与首长呈45°时，带队指挥员下达“向右看”的口令，带队指挥员行举手礼，方队人员向右摆头45°，首长还礼。当方队通过主席台时首长礼毕，指挥员下达“向前看”口令。

六、敬礼的顺序和注意事项

（一）一般顺序

职位低者应主动向职位高者致意；年幼者应主动向年长者致意；资历、年龄相仿者，依身份高低及交往的目的互相敬礼。

（二）注意事项

1. 警务人员着便服时不行举手礼。

2. 在正式场合致意时，忌口含香烟或口香糖，仪容须端正。

3. 公安民警在下列时间和场合可以不敬礼：

（1）在检验室、机房、病房、诊室等场合。

（2）在侦破案件和处置群体性、灾害事故事件现场。

（3）参加文体活动和体力劳动。

（4）升降国旗或演奏国歌时，在现场的警务人员须行注目礼或举手礼。但电视机或收音机播放的，则不必敬礼。

（5）其他不便于敬礼的时间和场合，如厕所、浴室、病房、理发厅或紧急场合；水灾、火警、空袭等，均不必教条致意，但却应谦让、互助和友爱；受礼者应及时答谢。

【典型案例】

案例一

学会微笑

美国的希尔顿饭店闻名五洲，是世界上最负盛名和财富的酒店之一。董事长唐纳·希尔顿认为，是微笑给希尔顿带来了繁荣。许多年前，一位老妇人在希尔顿心情不好的时候去拜访他，希尔顿不耐烦地抬起头，他看见的是一张微笑的脸。这张笑脸的力量是那么不可抗拒，希尔顿立即请她坐下，两人开始了愉快的交谈。交谈中他发现老妇人真的是那么慈祥，她脸上真诚的微笑完全感染了他。从此，他把"微笑"服务作为饭店的宗旨。每当他在世界各地的希尔顿饭店视察时，总会问员工："今天，你对客户微笑了吗?"如果你去任何一家希尔顿饭店，你都会亲身感受到希尔顿的微笑。希尔顿的员工永远不会忘记用自己的笑容给每位客户带去阳光。用唐纳·希尔顿自己的话说："微笑是最简单、最省钱、最可行，也最容易做到的服务，更重要的是，微笑是成本最低、收益最高的投资。"

1930年，世界性经济危机袭击了美国，旅馆倒闭了80%，希尔顿的旅馆也深受其害，一度负债50万美元，但希尔顿并不灰心，他要求员工："请各位记住，在经济恐慌的年代，万万不可把自己心里的愁云提到脸上，无论旅馆本身遇到多大的困难，我们脸上的微笑应当永远成为旅客的阳光，一旦危机过去了，我们希尔顿就会进入云开日出的局面。"在经济危机的严峻年代，只有他的员工始终坚持微笑待客，这给人们留下了深刻美好的印象。经济萧条过去后，希尔顿率先进入繁荣时期，跨入经营的黄金时代。

案例二

善于聆听

一位涉嫌杀人的犯罪嫌疑人拒不交代犯罪事实，预审进入僵持状态。一位分管刑侦的副局长知道有位老人对犯罪嫌疑人很了解，于是就找老人家想了解犯罪嫌疑人的一些背景，以便有利于案件的突破。去了几次这位老人家始终不肯多说一句话，总是说："哦，你要问××啊，我不知道……"为了让老人能说出真相，这位副局长改变了问话方式，而改说："老先生，您的谈话很有趣，可不可以多说一些……"语气就好像是孙子央求爷爷讲故事一样。果然这种方式很奏效，老人的态度逐渐有所改变，谈话内容与以前大致相同，但其中掺杂了一些新的事实。于是这位副局长了解到了犯罪嫌疑人的出生秘密及幼年时的悲惨生活，这些事实对最后取得犯罪口供起了至关重要的作用。这位副局长说，正因为他善于聆听，使老人对他的态度发生了转变，才会打开心扉，毫不隐瞒地和盘托出。所以，让对方先说话，有时候并不吃亏，善于聆听的人常常会有意想不到的收获。蒲松龄因为虚心听取路人的述说，记下了许多聊斋故事；唐太宗因为兼听而成明主；齐桓公因为细听而善任管仲；刘玄德因为恭听而鼎足天下。

案例三

因人而异

三国魏国人许允在吏部任官选派郡守时，常任用同乡，魏明帝为此派卫士收押许允。许允的妻子阮氏才华横溢，谋略甚至超出许允。许允的妻子见丈夫被抓，光着脚跑到天牢对许允说："明主可以理夺，难以情求。"意思是说："明理的君主可以用道理说服他，但不能向他求情。"许允被带到明帝面前后，明帝问他任用同乡的原因。

许允说："举尔所知，臣之乡人，臣所知也。"意思是说："皇上曾要臣推举人才，臣的同乡都是臣所知的人才，皇上可以检核他们的职位和能力是否相称，如果他们的能力不足胜任职务，臣愿接受责罚。"魏明帝经过检试后，发现许允所任用的每人都能胜任其职，于是就释放了许允。

这个故事是一个很典型的交谈时因人而异的正面实例。所以，在与人交谈时，要注意人与人之间存在的差异，如年龄差异、地域差异、职业差异、性格差异、民俗差异、文化差异等。

第三章 警务交往礼仪

警务交往礼仪，是指警务人员在社会交往中应该遵循的律己敬人的礼仪规范。交往礼仪是警务礼仪的核心内容，是每一名警务人员都应掌握的重要的礼仪规范。

警务人员遵守警务交往礼仪的必要性主要有两点：一方面，是为了维护个人的形象，为了维护公安机关的形象；另一方面，在一定程度上提高个人的公务水平，更为妥善而艺术地处理日常公务，提高工作效率，更好地服务于人民群众、服务于社会。

第一节 称呼礼仪

称呼，一般是指人们在人际交往中彼此之间所采用的称谓语。称呼从某种意义上说只是一个代号，就像名字一样。但它又不同于名字，称呼体现了人际关系和社会关系，带有时代特征和民俗特征。

称呼是警务人员在警务和社交活动中经常碰到的问题，特别是在执勤、接待、社交等过程中，与初次相识或不太熟悉的人交往时首先就要考虑如何称呼。选择正确、恰当、得体的称呼，既反映自身的文化素养和文明程度，又体现着对他人的重视程度，有时甚至还体现双方关系所发展到的程度。称呼得体、友好、亲切，会令对方如沐春风，并赢得对方的好感和敬重；错误或不恰当的称呼，可能会令对方心情不悦，并给对方留下不好的印象。

一、称呼的种类

（一）尊称

尊称，也叫敬称，是对谈话对象表示尊敬的称呼。尊称多用在称呼对方的亲属，如与他人交谈或写信时，在尊称对方亲属时，常用“令”和“尊”这两个字。“令”者，美好也。凡是称呼他人家中的人，无论辈分大小、男女老少，都冠以“令”字以示尊敬。例如，称他人的父亲为“令尊”，母亲为“令堂”，妻子为“令阃”，哥哥为“令兄”，妹妹为“令妹”，儿子为“令郎”，女儿为“令嫒”等。

“尊”和“贤”两个字在用法上稍有区别。在习惯上，只有称对方的长辈时才用“尊”字，如称呼对方的父亲为“尊父”、“尊大人”；“贤”字则只用于平辈或晚辈，如称呼对方的兄弟姐妹为“贤兄”、“贤弟”、“贤姐”、“贤妹”。在称呼对方的配偶时，则“尊”、“贤”通用，如既可称其妻为“尊夫人”，也可称其妻为“贤内助”。

尊称在初次见面和正式场合中经常被采用，如“您”（您好、请您）、“贵”（贵姓、贵处）、“大”（尊姓大名、大作）、“老”（对德高望重的老人的特有称呼，如您老、姓+老）。

（二）谦称

谦称，是在他人面前表示谦虚的自称。最常用于在他人面前谦称自己和自己的亲属。关于谦称和敬称的构成，过去有“家大舍小令外人”的七字诀。

“家大”用于当着他人称自己的长辈和年长的平辈的谦称，例如，称父亲为“家父”，母亲为“家母”，叔父为“家叔”，哥哥为“家兄”等。“舍小”的“舍”本来是房屋的意思，如“寒舍”和“茅舍”，都含有自谦成分。“舍小”就是当着他人称呼比自己辈分小或年龄小的家里人的谦称，如“舍弟”、“舍妹”、“舍侄”和“舍甥”等。“舍”字的称谓，目前在年纪较大的人当中和文化界、艺术界使用较多，但不十分普遍。

（三）泛称

泛称是对人的一般称呼。它根据具体情况，又分为正式场合的泛称与非正式场合中的泛称。正式场合的泛称有：姓+职务/职称/职业，姓名+同志/先生/女士/小姐。它通常意味着双方之间是较为规范的工作与事务性关系。非正式场合的泛称有：老或小+姓、姓+辈分、姓名或名+同志/先生/女士/小姐等。它反映了双方之间是一种毫无拘束和亲密的关系。

二、称呼的方式

（一）称呼姓名

在日常交往中，一般的同事、同学关系，平辈的朋友、熟人，均可彼此之间以姓名相称。长辈对晚辈也可以这么称呼，但晚辈对长辈却不可以这样称呼。称呼姓名具体有三种形式：

1. 直呼其名。一般是年龄、身份、职务相近者，或者是好同学、好朋友、好同事之间才可用这种称呼，如“张三”、“王五”。

2. 只呼其姓。为了表示亲切，可以在被称呼者的姓名前分别加上“老”、“大”、“小”字相称，而不称其名。例如，对比自己年长者，可称“老张”、“大林”；对比自己年幼者，可称“小张”、“小林”。

3. 只呼其名。对同性的朋友、同学、熟人，可以不称其姓，而直呼其名，如“敏飞”、“建豪”。通常上司对下属、长辈对晚辈也可以这样称呼，但异性之间则不可直呼其名。

（二）称呼职务

警务人员在工作交往中，最常见的称呼方法就是称呼对方的职务，以示身份有别、敬意有加。称呼职务具体有三种形式：

1. 仅称职务，如“局长”、“处长”、“所长”等。

2. 在职务前加上姓氏，如“许局长”、“何市长”、“郑所长”等。

3. 在职务前加上姓名，这仅适用于正式的场合，如“胡锦涛总书记”、“温家宝总理”、“卢展工书记”等。

（三）称呼职称

在不同职业中有职称者，尤其对有高级职称者，在交往场合可直接以其职称相称。称呼职称具体有三种形式：

1. 仅称职称，如“教授”、“工程师”、“律师”等。

2. 在职称前加上姓氏，如“纪教授”、“王律师”等。

3. 在职称前加上姓名，如“王勇教授”、“张建敏工程师”等。

（四）称呼学衔

在社交场合，以学衔相称，可增加被称呼者的权威性，有助于增强现场的学术氛围，如“张博士”、“谢博士后”；也可以在学衔后加上姓名，如“谢金生博士后”。但一般对学士、硕士不称呼学衔。

（五）称呼军衔

对军人的称呼，一般可称军衔，或军衔后加“先生”，如“上校”、“上校先生”。

（六）称呼职业

称呼职业，即直接以被称呼者的职业作为称呼。例如，将教员称为“教练”或“指导”，将护士、医生称为“医生”，将财务人员称为

“会计”，将警务人员称为“警官”等。称呼职业时，通常可加上姓氏或姓名。

（七）称呼性别

对不同性别的人，按约定俗成的方式，使用不同的称呼。例如，对女性可称“小姐”、“小姑娘”、“小妹”、“女士”、“大姐”等。“小姐”和“女士”的区别在于：未婚者称“小姐”，已婚者称“女士”，不明确婚否者则可称“女士”。有些地区不宜称女性为“小姐”。对男性可称“先生”、“师傅”、“同志”等。

三、称呼的禁忌

警务人员在警务和社交活动过程中，为避免失敬于人，不宜采用以下四种错误的称呼：

（一）随意称呼

警务人员在正式场合假如选用低级庸俗的称呼，是既失礼又失身份的。例如，在执勤过程中，称呼他人“哥们儿”、“兄弟”等一类的称呼，虽然听起来亲切，但显得有些随意、庸俗。

（二）他人绰号

在任何情况下，当面以绰号称呼他人，都是不尊重对方的表现。对于关系一般的人，不要自作主张给对方起绰号，也不能随便拿他人的姓名乱开玩笑。

（三）地域性称呼

有些称呼，具有一定的地域性。例如，山东人喜欢称呼“伙计”，但南方人听起来就有“打工仔”的意思。中国人把配偶经常称为“爱人”，而外国人“爱人”是“第三者”的意思。

（四）简化性称呼

在正式场合，有不少称呼不宜随意简化。例如，把“张局长”称为“张局”、“张座”，就显得不伦不类，很不礼貌。一些称呼简化后甚至会使人产生误解，如把“情报科副科长”称为“情副”。

四、称呼的细节

称呼中体现尊重，是我们的文化传统。称呼是一种修养，要尊重环境场合、风俗习惯等因素。警务人员要根据对方的年龄、职业、地位、身份、辈分以及与自己关系的亲疏和感情的深浅选择恰当的称呼。

（一）因人而异

因人而异，是指对方与自己关系的亲疏、感情的深浅。

1. 一般关系。一般关系的人之间选择称呼时，应选用规范的称呼。切忌选用不雅的称呼，如“喂”、“嘿”、“那个”等。

2. 亲密关系。关系亲密时，可以选用轻松、随意的称呼，如可选用他人的小名、绰号或“眼镜”、“高个”等对方某些特征的称呼。

（二）区分场合

区分场合，是指在不同的场合，应选用不同的称呼。

1. 一般场合。在一般场合，选用称呼应考虑到对象问题，即与对象关系的亲疏，感情的深浅程度。

2. 正式场合。在工作、社交乃至涉外场合，应该选用规范的称呼。在一般场合，可以对与自己关系亲密的人轻松、随意地称呼，但在正式场合就要选用规范的称呼。

（三）讲究次序

在正式场合，与多人打招呼时，通常应遵循先长后幼、先尊后卑、先近后远、先女后男、先疏后亲的原则。

（四）尊重风俗

在国际交往中，因为国情、民族、宗教、文化背景的不同，称呼就显得千差万别。一是要掌握一般性规律，二是要注意尊重各国、各民族的风俗习惯。

第二节　介绍礼仪

介绍是警务活动和人际交往中相互了解的基本方式，是人与人进行相互沟通的出发点，是人际交往的一项基本功。学会介绍自己和他人，能缩短人与人之间的距离，有利于广交朋友，促进警务工作的开展。

介绍主要分为自我介绍和为他人介绍两种形式。

一、自我介绍

自我介绍就是自己将自己介绍给其他人，以使对方认识自己。根据进行自我介绍的主、客观因素，自我介绍可分为主动型自我介绍和被动型自我介绍。主动型自我介绍是指自己主动将自己介绍给他人；

被动型自我介绍是指应其他人的要求，将自己的一些情况作一番介绍。

（一）自我介绍的场合与时机

何时何地需要进行自我介绍是一个比较复杂的问题，它涉及时间、地点、当事人、旁观者、现场气氛等多种因素。一般认为有必要进行自我介绍的场合有以下两种：

1. 希望结识他人时。所谓“将欲取之，必先予之”，希望结识他人时，自己首先要主动把自己介绍给他人，这是礼敬于人的最好表现。如果“开门见山”或“单刀直入”询问他人情况，往往他人会因有防备心理而拒绝。例如，初次前往他人居所、办公室进行走访时；打算加入陌生人组成的交际圈时；在出差、旅行途中，有必要与他人建立临时接触时等，作个自我介绍，不至于让人觉得唐突。

2. 有必要让他人了解自己时。自我介绍有助于自我推荐、自我展示、自我宣传。在警务活动或人际交往过程中，自我介绍是与他人进行必要的沟通，以寻求理解、帮助和支持的重要手段。例如，参加面试应聘时；他人希望结识自己时；前往陌生单位进行业务联系时；交往对象因为健忘而记不清自己，或担心这种情况可能出现时；有不相识者要求自己作自我介绍时；有求于人，而对方对自己不甚了解或一无所知时等，作个得体的自我介绍，也许会给他人留下深刻的印象。

（二）自我介绍的内容

确定自我介绍的具体内容，应兼顾实际需要、所处环境、不同对象等因素，有针对性地介绍。一般情况下，自我介绍可以分为三种模式，即应酬式、公务式和交流式。自我介绍的模式不同，介绍的内容也不一样。

1. 应酬式。应酬式的自我介绍，适用于某些公共场合和一般性的社交场合。这种自我介绍最为简洁，介绍的主要目的是为了确认身份。所以，介绍的内容只包括姓名一项即可。例如，“您好！我是张三”。

2. 公务式。公务式的自我介绍，主要适用于公务活动中，以工作为介绍的中心内容。公务式介绍包括四个基本要素，我们称为公务介绍四要素，一是单位，二是部门，三是职务，四是姓名。具体的工作部门也可以暂时不报；职务较低或没有职务，可报出目前所从事的具体工作。

3. 交流式。交流式的自我介绍，主要适用于社交活动中，是一种刻意寻求与交往对象进一步交流与沟通，希望对方认识自己、了解自己、与自己建立联系的自我介绍。它大体包括介绍者的姓名、工作、籍贯、学历、兴趣及与交往对象的某些熟人的关系等。它不一定非要面面俱到，应依据具体情况而定。

（三）自我介绍的细节

1. 自我介绍时，应先向对方打招呼，使对方有个心理准备。同时要避免并克服羞怯心理。

2. 自我介绍要实事求是，真实可信，不可自吹自擂、夸大其词。如说某某领导、某某知名人士同自己的关系，自己又如何八面玲珑、神通广大等。

3. 进行自我介绍时，态度要自然、友善，表情要庄重，举止要落落大方，彬彬有礼；语言要简约，语气要自然，语速要正常，语音要清晰。

4. 如果姓氏易混或较特殊，有同音字的，应加以说明。

5. 不能随意中止他人的谈话而进行自我介绍，要等待适当的时机。

6. 自我介绍应节省时间，切勿啰唆。当发现对方对自己的自我介绍不感兴趣时，赶紧“刹车”，以免自讨没趣。

7. 介绍自己姓名和身份时，切勿只报姓不说名字或只说名字不报姓；通常在介绍自己姓名时，不应加敬称。

8. 介绍单位或职务时尽量不要用简称。有时候简称会出笑话，甚至会得罪人。例如，交通技术职业学院，如果用简称就是“交技院”或“技院”。

二、为他人介绍

为他人介绍，又称第三者介绍，它是指经第三者为彼此不相识的双方引见介绍的一种介绍方式。

在为他人介绍的过程中，为他人作介绍的第三者系介绍者，被介绍的双方称为被介绍者。

（一）为他人介绍的顺序

为他人介绍时，先介绍谁，后介绍谁是有讲究的。根据现代礼仪规范，为他人介绍的顺序必须遵从三项原则：

1. “尊者居后”原则。“尊者居后”原则，即应把身份、地位较为低的一方介绍给相对而言身份、地位较为尊贵的一方，以表示对尊者的敬重之意。例如，先介绍年幼者，后介绍年长者；先介绍晚辈，后介绍长辈；先介绍学生，后介绍老师；先介绍下级，后介绍上级；先介绍未婚者，后介绍已婚者等。

2．“女士居后”原则。“女士居后”原则，是指在地位、年龄、身份相当的情况下，女士有优先知情权，即先介绍男士，后介绍女士。

3．“先来后到”原则。“先来后到”原则，是指参加某一活动时，先到者、位次排在前面者，有优先知情权，即先介绍晚到的客人，后介绍先到的客人；当要介绍众多在场者时，如果没有地位非常尊贵的人在场，必须按照一定的次序依次进行介绍，如顺时针方向或逆时针方向，自右至左或自左至右。

（二）为他人介绍的细节

1．介绍者为被介绍者介绍之前，一定要征求一下被介绍双方的意见，尤其是将女士介绍给男士时，应先征得女士同意后再介绍。切勿上去开口即讲，显得很唐突，让被介绍者感到措手不及。

2．被介绍者在介绍者询问自己是否有意认识某人时，一般不应拒绝，而应欣然应允。实在不愿意让他人介绍时，则应说明理由。

3．介绍人和被介绍人都应起立，以示尊重和礼貌；待介绍人介绍完毕后，被介绍双方应微笑点头示意或握手致意。

4．在宴会、会议桌上，视情况介绍人和被介绍人可不必起立，被介绍双方可点头微笑致意；如果被介绍双方相隔较远，中间又有障碍物，可举起右手并点头微笑致意。

5．在正式场合为他人作介绍时，应遵从“规格对等”原则，即介绍者的身份、地位应与被介绍者的身份、地位尽可能相对等。

6．被介绍者被介绍给他人时，不要心不在焉、疲于应付，显得看不起对方；也不要卑躬屈膝、低声下气，显得在讨好对方。

7．介绍具体人时，手势应文雅。无论介绍哪一方，都应手心向上，手背向下，五指并拢指向被介绍人，切勿用手指指点点。

第三节　握手礼仪

握手，是见面时最常见的礼仪。握手是一个并不复杂却十分微妙的礼节。作为一个细节性的礼仪动作，做得好，它好像没有什么显著的积极效果；做得不好，它却能突兀地显示出负面效果。

一、认识握手

（一）握手的由来

握手，是人类在长期交往中逐渐形成的一种重要礼节。据说，握手最早可以追溯到“刀耕火种”的原始时代。那时，人们手里经常拿着木棒或石块等武器，准备去狩猎或打仗，当在路上遇到不属于本部落的陌生人时，如果双方都无恶意，就要放下手中的武器，伸出手掌，让对方摸一下手心，以表示友好、问候之意。这样，以摸手掌表示友好的习惯便沿袭下来，久而久之，演变成今天的握手礼节。

握手和拥抱等作为见面的礼节，原本都是西方的习俗，近代史上随着鸦片输入中国。在中国人纷纷脱下黄袍马褂代之以西装革履的时候，握手也渐渐为国人所接受。

（二）握手的意义

握手在许多国家已成为一种习以为常的礼节。握手看似平常，但却是沟通思想、交流感情、增进友谊的重要方式。深情、文雅而得体的一握，其中往往蕴涵着令人愉快、信任、接受的契机。握手在不同场合意义不同。

1. 初次见面时，握手表示为相识而高兴。
2. 久别重逢时，握手表示问候、关切和高兴。
3. 获得新成绩、获奖和有喜事时，握手表示祝贺或相互鼓励。
4. 看望或慰问时，握手表示问候。
5. 当对方为自己做了某件好事时，握手表示感谢。
6. 交谈出现令人满意的共同点时，握手表示欣喜和感谢。
7. 矛盾出现某种良好的转机或彻底和解时，握手表示友好。
8. 告辞或送行时，握手表示再见。
9. 追悼会后，离别时，与家属握手表示劝慰、节哀。

（三）握手的形式

握手有三种标准的形式。不同的握手形式适用于不同对象，严禁滥用、套用。

1. “平等式”握手。以右手单手与人相握，手掌垂直于地面并合握，这是最常用的握手方式。一般适用于地位平等且初次见面或交往不深的人，表示自己不卑不亢。

2. “手扣式”握手。用右手握住对方右手，再以左手握住对方右手的手背。这种形式的握手在西方被称之为“政治家的握手”，适用于亲朋好友之间，以表达自己的热情和深厚情义；不适用于初识者或异性，否则，接受者可能怀疑主动者的动机。

3. “双握式”握手。用右手握住对方右手，再以左手握住对方右手的手臂或肩膀。这种形式的握手要比“手扣式”握手所表达的情感更多，显得更热情友好。因为此时握手双方已处于亲密距离，所以，不是至交或极为亲密的人最好不要滥用。

（四）握手的次序

握手要讲究先后次序。在正式场合，握手的先后次序主要取决于职位、身份。在社交、休闲场合，则主要取决于年纪、性别。

1. 女士与男士握手，女士先伸手。

2. 年长者与年幼者握手，年长者先伸手。

3. 长辈与晚辈握手，长辈先伸手。

4. 已婚者与未婚者握手，已婚者先伸手。

5. 职位、身份高者与职位、身份低者握手，职位、身份高者先伸手。

6. 社交场合的先到者与后到者握手，先到者应首先伸手。

7. 与多人握手时，应遵从先尊后卑、先女后男、先近后远的原则。

以上握手的次序只能作为自律，不应处处苛求别人。握手的次序中有一种是特例，即接待来访者时，主人应先伸手与到访的客人相握，以表示“欢迎”；客人告辞时，应待客人先伸出手后，主人再伸手与之相握，以表示“再见”，否则，有逐客之嫌。

二、握手要点

握手的姿势、神态、时长、力度往往能够表现握手人对对方的不同礼节与态度，应该根据时间、地点、对象等因素灵活掌握。总之，握手的姿势要正确，神态要专注，时长、力度要恰当，因人而异。

（一）握手的姿势

握手时，双方彼此距离约 1 米，上身稍向前倾，两足立正，伸出右手，手掌与地面垂直，四指并拢，拇指张开与对方相握。

距离太远有冷落感，太近手臂难以伸直，也不太雅观。最好的做法，是双方将相握的手各向侧下方伸直，伸直相握后形成一个直角，标准的握手手掌应与地面保持垂直；掌心向下握住对方的手，表示自己感觉良好，属于傲慢无礼的握手方式；掌心向上同他人握手，表示自己谦恭、谨慎，属于过于谦卑的握手方式。

（二）握手的神态

与人握手时，要认真、专注、友好、自然。通常情况下，要面含笑意，目视对方双眼，并口道问候。切勿漫不经心、东张西望、敷衍了事、傲慢冷淡。

（三）握手的时长

通常情况下，握手的时间应控制在3秒内，不宜过短或过长。握手时间过短，会有轻蔑之嫌；握手时间过长，会有虚情假意之嫌。老友相见、安慰病人、对死者家属致哀等可以时间长一些，与异性握手时间不宜过长，否则，会有非分之想之嫌。

（四）握手的力度

握手时应当稍许用力。适当力度的握手，表示对人热情和友好，也表示自己是个有责任感和自信心的人；完全不用力或柔软无力的握手，给人的感觉是缺乏诚意与自信；过度用力的握手，给人的感觉是粗鲁、轻佻而不庄重。与下级或晚辈握手时，上级或长辈一般也应报以相同的力度。

三、握手禁忌

1. 忌拒绝与他人握手。除非决心与他绝交，不方便握手时，要点头向对方致歉，并说明原因。

2. 忌用左手与人握手。西方习俗认为人的左手是不洁的。

3. 忌交叉握手。交叉握手形成十字架状，西方人最忌讳十字架，十字架是凶兆的象征。

4. 忌坐着或一手插在衣袋里与他人握手。与他人握手时，除年老体弱或身体残疾外，都要起身站立，左手自然下垂，不能手插在衣袋里。

5. 忌握手时长篇大论，点头哈腰，滥用热情。

6. 忌握手时紧紧握住对方的手指尖或握着手摇来摇去、推来拉去。

7. 忌戴帽子、戴墨镜、戴手套与人握手。警务人员着装时可以脱帽与人握手，但应先行举手礼，然后再握手。戴手套执勤时，若要与人握手，应迅速摘下右手的手套，行举手礼，然后再相握。

8．忌用双手与异性握手。

9．忌用肮脏的手与他人握手或握手之后当着对方的面擦手。

四、常用见面礼节

（一）点头礼

点头礼又叫颔首礼，即头部向下轻轻一点，同时面带笑容。它所适用的情况主要有：遇到熟人，在会场、剧院、歌厅等不宜交谈之处，在同一场合碰到已多次见面者，遇上多人而又无法一一问候时。行点头礼时，不宜戴帽子，不要反复点头不止，也不必点头的幅度过大。

（二）举手礼

举手礼即右臂向前方伸直，右手掌心向着对方，四指并拢，拇指叉开，轻轻向左右摆动一两下。行举手礼的场合与点头礼的场合大致相似，它最适合向距离较远的熟人打招呼。行举手礼时不要上下摆动，也不要用手背朝向对方。

（三）鞠躬礼

与日本、韩国等东方国家的外国友人见面时，行鞠躬礼表达致意是常见的礼节。鞠躬礼分为15°、30°和45°的三种形式；度数越高向对方表达的敬意越深。基本原则：在特定的群体中，应向身份最高、规格最高的长者行45°角鞠躬礼；身份次之行30°角鞠躬礼；身份对等行15°角鞠躬礼。

（四）拱手礼

起身站立，上身挺直，两臂前伸，双手在胸前高举抱拳，自上而下或者自内而外，有节奏地晃动两下。这是我国民间传统的会面礼。现在它所适用的情况主要是过年时举行团拜活动，向长辈祝寿，向友人恭喜结婚、生子、晋升、乔迁，向亲朋好友表示无比感谢以及与海外华人初次见面时表示久仰大名。

（五）拥抱礼

两人正面站立，各自举起手臂，将右手搭在对方的左肩后面，左臂下垂，左手扶住对方的右后腰。首先向左侧拥抱，然后向右侧拥抱，最后再向左侧拥抱。

（六）亲吻礼

长辈与晚辈亲吻时，长辈吻晚辈的额头，而晚辈吻长辈的下颌。同辈人或兄弟姐妹亲吻时，只能相互贴一贴面颊。

（七）吻手礼

吻手礼即男士亲吻女士的手背或手指。吻手礼的接受只限于已婚的女性。男士以右手或双手轻轻抬起女士的右手，俯身弯腰用微闭的双唇，象征性去轻触一下女士的手背或手指。

（八）合十礼

合十礼又称合掌礼，即双手十指在胸前相交合，五指并拢向上，指尖与鼻尖基本持平，双腿立定笔直站立，上身微欠低头。行礼时，合十的双手举得越高，越体现出对对方的尊重，但原则上不可高于额头。这种礼节通行于东亚和南亚信奉佛教的国家或佛教信徒之间。

欧洲人非常注重礼仪，他们并不习惯与陌生人或初次交往的人行拥抱礼、接吻礼、面颊礼等，所以初次与他们见面，还是以握手礼为宜。

第四节　名片礼仪

在现代社会中，使用名片已经成为社交场合必不可少的一种行为方式，初次相见一般都会以名片相赠。名片作为一种自我介绍的媒介物和工作、社交的联系卡，在工作和人际交往中，可以起到自我介绍、结交朋友、保持联系、通报变更等作用。警务人员的“警民联系卡”还发挥着增强警民联系，方便群众求助、报警、反映警情等作用。

一、名片由来

名片源自于中国。名片在我国已有两千多年的历史，清人赵翼《陔余丛考·名帖》有详细考述。在秦汉时期它被称为“谒”（谒见之意，即拜帖）；后来称为“刺”；唐朝称为“膀子”；宋代谓之“门状”；元朝叫“名”；明朝唤为“名帖”；到了清代又称之为“名刺”，也称作“名片”。

名片的形状，秦朝时是写在竹片上；汉朝至清朝，一般是采用红纸书写，称为“红帖”。名片的形式、尺幅、质地、风格以及在称呼上，都随着时代的发展而演变。如今流行的名片形状，有记录的是1786年出现于德国。1990年，著名的索斯比拍卖公司就以145万美元的惊人纪录拍卖了戏剧天才莎士比亚亲笔签名的名片，被称为世界上最名贵的名片。清朝政要李鸿章出使美国期间特制的一张2米长的名片，被世人称为世界上尺幅最大的名片。清朝时期高丽宰相李银为求索“扬州八怪”之一郑板桥的字画而呈来的高40cm、宽16.5cm、厚1.7cm的“金版玉片”的名片，被称为世界上体积最大的名片。

名片传入其他国家是在唐朝时期。唐朝由于经济的发展，商人地位的提高，“拜帖”的使用就由达官贵人之间扩散到了商人之间。之后，由于中外经济文化的交流，名片又由中国传到日本和西方，渐渐地便成为当今世界人们社会交往活动中不可或缺的见面礼。

二、名片制作

人们对名片的样式、色彩、图案、文字及印刷的要求，体现出不同人的文化品位和精神追求。警务人员在设计自己名片时，应当精心选择，讲究简单实在，以求名片达到规范、真实，不落俗套。名片的制作应注意以下规范要求：

（一）规格

通常情况下，国内使用的名片规格为长9cm、宽5.5cm；涉外活动使用的名片规格为长10cm、宽6cm；女士专用的规格为长8cm、宽4.5cm。如没有特殊需要，不应将名片制作过大或过小，甚至有意制作成折叠式，以免给他人以虚张声势、标新立异之嫌。

（二）文字

文字要简明扼要、美观易懂。在国内使用的名片，宜用汉字简体字，不要故弄玄虚，使用繁体汉字。在涉外活动中或少数民族使用的名片，一般一面是汉语简体字，另一面是相同内容的外文或少数民族文。切勿在同一张名片上采用两种以上的文字，也不要将两种文字交错印在名片的同一面上。

（三）字体

字体要合乎规范、层次分明。名片上的字体尽量不用行书、草书、篆书或花体字，最好不要手书自制，也不要以复印、油印、影印等方法制作名片。

（四）内容

名片的用途不同，内容也有所讲究。例如，应酬式名片上的内容一般只有姓名一项，最多加上本人籍贯、职称或字号；社交式名片上的内容只有姓名和联系方式两项；公务式名片上的内容应该有单位、姓名、头衔、职务、地址、邮政编码、电子邮箱及联系电话等。名片制作者若有多种头衔和职务，应该把名片分开印制，做到在不同的场合，使用不同的名片。一张名片之中，职务和头衔不能超过两项，否则会有卖弄自己之嫌。另外，忌名片随意进行涂改，忌名片上提供家庭电话。

（五）风格

在合乎规范的前提下，可以讲究自己的风格，表现自己的个性。名片的风格、个性，主要表现在版式布局与字体的选择设计方面。

（六）版式

名片的版式有横排和竖排之分，大多数人认为以横排为佳。横排的名片易辨识、易收藏。而竖排的名片虽然风格古朴，却不具备这些优点。切勿在同一张名片上采用一面横排，而另一面是竖排的版式。

（七）色彩

名片宜选用庄重朴素的白色、米色、淡蓝色、淡黄色等色彩，一张名片应以一色为佳。最好不要印制杂色名片，也不要用黑色、红色、粉色、紫色、绿色印制名片，因为这些颜色会给人以不庄重的感觉。警务人员使用的“警民联系卡”用蓝白镶嵌的色彩为宜。

（八）图案

一般在名片上是不提倡印有人像、漫画、花卉、宠物等图案。因为这些图案并无实用价值，但却会给人以华而不实的印象。警务人员的“警民联系卡”可以使用警徽或警察卡通形象作为图案。

三、递送名片

递送和接收名片，往往能体现一个人的修养和素质。警务人员在与他人初次交往时，一张小小的名片不仅代表着自身形象和素质，而且还体现着公安机关的形象。

正确的递送方法是：起身站立，身体略向前倾，面带微笑，双目注视对方，双手的大拇指和食指拿住名片的两个角，名片正面朝向对方，并说“这是我的名片，请多指教”等寒暄语。递送名片应注意以下细节：

（一）讲究次序

递送名片时，由地位低者先向地位高者，男士先向女士，晚辈先向长辈，下级先向上级，主人先向客人递送名片。面对多人时，一般按职务由高而低递送，由近而远递送，按顺时针或逆时针方向递送。切勿挑三拣四，采用“跳跃式”递送，否则会被人误认为厚此薄彼。

（二）放置到位

一般情况下，随身携带的名片，最好放在专用的名片包、名片夹里。男同志穿西装时，应放在上衣口袋里，女士最好放在手包里。不要把它放在裙兜、提包、钱夹里，那样做既不正式，又显得杂乱无章。在自己的公文包以及办公桌抽屉里，也要经常备有名片，以便随时使用。

（三）把握时机

如果是初次见面，相互介绍后可递送名片；如果是比较熟悉的朋友，可在告辞时递送。切勿在就餐过程中递送。递送名片前，要善于观察对方是否有接收名片的意愿，如果对方并没有这种意愿，则无须发送名片，否则会有故意炫耀、强加于人之嫌。

（四）避免尴尬

递上名片前，应当先向接受名片者打个招呼，让对方有所准备。如果自己的姓名中有生僻字时，应将自己的名字读一遍，避免对方读错字而出现尴尬的场面。

（五）递送忌讳

一忌单手递送；二忌左手递送；三忌以手指夹着名片递送；四忌名片反面朝向对方；五忌名片举得高于胸部。

四、接收名片

正确的接收方法是：起身站立，身体略向前倾，面含微笑，目视对方，双手的大拇指和食指接住对方名片的两个角，并说"谢谢"等寒暄语。接收名片应注意以下细节：

（一）起身迎接

当对方要递名片给自己或交换名片时，应立即停止手上所做的一切事情，如果手上有物品应该立刻放下。起身站立，双手捧接，如果一时无法用双手接，也应以右手接过，切勿用左手接过。

（二）表示谢意

接收对方名片时，应口头道谢，或重复对方所使用的谦词敬语，不可一言不发。当拿到对方的名片之后，一定要把自己的名片及时回赠对方。但最好在收好对方名片后再给，不要左右开弓，交叉同时进行。如果自己没有携带名片，一定要向对方解释并致以歉意。

（三）认真阅读

接过名片后，应认真仔细地默读一遍。遇有显示对方荣耀的职务、头衔不妨读出声，以示尊重和敬佩。如果遇到有生僻字等对名片上的内容有所不明时，应立刻请教对方。接过名片后，连瞧都不瞧一眼，或随便放在桌上，或装入臀部后面的口袋，或交予他人，都是失礼。

（四）精心存放

接过名片看过之后，切勿将其随意乱丢乱放、乱揉乱折，应将其谨慎地放进自己的名片包、名片夹或上衣口袋内，或放进办公室的抽屉里。也可以看了之后先放在桌子上，但不要随手乱丢或在上面压上杯子、文件夹等东西，那是很失礼的表现。

（五）接收忌讳

一忌玩弄名片；二忌当着他人的面，在名片上书写不相关的东西；三忌弄脏、弄破名片；四忌不带走名片；五忌炫耀他人名片。

第五节 接待礼仪

接待，就是迎接和招待，是警务工作中最具礼仪成分的工作。接待是一种常见的礼仪性公务活动，接待工作的好坏优劣，直接影响警务活动的开展，影响公安机关的形象。做好警务接待工作，一方面可以倾听群众意见，密切警民关系；另一方面又有利于协调上级和下级、单位与单位之间的关系，推动各项工作。

接待，分为常规接待和特殊接待两种。在警务活动中，常规接待又叫例行接待，主要是指“窗口单位”的接待。特殊接待通常又称公务接待，主要是指公安机关在警务交往中，对重要客人的接待。

一、“窗口单位”的接待

“窗口单位”，是指各级公安机关值班室、接待室，交警队、巡警队、派出所、车管所，出入境管理办证室、边防检查站值勤现场、信访办、办证中心以及其他直接面向社会，接待和服务群众的单位。“窗口单位”的形象，在群众眼里代表着政府形象，在社会上代表着公安机关的形象，在外国人眼里代表着中国形象。因此，“窗口单位”的接待工作，每一位警务人员都要认真对待。

“窗口单位”的接待，必须坚持依法公开、公正，便民、利民和务实高效的原则，严格执法，热情服务。应注意的礼仪有：

（一）警容严整

警务人员在接待与受理工作中应严格按照规定着装。从事鉴定等技术专业的民警在接待、受理工作时，可着专业服装。“窗口”民警要精神饱满、举止端庄，严禁在接待室内嬉笑打闹、跷腿、吃零食、聊天。

（二）态度和蔼

警务人员应一切以方便群众为先。态度要热情、友善，表情自然、诚恳，面带笑容，目光平视对方，不卑不亢。要认真听取对方的谈话，不摆架子，不耍威风。对老弱病残者，应主动搀扶就座，并予以优先照顾。必须做到“三声”、“三到”、“四个一”。“三声”即来有迎声、问有答声、去有送声；“三到”即眼到、口到、心到；“四个一”即一张笑脸，一声问候，一把椅子，一杯热茶。

（三）语言文明

在接待与受理工作中，在言辞表达上，不应有任何失礼之举。要语言文明，举止得体，执法、服务规范。警务人员一般应用普通话沟通，使用礼貌用语，语气谦和，不讲粗话、脏话。作风不得粗暴，忌语言不得生硬、行为不得蛮横、不得刁难群众，不得以任何借口推诿、扯皮、耍态度，严禁态度冷、硬、横。

（四）一视同仁

在接待与受理工作中，警务人员应本着公平、公正、公开的原则秉公办事、不徇私情。对所有服务对象均应一视同仁，平等相待，不分亲疏，不讲地位，不论性别，不凭个人好恶区别对待。对群众要求办的事情，符合政策、手续齐备的都应及时办理，不应推诿、拖延，更不应讲任何条件；对手续不全或程序不清楚的群众，应耐心介绍、讲解，并当场开具告知单，交予对方，保证其二次办结。

（五）尊重人格

对案件（事故）受理中的违法犯罪嫌疑人不歧视、不虐待，充分尊重其人格尊严，并注意保护其私人隐私和人身安全。接待未成年人、精神病患者或有残疾的当事人应视情形采取特殊保护措施，防止意外发生。如涉及隐私的案件或纠纷，应本着尊重隐私的原则，单独接待，与案件或纠纷没有关联的隐私，不应过分探究。

（六）不予争执

当服务对象提出意见时，警务人员首先要虚心接受，属于服务对象误解的，应耐心解释；确属警务人员工作失误的，应立即向服务对象致歉。对个别行为过分偏激者，应避免与其正面冲突，不予争执，在维护执法严肃性的前提下，应耐心做好疏导工作，时刻保持有礼有节、文明规范的精神风貌。如果自己不能解决的，可转由单位负责同志认真接待。

（七）拒绝请送

对待服务对象及其代理人的请客、送礼应婉言谢绝。无法返还的礼品，可上交组织，由组织出面捐送福利部门或公益事业，并应张榜公布。

（八）申明权利

对接待及处理结果有异议的当事人，应耐心向其讲明其应有的权利、义务，并向其介绍解决的方法及程序。

二、重要客人的接待

对重要客人的接待，是一项礼节性很强的工作，需要有礼有节。警务人员在接待中，不论是内宾还是外宾，不论是上级领导还是一般客人，都应彬彬有礼、以礼相待。同时应做到热情适度，根据不同接待对象给予不同的礼遇。对重要客人的接待，应注意的礼仪主要包括迎送礼仪、引导礼仪和座次礼仪三方面。

（一）迎送礼仪

迎来送往是警务人员日常工作中经常性的事情，尽管事情简单但却需要细致和周到，它往往能在细微之处将公安机关的形象和迎送人员的自身素质完美地展示。迎送礼仪应注意以下细节：

1. 确定人员。一般情况下，应根据来宾的身份，遵从“规格对等原则”，确定迎送人员。如果有各种原因不能完全对等时，可由职位相当的人士或副职出面，并向对方作出解释，另外，参与迎送的人员不宜过多。

2. 遵守时间。无论是相应人员到机场、车站、码头迎接，还是接待人员在会见、座谈地点接待，或者到住所、机场等场合送别人员，迎送人员都应提前到达（提前 5 ~ 10 分钟）。迎送人员等待来宾是正常的，而让来宾等待迎送人员则是不应当的。要是晚于来宾到达，就有轻视、应付了事之嫌，是一种极失礼的行为。

3. 热情周到。在来宾停留期间，迎送人员都要从始至终地对来宾做到热情周到、有条不紊，使客人有“宾至如归”的感觉。在任何情况下，迎送人员均须坚守岗位，不得以任何借口脱岗。对来宾所提出的一切合理而正常的要求，迎送人员均应想方设法为其提供方便，不得出现冷淡、粗心或怠慢客人的情形。

4. 节俭务实。接待工作应热情周到，但不能讲排场，铺张浪费。接待应尽量减少纯礼节性的迎来送往，要减少陪同人员，从简安排食宿，严格控制馈赠礼品，讲究节俭、务实、实效。

5. 送客有道。送别客人是接待工作最后也是非常重要的一个环节。为使接待工作有始有终、善始善终，对待送别就应该像对待迎宾一样，予以高度重视。

（1）道别提出。道别应由来宾率先提出。否则，会给人以一种厌客、逐客的感觉。

（2）起身在后。来宾告辞时，主人应在来宾站起来后再起身，不宜抢先起身。

（3）相送一程。来宾离去时，主人应当相送一程。通常应将其送至门口、电梯或楼梯旁、大楼底下。

（4）注意退场。在送行时，送行人员通常应在来宾所乘坐的交通工具离开自己的视线后，方可离去。

（二）引导礼仪

引导，是指主人为来宾引路，并随之前往目的地。负责陪同来宾者中，通常情况下包括主陪人员、随行人员和引导员。如果主人方只有一人在场时，此人即为引导员。引导来宾应注意“左右”问题、“前后”问题和引导细节三个方面。

1.“左右”问题。“左右”问题，是指主陪人员（本单位最高领导）走在来宾的左侧还是右侧问题。“左右”问题，应遵从“来宾靠墙”的原则。让来宾靠墙走，不能理解为“右大”还是“左大”。应该理解为让客人走在内侧，主要是从来宾安全，少受外界打扰和影响的角度来考虑。如果在大操场、广场等场地行走时，主陪人员应走在来宾的左侧。

2.“前后”问题。“前后”问题，是指引导员走在来宾的前面还是后面的问题。引导的“前后”问题，应遵从“因人而异”的原则。

一般情况下，来宾分为两种类型。一是熟悉的来宾，他对本单位的布局比较熟悉；二是对本单位布局一无所知的来宾。

（1）熟悉本单位布局的来宾，应让其走在前面。按照“前比后大”的礼仪原则，要把选择前进方向的权利让给来宾，因为尊重他人就是尊重他人的选择。

（2）对不熟悉本单位布局的来宾，引导人员应在前面引导来宾。

（3）随行人员应始终随行在来宾的后面。

3. 引导细节。引导细节，是指负责引导的引导员应注意以下细节：

（1）引导员应走在来宾左前方一米左右的位置。行进过程中，应处处以对方为中心，行进速度应该与对方相协调，遇到路口或转弯处，应用手示意方向并加以提示。

（2）引导员与来宾交谈和回答问题时，应将头部、上身转向对方。

（3）引导来宾时，一般不宜高谈阔论，以免使来宾分神而发生尴尬事情。必要时引导员应作“脚下留神”等提示。

（4）如果引导员是女性且着裙装，当上楼梯时，应走在来宾的后面，以免“走光”引起尴尬。

（5）引导来宾进出办公室或会客室时，应“后入后出”，面向对方，主动为其推拉房门，不要无意中挡道拦人。

（6）进门之后，引导员如有必要时，应担任介绍人，依照介绍惯例，介绍彼此之间不熟悉的人相识。

（7）在来宾就座后，引导员如无必要，则应在向来宾告辞之后离去。如有必要，也可在一旁坐下，为来宾作陪。

（三）座次礼仪

座次，是指会见或会谈时的座次安排。座次的准确排位是向来宾表达尊重之意，是会见或会谈顺利进行的关键环节。座次安排的失误有可能引起来宾的不满和抗议。座次安排应遵从“面门为尊”和“以右为尊”的原则。

1. 会见。常见的会见布局有弧形和方形两种形式。无论哪一种形式，都以主客双方面门为上，主方坐于左侧，客方坐于右侧。如果是会见外宾，有翻译、记录员时，应坐于主人和主宾的身后（见图3－1）。

图 3－1

2. 会谈。会谈，通常使用长方形、椭圆形桌子，宾主双方相对而坐，以正门为中。如果桌子是横向摆放，主方应背门而坐，客方应面门而坐。双方身份最高者居中（见图 3－2）。

图 3－2

如果是竖向的，则以进门的方向为准，右侧为客方，左侧为主方（见图 3－3）。

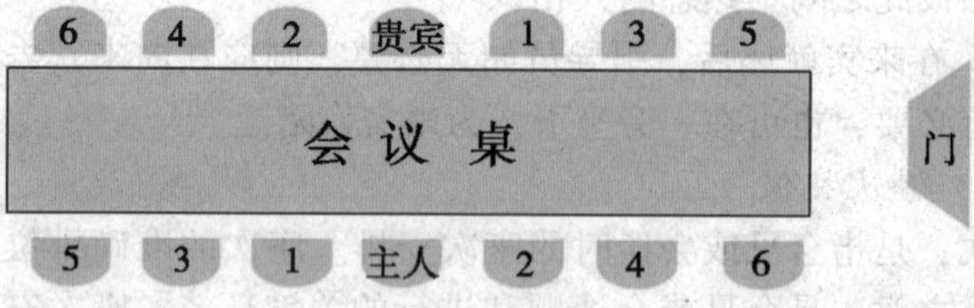

图 3－3

3. 合影。接待过程中若安排合影，座次与一般性合影座次有所不同。通常主人居中，主人的右侧为第一贵宾，左侧为第二贵宾，双方其他人员相间排列，两端的位置不能留给客人。若有贵宾夫人，贵宾夫人坐在贵宾旁边，座次类推（见图 3－4）。

图3－4

第六节　交通工具礼仪

交通已经成为现代社会人们日常生活的重要组成部分。作为警务人员，无论是因公还是因私乘坐交通工具，都应当自觉遵守一定的礼仪规范及其他注意事项。做到律己敬人，以实际行动来体现警务人员的个人素质和维护公安机关的形象。

一、座次礼仪

在比较正规的场合，乘车时务必要分清座次的尊卑，找准自己的位置，并在自己应该坐的位置上就座。乘车座位的尊卑，主要取决于四个因素：

（一）驾驶员身份

驾驶员的身份，是指驾驶车辆的司机是谁。一般分为主人驾车和专职司机驾车两种情况。

1. 主人驾车。当主人亲自驾车时，小轿车一般以副驾驶座为尊，后排座为次。后排座又以右为尊，以左为次尊（见图3－5）；三排六座轿车一般以副驾驶座为尊，其他五个座位的座次由尊而卑依次为：中排右座，中排左座，后排中座，后排右座，后排左座（见图3－6）。小轿车如果后排坐三个人时，后排中座为末席。

当主人亲自驾车时，绝不能令副驾驶座空着，否则就是对主人的失敬。副驾驶座视线开阔，但最不安全，之所以副驾驶座为尊，既是为了表示对主人的尊重，也是为了显示与主人同舟共济、患难与共。

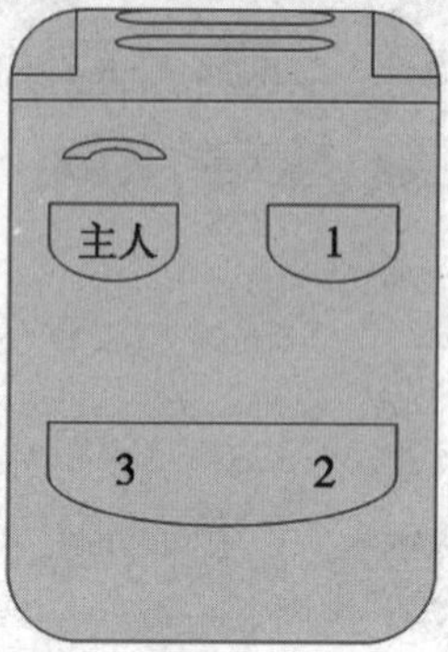

图3－5

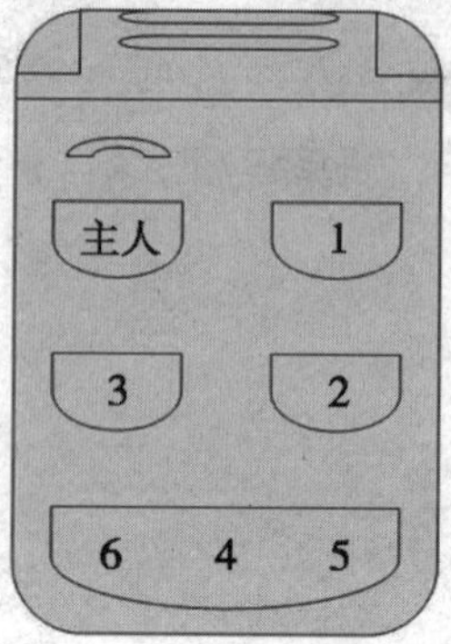

图3－6

按惯例，副驾驶座不宜让妇女或儿童就座。

2．专职司机驾车。当专职司机驾车时，通常以后排右座为尊，后排左座为次尊，副驾驶座为末席（见图3－7）。后排右座具有上下车方便，隐秘性比较好，安全系数较高等特点。因此，遵循车辆靠右侧行驶规则的国家，后排右座通常为尊位。

如果后排坐三个人时，通常要请最尊者选择座位，此时一般以副驾驶座为尊，因为副驾驶座最宽敞。

三排六座轿车，当专职司机驾车时，一般以中排右座为尊，其他五个座位的座次由尊而卑依次为：中排左座，后排中座，后排右座，后排左座，副驾驶座（见图3－8）。

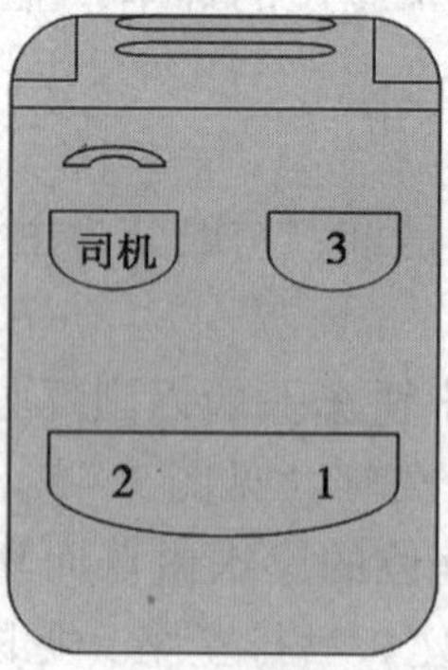

图3－7

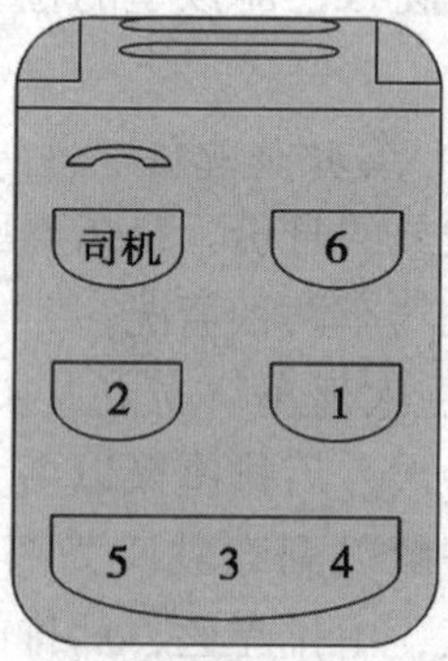

图3－8

（二）车辆类型

吉普车，不管驾驶员是谁，副驾驶座为尊，后排右座为次，后排左座为再次，后排中座为末席。因为吉普车底盘高，功率大，防震性能较差，坐在副驾驶座要比坐后排舒服。

中巴或大巴，也称多排座车，不管驾驶员是谁，司机后排座座位为尊；排次越后，座次越次。

（三）嘉宾意愿

突出“尊重他人就应该尊重他人的选择”原则。应尊重嘉宾的选择，嘉宾选择坐哪个座位，哪个座位就是尊座，即便坐错也不要纠正。可以相让，但不要强求，不应认真计较。

（四）基本规矩

多排座（两排座以上）车靠门近的座位为尊座，离门远的座位为次座。

临窗的座位为尊座，临近通道的座位为次座。与车辆行驶方向相同的座位为尊座，与车辆行驶方向相反的座位为次座。

在有些车辆上，乘客的座位分列于车厢两侧，而使乘客对面而坐。在这种情况下，应以面对车门一侧的座位为尊座，以背对车门一侧的座位为次座。

二、上下车礼仪

在许多正式场合，上下车的先后顺序不仅有一定的讲究，而且必须认真遵守。上下车礼仪应遵从方便原则、突出原则和脚先头后原则。

（一）方便原则

乘坐轿车时，按照惯例，应当恭请位尊者首先上车，最后下车。位卑者则应当最后上车，最先下车。乘坐公共汽车、火车、地铁或飞机时，通常由位卑者先上、先下。位尊者则应当后上、后下。这样规定的目的，同样是为了便于位卑者寻找座位，照顾位尊者。

当礼遇较高的来宾上车时，为来宾打开车门的同时，左手固定车门，右手护住车门的上沿（左侧下车相反），防止来宾碰到头部，确认来宾身体安全进车后轻轻关上车门。下车时，方法相同。

（二）突出原则

陪同尊长同乘一辆车外出，对方热情相送时，陪同人员应在主动向对方道谢之后，先上车等候。因为送别仪式的中心环节是在双方尊长之间进行的，如果所有人都非要等位尊者上车后再与主人道别上车，就会冲淡双方位尊者道别的气氛，而上车时也会显得混乱无序。如果是分乘几辆轿车时，则应上到各自的车内等候，只需留下一个与位尊者同车的人陪同位尊者道别即可。

陪同尊长外出，对方热情迎接时，陪同人员一定要等尊长下车后再下车，否则就会有“抢镜头”之嫌。

（三）脚先头后原则

男士上下车时仪态要优雅，要避免低头弯腰直接往车内爬。正确的姿势是“侧身式”，即身体微微侧转与车门平行，一脚轻抬先进入车内，坐下后再缩回另一只脚（见图3－9、图3－10）。

图3－9

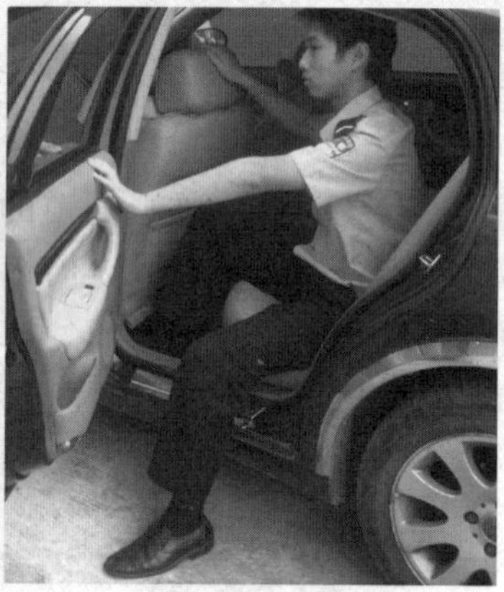

图3－10

女士上车应采用“背入式”，即将身子背向车厢入座，待头和身体进入车内，坐定后再将并拢的双腿同时缩入车厢。如穿裙装，在关上门前应先将裙子理好（见图3－11、图3－12）。下车时，应将身体尽量移近车门，车门打开后，两脚同时踏出车外，再将身体移出。

图3－11

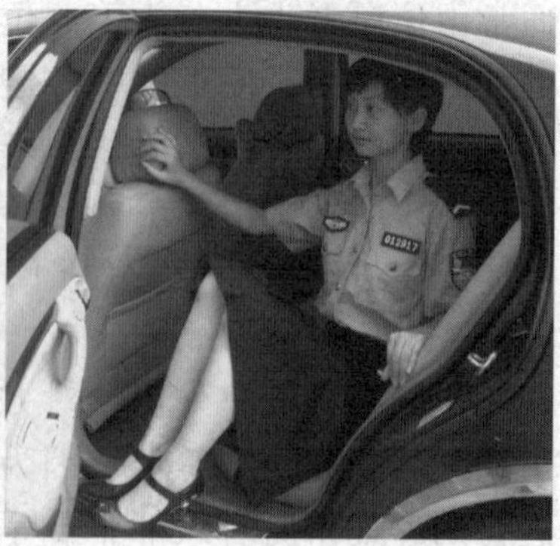

图3－12

三、公交车礼仪

警务人员乘坐公交车时，应自觉遵守以下礼仪规范：

1. 候车应按先来后到的顺序在站台上排队，车辆进站，应等车停稳后依次上车，对老、弱、病、残、孕和儿童要照顾谦让。

2. 上车后不要抢占座位，更不要把物品放到座位上替他人占座。遇到老、弱、病、残、孕及怀抱婴儿的乘客应主动让座。

3. 在车上与人说话应轻声，不要大声谈笑，或与爱人过分亲昵。

4. 应讲究乘车卫生，不要在车上随地吐痰、乱扔果皮、纸屑；禁止在车上吸烟。

5. 如遇下雨天，上车后应把雨衣脱下，不要让雨衣沾湿他人的衣服；雨伞放置好，伞尖要始终朝下。

6. 拎着鱼、肉或湿东西上车时，应事先把东西包好，以免蹭脏他人的衣服。

7. 下车应提前做好准备，在车辆到站之前向车门靠近。车内十分拥挤时，需要他人让路，应有礼貌地请前面的乘客让一下或调换一下位置。在调换过程中，动作要和缓，注意不要拥撞他人。如果自己暂时不下车，应主动为下车的乘客让道。

8. 车到站后，应依次下车，并应照顾礼让老、弱、病、残、孕和儿童。

四、出租车礼仪

警务人员乘坐出租车时，应自觉遵守以下礼仪规范：

1. 不得随意拦车，路边招停，以不影响公共交通为宜。有的在路中间叫车，使后面车辆无法通行；有的在公交站台上拦车，影响公交车靠站和正常行驶。

2. 上车时，年长者或女士先上车；下车时，年轻者或男士先下车。

3. 先来后到，文明礼让。不得争抢上车，尤其在雨雪天或上下班高峰期，有的一辆车还未停稳，就有四五个人围上来；有的为了“捷足先登”，不等车上乘客付完钱下车，就迫不及待地钻进车内。

4. 保持车内卫生，不往车外吐痰、扔杂物，应将痰吐在纸巾里，下车时随其他杂物随身带走。

5．在没有禁止吸烟的车上，如要吸烟，应征得司机同意，不可将烟灰弹落车内，不得将烟蒂扔到窗外。

6．雨天乘车，不得把湿淋淋的伞直接放在坐垫上。

7．车辆需要绕行或等待时，不得让司机走禁行路、闯红灯。

8．对司机要谦和有礼，不得对司机出言不逊。

9．热恋中的情侣不得在后排卿卿我我、过分亲热。

五、火车礼仪

警务人员乘坐火车时，应自觉遵守以下礼仪规范：

1．候车时应自觉遵守公共卫生，要保持安静，不要大声喧哗，不要随地吐痰，不要乱扔废物；检票时排队依次进行，不要拥挤、推搡。

2．上车后不要见座就坐，甚至抢座。若未持有坐票，就座前应礼貌地征求邻座的同意后再坐。

3．使用行李架时，应相互照顾，不要独占太多的空间，不要粗暴地把自己的行李放在他人行李上；当移动他人行李时应征得同意；往行李架上放行李时，不要穿鞋直接踩踏座位。行李安放好后，应礼貌地向邻座的乘客打招呼点头示意。

4．坐定后，待时机成熟后再与邻座乘客交谈。交谈时，不要打听对方隐私；不要冒失地索要对方地址、电话；也不要旁若无人地嬉笑打闹。

5．在卧铺车厢，不要盯视他人的睡前准备和睡相，自己脱衣就寝时，应背对其他乘客。

6．当乘务员来打扫卫生和提供其他旅途服务时，应主动予以配合，提供方便并表示谢意，必要时应给予帮助。

7．当看到不良行为、不法行为时，要协助乘警、乘务员制止、抵制不法行为。

六、轮船礼仪

警务人员乘坐轮船时，应自觉遵守以下礼仪规范：

1．上下船时，应按先后次序排队，不要拥挤。与长者、女士、孩子一起时应请他们走在前面，或者以手相扶，必要时应给予照顾和帮助。

2．上下船时应注意安全，走跳板或上小船时，不要乱蹦乱跳，要小心翼翼，不要去不宜前往的地方，如轮机舱、救生艇以及桅杆之上；不要一个人在甲板上徘徊；不要擅自下水游泳等。

3．乘船时不得随意携带易燃品、易爆品、易腐蚀物品、枪支弹药、腐烂性物品、家畜动物以及其他一些违禁品。

4．登船时应自觉接受有关人员对身体和行李安全检查，要积极配合，不要加以非议或拒绝。

5．乘船时应对号入座；若自己买的是不对号的散席船票要听从船员的指挥、安排，不要任意挪动或选择地方。

6．应自觉遵守公共卫生，要保持安静，不要大声喧哗，不要随地吐痰，不要乱扔废物。与他人同住一个客舱时，不要吸烟。

7．若自己周围的人晕船、生病，应给予力所能及的帮助，不应对其另眼看待或是退避三舍。

8．待时机成熟后再与同舱乘客交谈。交谈时，应保持一定的距离，理性地交往，不要过分亲密；不要打听对方隐私；不要冒失地索要对方地址、电话；也不要旁若无人地嬉笑打闹。

9．旅途中，如果发生了难以预料的天灾人祸，要听从指挥，尽心尽力地先救助其他人，不要惊慌失措，急不择路，或是夺路而逃，或是跳水逃生。

七、飞机礼仪

警务人员乘坐飞机时，应自觉遵守以下礼仪规范：

1．上下飞机时，空中小姐站在机舱门口迎送，并热情问候乘客，应向她们点头致意或问好。

2．登机后应对号入座。

3．在机舱内谈话声音不可过高，尤其是其他乘客闭目养神或阅读书报时，不要喧哗。

4．不小心碰到了其他乘客，应当道歉。

5．不论对中国人还是外国人都应一视同仁，以礼相待。如果别的乘客主动向自己打招呼或想找自己攀谈，若非十分疲倦，应当友好地应对。若自己打算休息一下而不想交谈，则应向对方说明并表示歉意。

6．不要随地吐痰，严禁在飞机上吸烟。

7．遇到班机误点或临时改降、迫降在机场，不要惊慌失措，而要镇静地与乘务人员合作。

8．下飞机后万一找不到行李，不要着急，应请机场管理人员协助查找。如果丢失了，航空公司也会照章赔偿。

八、电梯礼仪

（一）个人乘坐电梯时应注意的细节

1．注意安全。电梯关门时，不要扒门或强行挤入。在电梯人数超载时，不要心存侥幸，强行进入。

2．等候电梯时，应站在电梯的一侧，不应挡住电梯门口，以免妨碍电梯内的人出来。注意文明礼让，让电梯里的人先出，然后再进入。

3．与不相识者同乘电梯，进入时要讲先来后到，出来时则应由外而内依次而出，不可争先恐后。

4．在电梯里，正面应朝电梯门，以免造成面对面的尴尬。

5．在电梯里，尽可能站成“凹”字形，以便给后进入者一定的空间。

6．在电梯里，不应高声谈笑；应保持电梯内的环境卫生，不能吸烟，不能乱丢垃圾。

7．即使电梯里的人都互不相识，如果站在开关处，应主动做好开关的服务工作。

8．如果电梯行进间有其他人员进入，可主动询问要去几楼，并帮忙按下按钮。

9．出电梯的时候，如果人很多，应对周围的人说：“对不起，请让一下。”站在门口的人为了不妨碍里面的人出去，可以先走出电梯让出空间。

10．乘扶手电梯时，一般站在原地顺其方向行进，并自觉靠右站立，给有急事的人留出一条通道。

（二）陪同客人共乘电梯时应注意的细节

1．出入有人控制的电梯时，陪同者应后进后出，让客人先进先出。把选择方向的权利让给地位高的人或客人。

2．出入无人控制的电梯时，陪同人员应做到“先进后出”。

（1）先行进入电梯，一手按“开门”按钮，另一手拦住电梯侧门。如果感觉电梯里可能会超员的时候，就要请客人先上，如果自己上电梯后超员的铃声响起，应迅速地出来。

（2）进入电梯后，按下客人要去的楼层按钮。电梯内可视情况是否寒暄，如没有其他人员时可略做寒暄，有外人或其他同事在时，可斟酌是否有必要寒暄。电梯内尽量侧身面对客人。

(3) 到达目的楼层，一手按住“开门”按钮，另一只手做出请的动作，可说：“到了，您先请!”客人走出电梯后，自己立刻步出电梯，并热诚地为其引导行进的方向。

第七节 宴请礼仪

宴请是宴会的参加者为了工作或人际交往的需要而参加的以餐饮为主要方式的集会形式。警务人员在实际工作和生活中经常会出席各种宴请，有时作为邀请方，约请他人；有时要被邀请，出席他人或组织的宴请。宴请的礼仪对警务人员来说非常重要。

一、桌次和座次

一般的宴请，除自助餐、茶会及酒会外，主人必须安排客人的席次，前后有序，绝不能以随便坐的方式就座。否则，会引起客人的不满。座次和桌次的排法要按国际惯例和我国传统习惯，不能独出心裁。

(一) 桌次排列

在宴请活动中，有两桌或两桌以上时，便出现桌次的排列问题。桌次的排列遵从以中为尊、以右为尊、以远为尊的原则。

以中为尊，即多桌排列时，中间桌为尊（见图 3－13)。

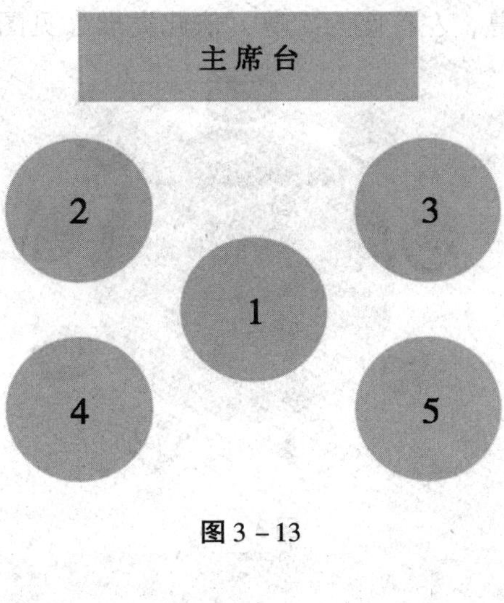

图 3－13

以右为尊，即横向排列时，以主席台为基准，右首桌为尊（见图3－14）。

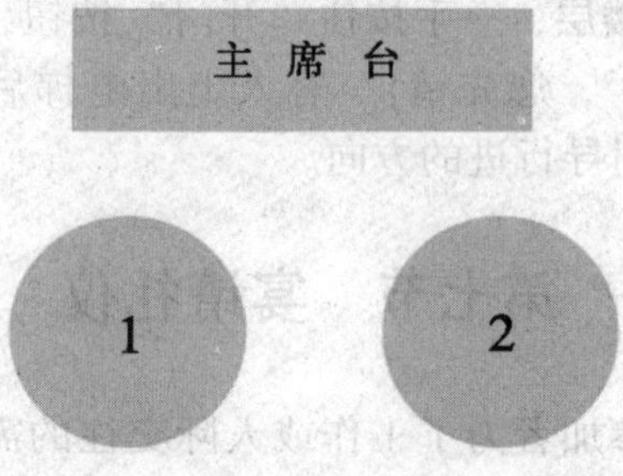

图3－14

以远为尊，即竖向排列时，离门远的桌为尊（见图3－15）。

图3－15

（二）座次排列

在进行宴请时，每桌上的具体座次有尊卑之别。座次的排列遵从面门为尊、以右为尊的原则。主人的座位，即主位，一般都面对着门，主人的右首座为尊，左首座为次尊，依此类推（见图3－16）。

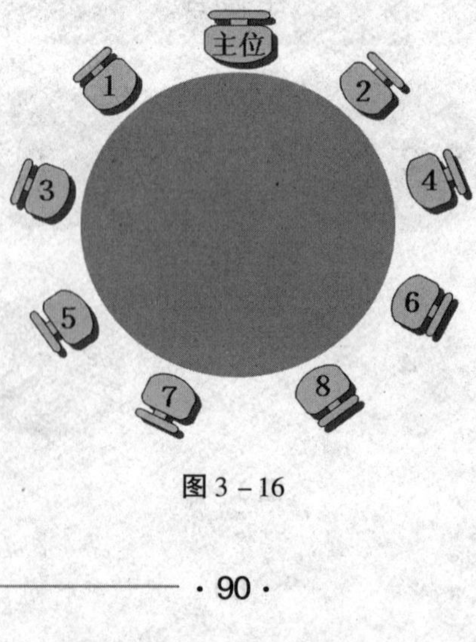

图3－16

如果同桌上有两个主人时，即男主人和女主人或主官和副官（见图3－17）。

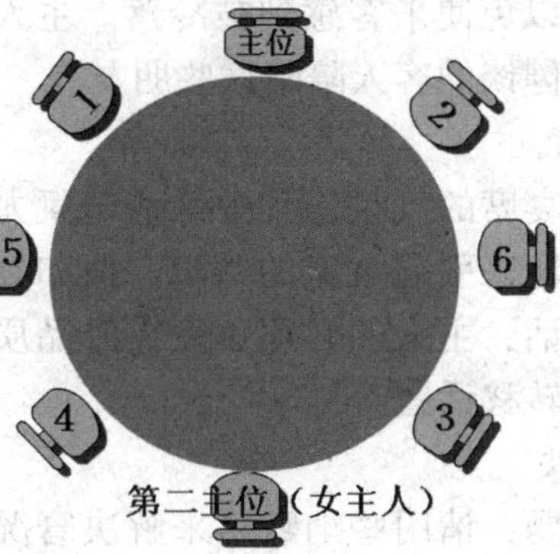

图3－17

（三）排序细节

1. 举行多桌宴请时，每桌上都应该有一位主人的代表在座。

2. 主桌参宴人员没有离席，其他桌的参宴人员不得擅自离席。

3. 一般宴请时，每桌安排好1、2号嘉宾座次后即可，其他人员的座次不必过于讲究。

4. 私人宴请时，如果本单位出席人员中有高于主人者，可请其坐于主位。

5. 私人宴请时，应尊重嘉宾自己选择的座位。

6. 上菜的座位不能安排女宾、小孩或老人。

二、宴请者礼仪

宴请者作为宴请主人，在宴请过程中应注意以下细节：

（一）提前到达

主人应提前到达宴请地点，并做好宴请前的准备工作。主人等客人是应该的，让客人等主人是失礼的。

（二）礼貌迎宾

若有尊贵的客人参加，主人应站立于大门前迎接宾客。按照惯例，作为晚辈的主人站在最前面，长辈居后。

（三）一视同仁

主人对各宾客的态度，必须热诚恳切、一视同仁，不可只顾应酬一两个上宾或主要客人。对每一个来宾，主人都得分别依次招呼，不可疏忽、怠慢了若干来客，一旦发觉有些来宾孤单无伴，就要找朋友为他们介绍认识，以免使来客感到被冷落。主人特别要注意关照害羞的客人，应该安排健谈的客人陪陪这些朋友。

（四）调节气氛

主人必须带动宴席的气氛，其中谈话气氛尤其重要。主人应找一些共同感兴趣的话题来引起大家的共鸣，假如宴会中出现非常低水准的对话，如黄色笑话，主人的必须负责提升品质；假如客人争辩个没完，主人必须设法转移话题。

（五）风趣幽默

假如菜出了问题，请用些幽默感来解决窘况，千万不要企图掩饰过错；假如菜点得太少了，可以开玩笑地说："考虑到大家都在减肥，所以今天菜就少点了一点。"

（六）负责安全

客人饮酒，绝不能让其驾车回家；假如有人饮酒过量，主人可以叫计程车送他回家，或请其他客人送他回家。绝不能让他酒醉后独自外出。

三、宴席礼仪

不管是公务宴请还是私人宴请，宴请时都应该注意以下细节：

（一）什么人

什么人，是指参加宴会的都有哪些人。不管是邀请者，还是被邀请者，必须明确自己要请的人是谁，要请的人有没有特殊性，自己参加什么人的宴请，参加宴请的人都是谁。

例如，有一个好朋友请吃饭，赴宴者就要了解为什么请，都有谁参加。不明确这两个问题，到了现场，如果有自己经办案件的当事人或当事人的家属在场，是不是就很尴尬？又如，自己要宴请一位远方的同学，那就要考虑是不是叫来这位同学熟悉的人作陪，因为这样大家就能谈到一块，不会出现"冷场"。

（二）吃什么

吃什么，是指宴请他人时，该让客人吃什么菜、喝什么酒。这个问题要征求被邀请者的意见，特别是主宾的意见，不能只凭个人的喜好行事。有经验的邀请者会问："您有没有不吃什么？"或者问："您有什么忌口吗?”没有忌口，就量力而行，按接待规格点菜；如有忌口，忌口的菜不点或少点。这样做既尊重客人又不会超支。

征求被邀请者喝什么酒时，也是有讲究的。一种方法是开放式的问法，这种开放式的问法一般接待规格比较高，就是问：“您要喝什么酒?”另一种方法是封闭式的问法，是要让客人“二选一”或“三选一”。例如：“您要喝啤酒还是喝葡萄酒?”言下之意就是告诉被邀请者不要喝白酒或洋酒。

被邀请者被要求点菜时，有两个好办法可以借鉴。一是告诉邀请者，自己没有特殊要求，客随主便，这实际上正是对方所欢迎的做法；二是自己点一道价格不太贵的菜，随后其他人再各自点一道，最后请主人统筹安排。

(三) 哪里吃

哪里吃，是指在什么地方宴请。既是宴请环境问题，也是接待规格的问题。请记住这样一句话：“一般客人吃特色，重要客人吃环境。”

假如宴请的对象是好朋友或同学，那就吃特色的东西，菜是第一位，环境是第二位；假如宴请的对象是一个重要的客人，那环境是第一位。若把他请到五星级酒店吃饭，说明我们的接待水平一流；若把他带到海边吃饭，今天吃的东西再有特色，也只能说明我们的接待水平一般。

另外，还有语言环境问题，只要餐桌有一个客人不会说方言，在餐桌上就不能用方言交流。否则，今天的宴请效果就会大打折扣。

(四) 怎么吃

怎么吃，是指餐桌上应注意的礼仪。这是宴请礼仪中的核心问题。主要有以下细节：

1. 举止得体。入座时，先请主宾入座上席，再请长者入座客人旁，依次入座。入座后姿势要端正，不要动筷子，更不要弄出什么响声来；脚踏在本人座位下，不可任意伸直，手肘不得放在邻座椅背上；不能在餐桌上梳理头发、化妆补妆、宽衣解带、脱鞋脱袜等。

2. 言谈文明。宴席上应营造和谐温馨的氛围，言谈内容避免涉及死亡、疾病等影响用餐气氛的话题；避免两三个人长时间窃窃私语，不顾整体言谈氛围。

3. 良好吃相。开始进餐时，应等主人或主宾先拿起筷子，其他客人才能动筷。不能抢先于主宾动筷。好的吃相是食物就口，不可将口就食物。吃饭、喝酒的速度应与大家保持一致。取菜时，不要把手伸到他人的前面去取。吃菜、喝汤时，不要发出很响的声音。用餐时的残渣，应放在中碟里，而且最好用手或筷子放，不要用嘴直接吐在盘子里。

4. 让菜不夹菜。长辈给晚辈夹菜，表示关爱；晚辈给长辈夹菜，下级给上级夹菜，表示尊敬。但在宴席上，讲究“己所不欲，勿施于人”。不要擅自做主，随便给他人夹菜。

5. 注意卫生。就餐时，避免在餐桌上咳嗽、打喷嚏、呕气，不要当众捏擤鼻涕、吐痰；切忌用手指剔牙，应用牙签，并以手或手帕遮掩；取菜舀汤，应使用公筷公勺；夹菜时，要稳、准、快，不要左顾右盼，翻来覆去；夹起菜来不合意，再次放回去，更是失礼的行为。

6. 餐桌禁忌。忌在嚼东西的时候张着嘴和别人说话；忌把手肘撑在桌上；忌把钱包、钥匙、眼镜等东西放在桌子上；忌吃得太快或太慢；忌玩弄自己的头发或耳环等装饰品。

（五）怎么敬酒

怎么敬，是指怎么样给他人敬酒。敬酒是有讲究的，有时候，不敬酒还好，敬酒了反而得罪人。敬酒应注意以下细节：

1. 主次分明。要按顺序来敬酒，要么就不要敬酒。有的人敬酒像插花式的，左一个，右一个，中间再来一个。敬酒的顺序有两个好办法可以借鉴：一按顺时针或逆时针的顺序来敬酒。二按服务生上菜的规范顺序敬酒，即先敬坐 1 号位的嘉宾，再敬主陪，然后敬坐 2 号位的嘉宾，依此类推，顺时针敬一圈。

2. 目视对方。敬酒时要专注，正面站立，目视对方，表示诚意和专一，喝酒完毕，目光再次对视。否则，别人会认为敬酒者是在应付了事，逢场作戏。

3. 动作规范。一般情况下，敬酒时应起身站立。右手端酒杯，酒杯与眉同高，碰杯的时候，应该让自己的酒杯低于对方的酒杯，表示对对方的尊敬。当自己离对方比较远时，用酒杯杯底轻碰桌面，也可以表示和对方碰杯。到对方身边敬酒时，应站在对方拿餐具的手的另一侧，以免碰到对方正在取食物的手，而使对方难堪。吃东西时喝酒、边说边喝酒、边喝边透过酒杯看人等，都是失礼的行为。

四、自助餐礼仪

自助餐是西餐的一种形式。自助餐具有随意性和灵活性的特点。吃多吃少，喜欢吃不喜欢吃都随个人意愿，是一种受欢迎的宴请方式。

（一）自助餐应注意的问题

1. 排队取菜。就餐取菜，大家必须排队选用食物，在取菜之前先准备好一只食盘，轮到自己取菜时，应用公用的餐具将食物装入自己的食盘内，然后迅速离开，切忌在众食物前犹豫再三，让身后的人久等，更不应该在取菜时挑挑拣拣，甚至直接下手或用自己的餐具取菜。

2. 循序取菜。按照常识，自助餐取菜时的先后顺序是：冷菜、汤、热菜、点心和水果。不要什么菜都放在一起，形成大杂烩。要想让自己吃饱吃好，最好先在餐厅转上一圈，在了解都有什么菜的情况下，再动手。在自助餐上多吃是允许的，但浪费是失礼的。因此，要坚持“少取多次”的原则。所谓多次，是指允许反复去取，但每次应当只取少量。

3. 避免外带。不管是营业性自助餐或者是会议自助餐都有一条不成文的规定，即只允许就餐者在用餐现场自行享用，绝对不允许外带。吃多少都可以，千万不要往外携带任何东西，包括水果、饮料、餐巾纸、牙签等。

（二）自助餐应注意的细节

1. 如果饮料或者酒没喝完但不想继续喝，请让服务员拿走杯子，不要将杯子堆放在自己面前。

2. 不要在摆菜桌附近抽烟，应该在备有烟灰缸的桌子旁或吸烟区抽烟。

3. 不能独自一个人闷头用餐，要主动和周围的人聊天交流。

4. 拿取食物时，每人最好只拿一只盘子，帮他人拿食物并不太合适。

5. 在取菜或说话时，也要注意到前后左右的情况，避免突然转身与他人发生碰撞。

6. 如果进餐中需要暂时离开，为了避免再次回来时认不出自己的杯子，在离开前可以先将餐巾折叠成某种特别的形状，垫在杯子下面做记号。

【典型案例】

案例一

礼宾改革

礼仪与礼节在一定意义上反映了一个国家的文明程度、文化状况和社会风尚。然而，随着国际交往的日益发展，各国礼仪形式与交际礼节都在不同程度地发生变化和改革。面对迅速发展的对外开放形势，我国在确保做好外宾接待工作的前提下，既考虑到国际惯例的需要，又从我国实际出发，对接待来访的外宾的礼节、礼仪等方面作了一系列的规定和改革。

1978 年 10 月起，凡国宾来访，我外交部不再通知各国使节到机场迎送；不再邀请各国使节及夫人和驻京记者出席欢迎宴会。

1978 年 12 月起，我国不再派专机到国外迎送来访国宾。

1979 年 1 月起，我国不再组织四五千人的欢迎队伍迎送国宾。

1980 年 5 月起，出访的代表团，一般不在国外举行答谢宴会。

1980 年 5 月起，安排国宾（视其意愿）向人民英雄纪念碑献花圈。

招待来访代表团的（人数）规定：

国家元首级，30 人以内；副元首级，12 人以内；部长级，10 人以内。

1980 年 9 月起，国宾抵达首都，欢迎仪式由机场移至人民大会堂东门外广场举行。贵宾离京不举行欢送仪式，由我国领导人前往宾馆话别，由级别较低的官员送行。除天安门广场两侧的电灯柱上挂两国国旗和主要街道挂彩旗以外，不再挂横幅。

1980 年 9 月起，国庆招待会改用酒会形式。

1981 年起，国宾来访，《人民日报》不再发表社论欢迎，只发表国宾照片和简历。

1981 年起，对国宾车队恢复摩托车护卫。

1983 年起，实行陪同团长制，去外地访问时，由陪同团团长陪同活动。

1983 年起，国宾来访时，在人民大会堂东门外广场举行欢迎仪式、检阅三军仪仗队时，增加检阅分列式。

国务院规定：根据国家不分大小一律平等和国际惯例，接待外宾时，应由相应职务的人员出面迎送。当部长不能亲自迎送时，可在外宾住处欢迎和话别。

1984 年，外交部对宴请提出改革意见：

(1) 提倡宴请形式多样化（酒会、招待会、冷餐会和自助式宴会）。

(2) 中餐西吃（分食制）。

(3) 宴会以中餐为主，提倡四菜一汤（冷盘不宜太多，热菜也不要太多）。

(4) 地方宴请应提倡用地方名酒或特色酒。

1987 年起，外交部提出缩短国宾车队的要求：正部级一人一辆，副部级两人合一辆，司局级乘面包车（备机动车）。

1987 年，部级代表团在国外期间，一般不搞答谢宴会，如确因工作需要，可举行小型宴请活动，不发消息。不建议来访代表团举行答谢宴会。

1990 年，淡化对宴请的报道，宴会上的讲话放在会见时讲。

案例二

宴请趣闻

美国人爱请客，但主随客便是一大特色。往往在电话里先征求客人意见，以便有针对性地预备。一般晚宴，宴前是糕点、奶酪、点心；宴中只是烧牛排或烤乳猪之类一两道主菜，传着让大家各取所需。再就是面包薄片，自抹黄油、奶酪辅助。最后是甜点、水果之类。至于饮酒更是随意，不劝酒、不猜拳，“干杯”只是意思意思。

德国人宴请，陪客要自掏腰包。例如，大学宴请来宾，只有校长不付钱，其他应邀的作陪者都要自己付钱。假如有谁吃完了嘴巴一抹，屁股一拍，一走了之，账单就会送至财务处，从工资里扣除，一点也不含糊。

乌干达的国宴定有香蕉饭。客人光临，先敬一杯香蕉酒，再品尝流着糖胶的烤蕉点心。正餐家宴主食就是香蕉饭。这种饭做法十分考究：把香蕉去皮稍蒸，捣成蕉泥，拌以红豆汁、花生酱、红烧鸡块或咖喱牛肉等配料。

爱斯基摩人好客，但串门不用敲门，走进去，食物随便吃。有时，谁家有特色美味，还特地花钱出广告，愿者可事先打个招呼，前往品尝鉴赏。

西班牙的莫洛尔几纳地区每年的1月17日，是当地的“口福节”。每村的人不分男女老幼，从晚餐开始，每家带一份自己烹制的食品来到篝火旁交换品尝；半夜，围着篝火吃淡米饭，然后喝鳗鱼汤、吃鳗鱼肉馅饼；凌晨，大家在篝火堆上烤香肠。围火堆一圈有多长，香肠就有多长。天亮，太阳初升，大家一同捧香肠在手上享用，象征美好的生活地久天长。

第四章 警务办公礼仪

警务办公礼仪，是指警务人员在工作岗位上处理日常事务时所应遵循的基本礼仪。警务人员遵守办公礼仪，一是为了维护个人的形象，维护公安机关机关的形象；二是在一定程度上提高个人的办公水平，更为妥善而艺术地处理日常公务，提高工作效率，更好地服务于人民群众、服务于社会。

第一节 办公室礼仪

办公室是公安机关形象的集中体现。办公室礼仪不仅是对同事的尊重和对警察文化的认同，更重要的是每位警务人员为人处世、礼貌待人的最直接表现。办公室礼仪通常由办公环境礼仪、办公桌桌面礼仪和个人行为礼仪三部分组成。作为警务人员，除了要遵照上述办公室礼仪外，还应用“5S”办公室管理方法来约束自己，提高个人素质及工作水平，全心全意为人民服务。

一、整洁舒适的办公环境

保持办公室环境安静卫生，物品摆放规范有序，既能展示警务人员的文明形象，又能提高工作效率。根据《公安机关人民警察内务条令》第52条的规定，办公室内的办公用具摆放、图文像表悬挂（张贴)、衣物鞋帽放置，应当统一、整洁。

1. 办公室的桌椅摆放要整齐规范，办公室里不宜堆放和积压物品，要经常清理废弃物。

2. 办公室的地面要保持清洁，水泥地面要常清扫、擦洗，地毯要定期吸尘，以免滋生寄生虫、尘螨；窗户要经常打开换气。

3. 办公室的墙面切忌乱刻乱画，不能在办公室的墙面上记录电话号码或张贴纸张，墙面可悬挂地图、字画或图片等。

4. 宽敞的办公室可以放置以绿色为主的植物盆花，对盆花要经常浇灌和整理，不能让其枯萎而出现黄叶。花盆的泥土不能有异味。

二、简洁有序的办公桌面

一般情况下，每个人的办公桌均应被视为正式的“工作区”。它具体又应分为两个小区域：一个是“空白区”，它通常位于桌上的正前方，主要用以阅读、写作；另一个则是储存区，它一般位于桌上的某一侧，用来放置各种常用的办公用品。

1. 在办公室里，要让办公桌上的东西尽量少，桌子要经常整理、清洁。不要在办公桌上摆放食物、镜子、化妆品等无用之物或私人物品；不要将文具、文件超范围放到邻桌。

2. 办公桌下面不要摆放无用的物品，并且要整理干净，将自己的物品摆到办公桌旁边的过道是非常无礼的表现。

3. 离开办公室时，应将桌面上的文件、物品收拾归位，不能丢下一桌子乱七八糟的物品就走了。

三、自律检点的个人行为

自律检点的个人行为，是指警务人员要养成整洁有序、文明礼貌、尊重他人的个人行为，培养自觉执行单位规定和规则的良好习惯。主要包括以下细节：

（一）维护正常的工作秩序

《公安机关人民警察内务条令》第48条规定：“公安机关应当加强办公秩序管理，维护正常的工作、学习、生活秩序，保证办公环境整洁优美，秩序井然。”

1. 在办公室里说话的声音应该尽量放小，以不影响他人工作的音量为宜。

2. 在办公时必须姿态端正，不得斜靠、倒卧、跷腿、聊天，不要到处闲逛游荡，不议论他人隐私。

3. 上班时间不得从事与工作无关的活动，不得翻阅与工作无关的书报杂志，不能玩电脑游戏或上网聊天，不得炒股，以免影响工作。

4. 在办公室不吃请，不与客人谈家庭情况，不干家务活。

5. 戴的首饰不宜过多，叮当作响的手镯不宜戴，以免分散他人注意力。

6. 不宜在禁烟的办公室吸烟。尽量避免在办公区域用餐，实在不能避免的情况下，尽量节省时间，或者就餐完毕之后迅速通风，以保持工作区域的空气流通。

7. 办公时间当众化妆、吃零食以及打瞌睡、高跷二郎腿等皆为不雅行为。

8. 在别的办公室里，没有主人的提议，不能随便脱下外套，也不要随意解扣子、卷袖子、松腰带。

9. 未经同意，不要将衣服、公文包放到他人的桌子和椅子上。公文包应放到腿上或身边的地上。

（二）尊重他人隐私和习惯

在办公室礼仪中，最为突出一点，就是要表现出对他人，包括同事、上级、下级的尊重，要尊重他人的隐私和习惯。在办公室里，私人空间是很宝贵的，必须受到尊重。

1. 要分清哪里是公共的区域，哪里是个人的空间。个人空间一般是指办公桌前这个区域，没有特殊情况，不要进入他人的个人空间。

2. 不宜随便坐在他人的办公位置上，不能乱动他人的东西。

3. 不翻动其他同事桌上的文件资料，包括公用电脑、传真机上与自己无关的任何资料。

4. 不要私自阅读他人办公桌上的信件或文件，未经许可不得翻阅他人的名片盒。

5. 去别的办公室拜访要注意礼貌。一般需要事先联系，准时赴约，要先敲门经许可后方可入内。“打扰”、“不好意思”是有求于人或打断他人工作时必不可少的话。

6. 虚耗他人的时间是最常见的过错，去他人办公室逗留时间不宜过长，以免影响他人工作。

（三）保持良好的工作氛围

安静的工作环境、融洽的人际关系，可以使人心情愉快，有利于工作效率的提高。营造和谐融洽的工作氛围，要靠办公室里所有的人来共同建立和维护。

1. 在办公室里对上级和同事们都要讲究礼貌，每天与同事初次见面时，问声好，既融洽关系又愉悦心情，不能由于大家天天见面就将问候省略掉了。“您好”、“早安”、“再会”之类的问候语要经常使用，不厌其烦。

2. 同事之间不能称兄道弟或乱叫外号，而应以姓名相称。

3. 不在背后议论同事的隐私。

4. 与异性同事相处，应保持适当距离，注意语言和行为文明。

5. 最好不与同事在大庭广众之下开玩笑，尤其是男女同事更不要打打闹闹。

6. 对同事的困难应主动问询，表示关心，在力所能及的情况下尽力给予帮助。

7. 物质上的往来应一清二楚。同事之间相互借钱、借物等，应记在备忘录上以便提醒自己及时归还，以免遗忘，引起误会。

8. 对自己的失误或同事间的误会，应主动道歉说明。

9. 遇到麻烦事，要首先报告主管领导，切莫诿过不告，尽量避免越级上告。

10. 有事离开时要告知主管领导或同事，使之明了自己的去向。

四、借鉴“5S”理念，提升办公室礼仪

“5S”管理起源于日本，是针对日式企业独特的一种管理方法。随着时代的不断发展和社会的飞速进步，“5S”的使用领域逐步从企业拓展到日常的办公环境，“5S”本身也不断衍生，被赋予了更多新的含义。可以发现，“5S”的许多内容与办公室礼仪有相通之处，警务人员不妨可以借鉴“5S”的管理理念与管理经验，从而规范、提升警务人员的办公礼仪。

“5S”办公室管理包括整理（SEIRI）、整顿（SEITON）、清扫（SEISO）、清洁（SETKETSU）、素养（SHITSUKE）五个项目，因其罗马拼音均以“S”开头而简称“5S”管理。该方法主要是通过规范现场、现物，营造一目了然的工作环境，从而培养良好的工作习惯，最终达到提升人的品质的效果。

（一）“5S”的含义

1. 整理。整理是指将工作场所的物品区分为需要的和不需要的，尽快处理掉不需要的，以便营造出一个清爽的办公环境。

2. 整顿。整顿是指对现场所需用的物品进行有条理的定量放置，使之一目了然、整整齐齐，方便随时取用，从而提高工作效率。

3. 清扫。清扫是指对办公场所进行物理清扫和消除可视化异常，使之保持整齐、干净和有条不紊。

4. 清洁。清洁是指在保持办公现场整洁状态的基础上，将任何影响工作情绪和工作效率的东西扫除干净，从而使人产生愉快的心情，提高工作效率。

5. 素养。素养是指通过以上步骤，培养整洁有序、注重礼节和仪表、自觉执行单位规定和规则的良好工作习惯，使人员自觉地进行“整理”、“整顿”、“清扫”、“清洁”，从而塑造出对任何工作都讲究认真的品格。

(二) 创新的“5S”办公室管理

创新后的“5S”办公室管理，是以“规范、有序、效率、技巧、保密”为主要内容的管理，分别对应英文单词“standard”、“sequence”、“speed”、“skill”、“secret”。取其首字母“S”，简称“5S”。其中，“规范、有序、效率”是工作目标，“技巧”、“保密”是实现目标的方法和保障。

1. 规范。规范是指按办公室标准或制度运行的过程和行为。警务人员应当爱岗敬业，明确工作职责分工，理顺工作关系，规范工作环节，严格按制度办事，按程序办事，按要求办事，使每项工作有章可循、履职尽责。

2. 有序。有序是指保持办公室工作有条不紊、高效运转、忙而不乱。警务人员应当注意相互间的协同合作、互相配合，增强整体战斗力，降低行政成本，提高工作效能。

3. 效率。效率是指办公室工作要快速高效，做到速度和效果的有机统一。警务人员应当做到快反应、快节奏、快反馈。快反应要求警务人员增强工作的预见性和主动性。由于在实际工作中经常要与人民群众接触，因此，身为警务人员，要树立大局意识，时刻关注群众关心的重点、难点和热点，早介入、早思考、早研究，做到心中有数。快节奏要求警务人员雷厉风行，说了就算、定了就干、干就干好，绝不拖拖拉拉、议而不决、决而不行。办事、开会、出勤、督察、信访等反应快捷、行动迅速，力争在最短时间、用最快速度，优质高效地完成各项工作，做到公文办理不拖延、会务工作不紊乱、信息上报不误时、督察落实不误事、重要活动不出错、群众接访不缺位。快反馈对警务人员提出的要求是必须跟踪工作进度，把握关键环节，抓住主要问题，把工作推进状态、实施效果特别是工作推进中出现的新情况、新问题以及不落实的原因迅速、准确地向上级领导反馈，为领导决策提供翔实、准确的参考依据。

4. 技巧。技巧是指办公室工作艺术，它要求警务人员要注重细节，讲究策略，同时适度灵活地做好工作。警务人员在思考工作时应当从大处着眼，而在办理工作时应从小处着手，精心组织，周密安排，细心办理，力争零失误、零缺陷、零差错。在说话做事时应讲究策略，注意方法。在请示报告、协调沟通、解决问题的过程中，应注意换位思维，摆正位置，把握分寸，掌握火候，谨慎从事，避免好心办坏事。在工作过程中，要根据不断出现的新情况、新问题适时调整，在把握原则性的基础上，注重灵活性，做到既能照章办事又能灵活应变。

5. 保密。保密是指保守机密，不致泄露。警务人员必须遵守国家保密制度，严守保密纪律，保守公安秘密，禁止泄露任何秘密。保密是从政治素质和责任意识角度对警务人员提出的要求。由于公安机关性质特殊，警务人员接触的内部文件多，参加的重要会议多，掌握的涉密信息多，因此，作为警务人员，更应具备敏锐的政治洞察力和高度的历史使命感，时刻绷紧保密这根弦，严肃保密纪律，对党和国家的秘密、领导层正在酝酿的事项以及限于内部知晓的事情守口如瓶，不该说的坚决不说，不该看的坚决不看，不该传的坚决不传。

第二节　会议礼仪

会议是警务人员经常参加的集体活动。出席会议，礼仪问题非常重要，礼仪上的闪失，可能会造成不良的影响，甚至会造成重大事故。在会议期间，参会人员可以展示礼仪形象，充分表达礼仪美感，给其他参会人员留下美好的印象。

会议礼仪按参加对象不同，可分为会议组织者礼仪和会议出席者礼仪。会议出席者礼仪又可分为主持人礼仪、发言者礼仪和参加者礼仪。

一、组织者礼仪

会议组织者是会议的策划者和服务者。组织者自始至终要保持清醒的头脑和细致的洞察力，在会议组织过程中要热情、耐心，发现问题及时解决，力求做到有求必应，有问必答，不厌其烦，准备充分。

（一）例行服务

会议举行期间，应安排专人在会场内外负责迎送、引导、陪同参会人员。对参会的贵宾以及老、弱、病、残、孕者，少数民族人士、宗教界人士、港澳台同胞、海外华人和外国人，往往还须进行重点照顾。对于参会者的正当要求应有求必应。

（二）会议签到

为掌握到会人数，严肃会议纪律，凡大型会议或重要会议，通常要求参会者在入场时签名报到。会议签到的通行方式有三种：一是签名报到，二是交券报到，三是刷卡报到。负责此项工作的人员，应及时向会议的负责人进行通报。

（三）餐饮安排

举行较长时间的会议，一般会为参会者安排会间的工作餐。与此同时，还应为参会者提供卫生可口的饮料。会上所提供的饮料，最好便于参会者自助饮用，不提倡为其频频斟茶续水。如果必要，还应为外来的参会者在住宿、交通方面提供力所能及、符合规定的方便条件。

（四）现场记录

凡重要的会议，均应进行现场记录，其具体方式有笔记、打印、录入、录音、录像等。可单用某一种，也可交叉使用。负责手写笔记会议记录时，对会议名称、出席人数、时间地点、发言内容、讨论事项、临时动议、表决选举等基本内容要力求做到完整、准确、清晰。

（五）编写简报

有些重要会议，往往在会议期间要编写会议简报。编写会议简报的基本要求是快、准、简。快，是要求其讲究时效；准，是要求其准确无误；简，则是要求文字精练。

二、主持人礼仪

会议主持人是会议的管理者，是会议成功的关键。各种会议的主持人，一般由具有一定职位的人来担任，其主要职责是落实会议议程、统筹会议全局。会议主持人的礼仪表现对会议能否圆满成功有着重要的影响，主持人应注意的礼仪有：

（一）着装得体

主持人着装应庄重得体，规范整洁；精神饱满，神态自若；口齿清楚，思维敏捷。主持人的一举一动要符合身份，自然大方。

（二）步态标准

走姿、步伐应自信、刚劲、有力，体现一种胸有成竹、沉稳自信的风度和气质。步幅、步频要依据不同性质的会议而定，一般纪念、追悼的会议，步频应较慢，每秒约1~2步，且步幅要小；欢快、热烈的会议，步频应较快，每秒约2.5步，步幅应较大。

（三）态度认真

行走时，要挺胸抬头，目视前方，摆臂自然。遇见熟人不能打招呼，更不可寒暄闲谈，但入席后会议还未正式开始前，可以适当点头、微笑致意。

（四）坐姿文雅

坐姿要端正，腰背挺直，面对前方，虚视全场，双臂前伸，两肘呈对称“外八字”轻按桌沿。

（五）握稿规范

如果是站立主持，应双腿并拢，腰背挺直。单手持稿时，右手持稿纸的中底部，左手五指并拢自然下垂；双手持稿时，应与胸齐高。

（六）举止端庄

主持过程中，注意不能出现挠头、揉眼、抖腿、手舞足蹈等不雅观的体态动作。

（七）调节气氛

主持人应根据会议性质调节会议气氛，或庄重，或幽默，或沉稳，或活泼。

（八）尊重他人

主持人要处处尊重他人的发言和提问，不能以动作、表情或语言对不同意见者表示不满。

（九）遵守时间

主持人要严格遵守有关会议时间的具体规定。规定的开会时间一到，即应准点开会；规定的会议结束时间一到，如没有特殊原因，即应宣布散会。

三、发言者礼仪

发言者是会议的主角。要成为受听众尊重、受听众欢迎的发言者，就应遵守发言者礼仪。发言者应注意的礼仪有：

（一）了解情况

发言者首先要了解听众的思想状况、文化背景、职业特点和心理需要等情况，有针对性地进行发言。

（二）注重礼节

在发言之前，可以面带微笑环顾会场一周。如果会场里掌声四起，可适时地鼓掌、鞠躬或行举手礼答谢。

（三）观点明确

发言时，应做到口齿清晰，讲究逻辑；语言要简单明了、通俗易懂、生动形象；内容要简明扼要，观点明确，中心突出，主张合理。

（四）以例服人

发言时，要掌握好语速、语调、音量。发言不仅要以理服人，还要以例服人。举例合理，数字准确，幽默风趣，发言才具有说服力。

（五）目中有人

如果是书面发言，要时常抬头扫视一下会场，不能低头读稿，旁若无人。

（六）以理服人

自由发言时，要注意讲究顺序和秩序，不能争抢发言；与他人有分歧，应以理服人，态度平和，听从主持人的指挥，不能只顾自己。

（七）礼貌作答

如果有人对发言者提问时，应礼貌作答，对不能回答的问题，应机智而礼貌地说明理由；对提问人的批评和意见应认真听取，即使提问者的批评是错误的，也不应失态。

（八）感谢听众

发言一般不应超过规定的时间。发言完毕，应对听众的倾听表示谢意。

四、参加者礼仪

会议参加者应“从我做起”，严格遵守会议礼仪规范，做到文明参会。会议参加者应注意的礼仪有：

（一）规范着装

参加会议一般都要着正装。参加公安系统的会议，一般都要求统一着装。在参加会议前，要清楚着装要求，根据要求着装入场。戴帽者进入会场就座后要脱帽，并将帽子放置于桌子的左前方，帽顶向上，帽徽朝前。着便服参加会议，要根据不同性质的会议，遵守着装原则。

（二）遵守时间

守时是一个人良好素质的表现。守时是对他人的尊重，也是对时间的尊重，更是对自己的行为负责。只要承诺出席会议，不论职务高低，是否预备发言，都应准时到会，最好提早 5 分钟左右到达会场，不得无故迟到、缺席。迟到者会令人反感，答应出席却无故缺席者更会招致非议。

（三）服从指挥

出席正式会议时，应在指定之处就座。未获许可时，不要自由择座，争座抢座。在会议中，需要发言时，要举手示意，先征询主持人的许可才能发言，不应该随意发言。

（四）保持安静

会场的安静，是会议顺利进行的基本条件。进入会场后，参会人员要关闭所有的通信器材，如有任务在身，可将通信器材设置或无声或振动状态。除正常的鼓掌发言外，严禁出现有碍视听的不良举止和噪音，严禁“上面开大会，下面开小会”现象，禁止在会场旁若无人地接听手机。

（五）遵守规定

在会议进行中，应自觉地维护会场的正常秩序，确保会议顺利进行。对有关禁止录音、录像、拍照、吸烟以及使用移动电话等会议的具体规定，应认真遵守。不得在会场随意走动，交头接耳，闭目养神，睡觉，玩手机，甚至中途退场等；更不可以有吹口哨、鼓倒掌、喧哗起哄、脱鞋放松等失礼行为。

在会议进行中尽量不要离开会场，如果必须离开，要轻手轻脚，以便不影响发言者和其他参会者。如果长时间离开或提前退场，应该和会议组织者打招呼，说明理由，征得同意后再离开。

（六）相互尊重

会议参加者要相互尊重，当听取他人发言时，除适当地做笔记外，应注视对方，并在必要时以点头、微笑或掌声表达对对方的支持之意，不应打断他人的发言。不要在会议进行中看会议以外的资料，要保证桌面上只有与议程有关的资料；带电脑进入会场的，电脑中的内容也必须跟会议有关。

遵从“公开称赞，私下批评”的会议黄金法则，即避免公开批评他人。

（七）领导示范

领导应率先垂范，端正会风，讲求效率，注重会议礼仪。要求参会人员做到的事情，领导首先要起表率作用，如不摆架子、不搞排场、遵守时间、遵守会议有关规定等。

五、会议座次礼仪

座次礼仪，是指座位排列顺序及位置尊卑的礼仪。这是个敏感而又复杂的问题，说其敏感是因为这个问题很重要，排序不好影响领导或贵宾的情绪，甚至影响操作者个人前途；说其复杂是因为目前在实际操作过程中，存在不够统一、不够规范的情况。

会议座次礼仪应遵守五个基本原则，即前排为尊，中央为尊，以右为尊，面门为尊，以远为尊的原则。前排为尊，是指前排与后排的座位相比，前排的座位为尊；中央为尊，是指中间与两侧的座位相比，中间的座位为尊；以右为尊，是指当事人的右首座位为尊；面门为尊，是指面对门的座位为尊；以远为尊，是指离门远的座位为尊。

主席台上的座次排列一般是尊者居中而坐，其左首为次者，右首为再次者，依此类推。主席台上的领导为单数时，按图 4－1 排列。

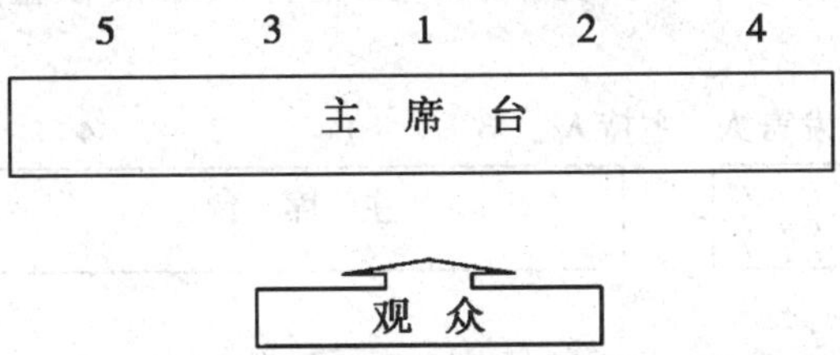

图 4－1

主席台上的领导为双数时，按图 4－2 或图 4－3 排列。

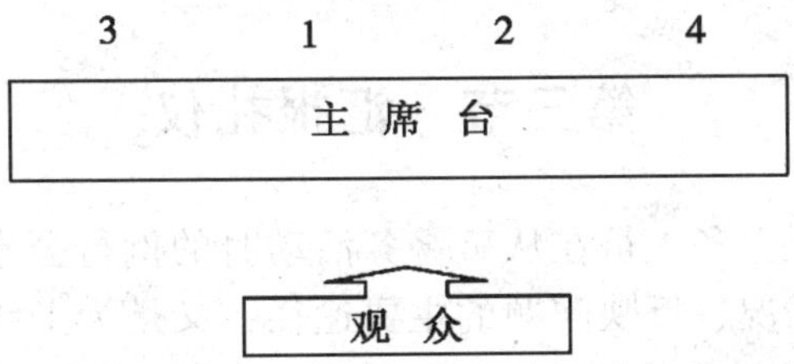

图 4－2

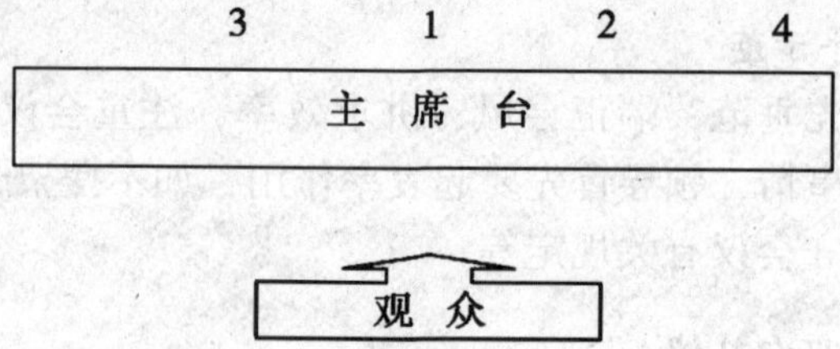

图 4－3

如果发言席设在主席台上，一般位于台上最右侧，主持人席在发言席的左侧（见图 4－4）。

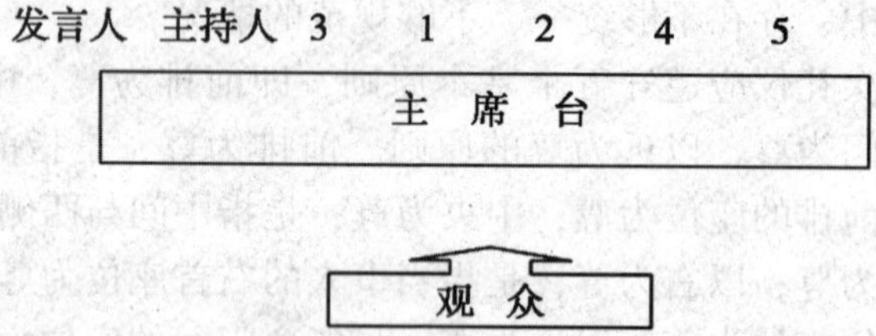

图 4－4

如果在主席台外另设发言席，则主持人席设在主席台的最右侧（见图 4－5）。

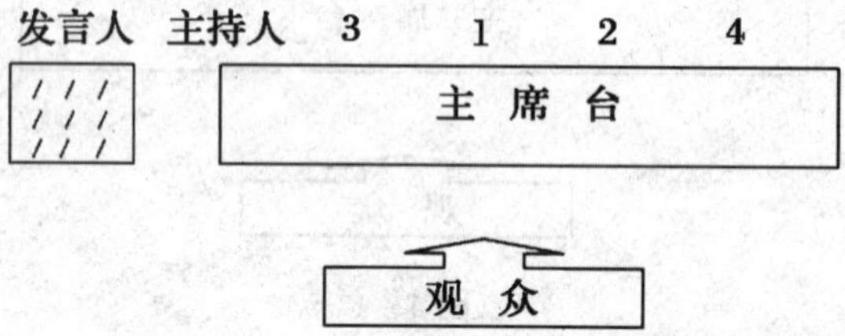

图 4－5

第三节 汇报礼仪

汇报，既是警务人员在从事警务活动时的例行公事之一，也是下情上达，反映情况、反映问题的主要途径，又是为上级公安机关提供决策依据的重要方式。汇报的基本形式有三种，即口头汇报、书面汇报和电话汇报。本节重点探讨口头汇报所涉及的礼仪问题。口头汇报指汇报者与听汇报者之间面对面、座谈式的，以口头表述的方式所进行的汇报。

一、汇报者的礼仪

（一）遵守时间

下级向上级汇报工作时，应按约定的时间到达。过早抵达，会使上级领导因准备未毕而难堪；迟迟不到，则又会让上级领导等候过久而失礼。万一因故不能赴约，要有礼貌地尽早告知上级，并以适当的方式表示歉意。就是因故迟到，也要向上级领导致歉并说明原因。

（二）进前敲门

当到达上级的办公室后，切不要急于推门而入，应轻轻敲门或喊“报告”，待听到上级招呼后再进门。即便办公室门敞开着，也要以恰当的方式使领导知道有人来了。

（三）举止文明

汇报时要注意自己的举止，做到站有站相，坐有坐相，文雅大方，彬彬有礼。在标有“无烟区”牌子的办公室内，不能擅自吸烟；在没有标“无烟区”牌子的办公室内，想吸烟也要征得领导的同意。向领导递烟时，要把开口的烟盒递上去，让对方亲手取烟，然后自己再取用。

（四）实事求是

汇报时不要掺加虚假的内容，对自己的工作要有喜报喜，有忧报忧。要中心明确、要点突出，不宜长篇大论、面面俱到。不宜把汇报工作看成是“诉苦”的机会，公事、私事全部端来。有些人对上级好“察言观色”，两个口袋都放有一套材料，上级喜欢听什么就汇报什么，这种曲意逢迎上级的做法更是不对。

（五）主题鲜明

汇报者的讲述，要抓住主要内容，要主题鲜明。例如，要讲述事件发生的经过，就必须把时间、地点、过程、参与和涉及的人讲清楚，还要把事件发生后造成的影响、处理过程如何、还有哪些问题需要解决等讲述清楚，其他与此事件关联不大的或次要情节，就不要讲得太多。主题鲜明，也包括态度鲜明。汇报者支持什么，反对什么，事件的性质，都是汇报的重要内容。

（六）结束汇报

通常情况下，结束汇报应由上级提出，上级未作结束表示前，下级不可频繁看表、打哈欠，以示焦急或不耐烦。下级告辞时，如有可能，应顺手把茶具或桌椅等摆正或做适当处理。还要注意别把属于上级领导的材料、物品等误放入自己的包中。当上级送到门口时，应主动说“请您留步”、“谢谢”之类的话。另外，刚一出门，便和他人议论上级的举止表现是不妥的，也是很不礼貌的行为。

二、听汇报者的礼仪

上级机关或领导在听取下级汇报时，应注意以下细节：

（一）遵守时间

如有可能则应稍微提前一些时间在约定地点等候，并做好准备；如有必要还可在办公室或办公楼门口迎接汇报者。汇报人到达后，应及时招呼其进门入座，并泡茶招待。不可居高临下，盛气凌人，摆官架子。

（二）善于倾听

上级在听取汇报时，应与汇报人目光交流、配之以点头等表示自己认真听的体态动作，以引起汇报者继续谈话的兴趣。有时候，还应善于从汇报者的话语里，找出他没有能明确表达出来的意思，避免产生误解。

（三）适当提问

对汇报中不甚清楚的问题可及时要求汇报者重复、解释，也可以适当提问，但要注意所提的问题要合乎逻辑，尽量不要打断对方的汇报思路。首先，提问应注意内容，不要向汇报者提出其难于应对的问题，如超乎汇报者知识水平的技术问题等，也不要询问汇报者难以启齿的隐私，以及大家都忌讳的问题。其次，注意发问的方式，避免像查户口似的一问一答。如果提出的问题汇报者一时回答不上来或不愿回答，切记不宜生硬地追问或跳跃式地乱问。

（四）发言谨慎

谨慎表态，慎于言辞，提出希望，是上级领导在听取汇报后的行为准则。下级汇报后，上级领导对汇报者的工作或汇报内容给予评价，是人之常情，也是汇报者和群众所期盼的。听完汇报，领导却只字不提，显得太不通人情。听完汇报，上级领导发言表态要谨慎，一般不要作结论性的论断，可以提出进一步的希望，这是对下级的鞭策和鼓励。

（五）告辞有礼

上级在听取汇报时，同样也不应有频繁看表或打哈欠等不礼貌的行为出现。要求下级结束汇报时可以直接告诉对方，但不宜粗暴打断。下级告辞时，应起身相送。对于平时工作不太密切的下级，还要把对方送到门口。如已到了就餐时间，可挽留下级吃便饭。下级前脚刚走，上级就在议论下级，这也是缺乏礼貌修养的表现。

三、当意见被否定时的礼仪

向上级汇报工作时，自己的意见被否定，这是时有发生的事情，在这种情况下，特别需要冷静地加以对待。假如自己的意见被否定是正确的，就应该虚心接受和采纳。假如自己的意见被否定是不当的，就应该继续坚持原来的看法。但不论是属于哪种情况，都要注意自身的礼仪：

（一）表情不“大起大落”

有些人，看自己的意见被上级领导否定，马上就见诸于脸部表情，撅起嘴巴，满脸不快。接下来，左顾右盼，哈欠连天，或者玩指甲、搔脑门等，这些表情与动作都是不正常的，都是不尊重上级领导的表现。

（二）不打断对方的谈话

尽管自己的意见被否定，仍要尽量让对方把话说完。如果需要插话或打断对方谈话时，应先征得对方的同意，宜用商量的口气：“对不起，请允许我打断一下。”这样做，可以避免对方产生自己在轻视他或不耐烦听他说话等不必要的误解。

（三）不顶撞对方

即使自己的观点或意见是正确的，也不要轻易顶撞对方。上级是站在上级机关的角度和高度来考虑问题，上级领导否定有否定的原因，意见被否定，要从自身方面找原因。能给人“留面子”是对上级的尊重。

四、当上级不礼貌时的礼仪

当汇报工作时，有时可能会遇到少数上级领导不注意礼仪。例如，正在汇报时，他左顾右盼，东张西望，或者看书看报、看手机短信，似听非听。又如，他不是尽量让我们把话说完，而是喜欢不断打断自己的汇报，或者插一些离题很远的话等。

当上级不注意礼仪时，作为下级仍应注意以下礼仪：

（一）以礼相待

不论上级领导礼仪修养如何，下级应当尊重上级，尊重上级是警务人员的天职。当上级不注意礼仪，如果下级再针锋相对，那就更会相互心存隔阂，导致感情上的不合、对立，甚至会影响到正常的工作关系。如果当上级不注意礼仪时，下级仍能以礼相待，这既显示下级的礼仪修养，又能给上级以正面的警示。

（二）以身示范

以自己的礼仪修养来影响上级，还要善于为上级遵守礼仪创造条件。例如，当上级把烟灰和烟蒂随便扔在地上时，我们可以主动把烟灰缸递给他；上级生气拍桌子，把水杯弄倒，我们可以主动扶起水杯，把水擦干净，以此来提醒上级注意。

（三）直言相陈

假如上述办法都没有收到效果，那么，就应该对不注意礼仪的上级领导提出意见。提意见的途径有三条：一是托人转告；二是直言相陈；三是借助媒介传递，如电子邮件、短信、信件等。一般情况下，以媒介传递为宜，这样会避免发生正面冲突。

第四节　电话礼仪

在警务活动中，电话是一种常见的通信、交往工具，正确使用电话可以树立良好的形象。如果掌握不好拨打或接听电话的技巧和礼仪规范，不仅会影响警务活动的开展，还会损害公安机关的形象。

一、电话礼仪

（一）选择时间

选择恰当的通话时间是让对方愿意交流和容易达到通话目的的重要要素。选择拨打电话的时间，一般要考虑对方的行业性质、作息时间、个人生活习惯以及时差等因素，以不打扰对方休息为宗旨。

公务电话一般应选择在办公时间进行，最好避开临近下班的时间，因为这时打电话，对方往往急于下班，很可能得不到满意的答复。公务电话应尽量打到对方单位，若确有必要往对方家里打时，应注意避开吃饭或休息时间。按我们中国人的作息习惯，上午7:00之前，中午午餐时间，晚上10:00之后（若家有小孩、老人，时间更须提前）不宜打电话到对方家里。若遇有特别紧急的事情，不得不影响他人休息时，通话后首先要向对方致歉。

（二）表明身份

电话接通后，首先要告诉对方自己的单位、部门、姓名等，这样做不仅有利于通话的顺利进行，更是对对方的一种尊重，也是一种礼貌。同时要明确对方是否是自己要找的单位和个人，必要时，还应当询问对方是否方便，在对方方便的情况下再开始交谈。切勿玩“猜猜我是谁”的游戏。

（三）直言主题

拨打电话最忌讳吞吞吐吐，东拉西扯，故弄玄虚，无话找话。应尽快表明通话目的，直言主题，节省对方通话时间，少讲空话，不说废话，绝不啰唆；电话内容要简明扼要，要尽可能遵守“三分钟原则”，即打电话时，拨打电话者应自觉地、有意识地将通话时间控制在三分钟之内。

（四）语言文明

警务人员电话用语应文明、礼貌，通话表述应符合礼仪规范，不应高调门，语惊四座，口气应谦恭有礼、热情亲切；拨错电话时应表示歉意，不要一言不发就挂断电话；禁止使用“脏、粗、俗”的语言，不能缺少三句“电话基本文明用语”，即问候语、介绍语、道别语。

（五）举止得体

电话接通后，通常应等铃声响过六遍后，确认对方无人接听时，才能挂断电话；如果电话中途中断，按礼节应由拨打电话者再拨一次，并须稍作解释；不要趴着、躺着或高架双腿与人通话；结束通话，电话应轻拿轻放，严禁摔电话；结束通话时应让地位高者先挂电话。

二、接听礼仪

（一）及时接听

电话铃一响，应尽快去接，不要有意拖延，最好不要让铃声响过三遍，即“三声原则”；通常情况下，不允许不接听他人打来的电话，尤其事先约定好的电话。因特殊原因，致使铃声过久才接起电话的，必须先向对方表示歉意；会客或参加重要会议不能接听电话时，应说明原因，表示道歉。

（二）文明应答

接听电话时，应先向对方问好，然后自报家门；不要一声不吭，装神弄鬼，故弄玄虚。与对方通话，通常应有问必答，依问作答；不应答非所问，东拉西扯，无精打采；态度应热情、谦和、诚恳，语调应温和、音量要适中，不能高声大喊。对待拨错的电话，要耐心向对方说明，如有可能，应向对方提供帮助；不要为此勃然大怒，恶语相加，甚至出口伤人。

（三）主次分明

接听电话时要聚精会神，要停下手里的所有工作，此时不要与人交谈，看文件，看报纸，吃东西等。不允许三心二意，随随便便，心不在焉。电话的主动权一般要让给主动拨打电话的一方，主动说出打电话的主题，主动问好，主动结束通话，接电话一方不要反客为主，忘了主旨。在接听电话时，又恰巧有客人来访，原则上应先招待来访客人，此时应向通话对方致歉，告知对方稍后回拨电话给他，得到许可后挂断电话。如果电话内容很重要而不能马上挂断时，应示意来访者稍等，然后继续通话。

（四）做好记录

在电话中传达事情时，对通话要点可作必要的重复，防止记录错误或者偏差而带来的误会；重要的内容应简明扼要地记录下来，如对时间、地点、联系电话、需解决的问题等各方面的信息进行核查校对，尽可能地避免错误。

第五节　手机礼仪

随着手机的日益普及，放肆地使用手机已经成为礼仪的最大威胁之一。手机礼仪越来越受到人们的关注，我们应该提倡文明使用手机。

2007 年，澳大利亚电信公司（Telstra）与有关专家以及餐厅、剧院等行业的代表共同合作，发布了一项新的研究成果——对使用手机的态度的研究。研究发现，大部分人都认为手机使用者越来越旁若无人了，吵闹的铃声现在已经成为最烦人的噪音。调查显示，人们主要对下列移动电话的使用行为不满意：

第一，声音过大。有很多人喜欢对着手机大声讲话，而且声音大得完全没有必要，不知不觉地把周围的陌生人都卷进了自己的私事之中，业内人士把这种现象称为“手机吼叫”。

在公共场合使用手机，特别是在楼梯、电梯、路口、人行道等地方，不可以旁若无人地使用手机，应该把自己的声音尽可能地压低，不能大声说话；更不要一边走路一边用手机聊天，那样既不安全也给其他行人造成干扰。

第二，餐时通话。在餐桌上，关掉手机或是把手机调到振动状态还是必要的，避免正吃到兴头上的时候，被一阵烦人的铃声打断。

第三，不合时宜。在剧院、电影院、课堂或会场上，接打手机是极其不合适的。如果需要保持联络，应该把手机调到静音状态。在这种场合，一般不要主动打出电话。非得回话，采用静音的方式发送手机短信是比较适合的。

第四，冷落对方。大家是否有过这样的经历，和朋友好长一段时间不见，自然少不了找个地方叙叙旧。正聊到兴头上，突然被一阵铃声打断，朋友接起电话走开，等他回来的时候，已经忘记说到哪里了。和他人交谈的时候，做到专心致志，是对他人的最好尊重。

第五，怪异彩铃。现在有不少人，特别是年轻人喜欢使用彩铃。有些彩铃很搞笑或很怪异，与千篇一律的铃声比较起来，确实有独特之处。但是，彩铃是给打电话的人听的，警务人员最好不要用怪异或格调低下的彩铃。不要小看手机彩铃，它彰显着一个人的文化追求和精神品位，千万不要让铃声给想通过手机与自己联系的人带来不快。

使用手机应注意以下细节：

一、避免噪音

使用手机不要轻易发出铃声。有一定礼仪常识的人都知道，使用手机应避免对他人造成干扰。在开会、上课、看演出和工作场所，不能随便让手机发出铃声，即使接收短信，也要处在静音状态。在私人空间，如在家里、在自己独立的办公室里，发不发出铃声，是个人的自由问题。但在公共场所，就要体谅他人的感受，要养成一旦进入公共场所就把手机设置为静音或关机的好习惯。

二、尊重隐私

手机是个人隐私的重要组成部分，为了尊重他人，体现自己的涵养，不要接听他人的移动电话，不要翻看他人手机中的任何消息，包括通讯录、短信、通话记录等。一般情况下，不要借用他人的手机打电话，不得已需要借用他人手机打电话时，请不要走出机主的视线，并且尽量做到长话短说，话毕要表示感谢。

三、注意场合

（一）遵守秩序

在一些公共场合不应该使用手机，尤其在电梯、音乐厅、会场、图书馆、课堂等场所旁若无人地使用手机。警务人员在警务活动中，尤其在一些比较隆重的场合，如重大会议、大型安全保卫和各类仪式等，不允许当众使用手机。在会场上铃声不断的人，并不能表明他“工作繁忙”，反而显示出他缺少修养。

（二）注意安全

在飞机上，在加油站，在驾车时，在医院手术室门口，为了您和他人的安全，请禁止使用手机。

（三）注意礼节

不应该在众人面前有意摆弄和炫耀自己的手机；应尽量不停机、关机，也不要不接电话；改换电话号码后应及时通知朋友、同事，以便与自己联系。

四、短信礼仪

如今我们越来越多地使用手机短信来联络，在这方面需要注意以下三要素：

（一）查看短信要避人

不要在他人能注视到自己的时候查看短信。一边和他人说话，一边查看手机短信，这种行为对他人是极不尊重的。

（二）收到短信要回复

收到他人短信后，要及时回复“收到”、“谢谢”等短语，使别人知道自己已经收到他的信息，这对发短信者来说是很重要的回复。

(三) 发送短信要署名

大部分人都收到过没有署名的祝福短信，甚至收到不是机主本身署名的短信。假如收到一个不知道是谁的祝福短信，这条短信是不是垃圾短信？反过来想，发短信者既花了钱，又投入了感情，而别人不但不领情，反而把他的感情当做垃圾。这说明发短信者的感情投入是徒劳，这就是自己发短信时不署名惹的祸。

五、手机常规放置

在一切公共场合，手机在没有使用时，都要放在合乎礼仪的常规位置。没使用手机的时候不要拿在手里，挂在腰上或放在上衣外口袋。放置手机的常规位置有：一是随身携带的公文包里，这种位置最正规；二是上衣的内口袋里；或是开会的时候交给秘书、会务人员代管，也可以放在不起眼的地方，最好不要放在桌子上。

第六节　网络礼仪

神奇的网络，正迅速融入现代社会，网络扑面而来，悄无声息地来到你我他之间，“地球村”、“中国村”为现代人的生活打开了一个五彩缤纷的虚拟空间。网络是现代科学技术的结晶，正确认识其辉煌的价值与强大的功能，大兴网络礼仪，使网络成为提高工作效率、沟通交流、学习经验的重要场所。

网络礼仪（Netiquette）是指在网上交往活动中形成的被认可的礼节和仪式。换句话说，就是人们在互联网上交往所需要遵循的礼节，是一系列使人们在网上有合适表现的规则。只有当使用互联网的人们懂得并遵守这些规则，互联网的效率才能得到更充分、更有效的发挥。

一、确保网络安全

公安部根据《中华人民共和国计算机信息系统安全保护条例》等有关法律、法规制定了一系列有关公安计算机信息系统安全管理规定，规范警务人员在公安信息网上进行的软硬件安装与开发、信息发布、信息查阅、应用等行为，有效地加强了公安信息网络安全管理工作。主要内容有：

1. 严禁公安机关使用的计算机及网络设备既连接公安信息网，又连接国际互联网。

2. 严禁公安机关使用的计算机及网络设备在未采取安全隔离措施的情况下既连接公安信息网，又连接外单位网络。

3. 严禁存有涉密信息的计算机连接国际互联网或其他公共网络，或者擅自拆除监控程序、逃避监控、扰乱上网注册工作。

4. 严禁未经审查和批准，从其他信息网络直接下载、转发、粘贴信息到公安信息网上。

5. 严禁编制或者传播计算机病毒等破坏程序，故意扫描、侵入公安信息系统，破坏公安信息网站或窃取有关数据。

6. 严禁擅自在公安信息网上开设与工作无关的个人网站（页）、聊天室、BBS 等网站（页）。

7. 严禁在公安信息网上捏造或者歪曲事实，散布谣言，侮辱、诽谤、诋毁他人，破坏他人名誉。

8. 严禁在公安信息网上编造、转发危害国家安全、淫秽色情、封建迷信等有害信息。

9. 严禁擅自允许非警务人员登录、使用公安信息网，或者擅自向社会提供公安信息网站和应用系统数据。

二、资讯查阅礼仪

出于工作和学习需要，往往会上网查阅一些新闻或资料。一般来说，这些资讯通常通过百度网和谷歌网等途径查阅。资讯查阅应遵循以下礼仪规范：

（一）目标明确

对于要查找的内容和要登录的网站应有大致的了解，并提前做好记录、下载或打印的准备。目标明确后，上网时就能直奔主题，不至于在网上漫无目标地临时查找。

（二）提高效率

在网上查阅资料需要一定的技巧和方法。应当熟练地掌握和运用一些技巧和方法，从而提高办公效率，节约费用。对于所需要的资料可及时下载，不宜在网上长时间浏览。

（三）辨别是非

网上的内容五花八门，经常会有一些虚假的消息广泛传播，甚至有非法的内容大行其道。因此，我们要保持清醒的头脑，增强辨识能力，不要轻信他人所言，更不要人云亦云，甚至主动发布假消息以致谬言流传。

（四）注意文明

在网上与人交流时，应确保用语的规范和文明，不得使用攻击性、侮辱性语言。

（五）言语有度

为维护自身形象和公安机关形象，警务人员切不可以单位或部门名义在网上任意发表个人对新闻时事的看法，尤其不能发布假消息或泄露国家机密。

三、电子邮件礼仪

电子邮件（Electronic Mail，简称 E－mail），即通过计算机网络在用户之间传递的各种信息。电子邮件是迄今为止最为方便、快捷的通信方式之一。收发电子邮件是人们利用网络办公最常见的内容，也是最重要的方式。在使用电子邮件的过程中，应该遵循以下礼仪规范：

1. 及时查收邮件。要经常打开邮箱查看和收取新的电子邮件，防止贻误重要邮件的阅读和回复。不要随意打开陌生的电子邮件，以免病毒侵入，引起数据丢失。

2. 使用正确的主题。邮件主题不必太长，但也不能因为怕麻烦而随便写上两个字。最好在主题中说明邮件的主要内容。一些没有主题或含糊不清的电子邮件很容易被收件人当做垃圾邮件丢弃。

3. 邮件内容要精简。如是篇幅较长的资料，最好以标准的或者通用的文件格式作为附件发送。

4. 收到邮件应及时回复，回复电子邮件时，没有必要引用全文，特别是原文较长的时候。应该引用对方邮件的开头一部分，然后再加上想要回复的那部分内容。

5. 不要发送无意义的垃圾邮件，更不许在邮件中附带恶意程序。不要听信某些软件的广告。

6. 邮件的签名档应该要署名（或者签署名）。如果是比较正式的邮件，最好写上联系方式，如传真、电话或者主页地址等。

7. 如果有比较重要或者比较大的邮件，最好首先发送一封确认信，确认对方乐意接收时才发送。对于重要信件，应当附加请求回执。

8. 电子邮件相对其他的网络交流方式来说，比较正式一点，所以在邮件中尽量不要加上幽默之类的内容。

9. 应该考虑接收方所在地的文化差异以及技术上的区别。例如，发送到港台的邮件，就不应该采用GB格式的内码，如果自己不能转换成对方的格式，那么把文本转换成图片也是一个可以尝试的方法。

10. 及时把邮件下载到本地硬盘上来保留，特别是使用免费邮件的用户，对不是很重要的邮件，应该及时删除，以节约网络资源，同时也能让自己享受更好的服务。

四、实时通信软件礼仪

QQ、MSN等实时通信软件，是现在人们普遍使用的网上沟通和聊天工具，这类软件都有一些共同的特点，所以也应该遵循共同的礼仪规范。

1. 除非是有意为之，否则最好在个人简介中仔细填写自己想要他人知道的任何资料，并在资料或者简介中注明想要聊天的对象类型。

2. 和他人聊天的时候，最好先仔细阅读对方的资料或者简介，不要在聊天的过程中重复询问资料中已经有答案的问题。

3. 如果不是必要，不要询问有关个人隐私的问题。例如，不随便打听对方的收入状况、年龄、家庭住址等，聊天主题是此类的除外。

4. 在聊天过程中，要尽量注意自己的语气，不要使用追问、盘问、讽刺等容易引起别人反感的语气。

5. 对待对方的话语，要仔细看清楚后再回复。不要出现重复询问对方已经回答了的问题或者在没有明白对方的意思时就再次发问。

6. 回复对方的话语，应该是有意义的语言，不要只是简单地回复一个“哦”字或者类似的词。一般来说，这样的回答代表不想就此话题继续下去，通常是代表聊天结束的意思。如果不是想表达这个意思，那将是对他人的不尊重。

7. 在利用“Freshvoice”（网络电视电话程序）时，会出现一些诸如正在说话时对方突然停止对话，或拒绝自己的呼叫等情况，这时请不要气愤或悲伤，站在对方的立场想一想，对方可能是因为别的事情在不得已的情况下才这样做的。

8. 在使用“Freshvoice”（网络电视电话程序）的一些功能时，要先取得对方的同意。例如，使用图像传送功能，在传送之前先问问对方，得到对方同意后再传送。特别要注意的是像获取桌面与远程控制这样的功能，因为可以直接看到对方电脑上的信息，在使用之前一定要得到对方的同意，才可以使用。如被拒绝也不可强求，以免侵犯他人的隐私权。

9. 最好将同时聊天的人数控制在自己能够接受的范围之内。如果只想和特定的某人聊天，最好设为隐身状态。

10. 慎用自动回复之类的功能。如果有事暂时离开的时候，可以事先告诉对方。如果因为需要使用了自动回复功能，那么在回来后，应该关闭此功能。

11. 对他人传送的网址或者文件，应该仔细阅读。如果确实没有时间阅读，应该明确告诉对方，不要等到对方询问时，才告诉他还没有阅读。

12. 如果要下线，应该告诉这次聊天接触过的每一个人。

13. 如果发现有病毒或者其他的恶意程序进入计算机，应该马上断开网络或者关闭程序，不能让自己的计算机成为新的传染源。没有经过自己验证是否是恶意的网址，不要传送给他人。

14. 慎重使用幽默。因为文化等方面的不同和个人理解上的差异，自己认为的幽默，可能是对他人的伤害或者侮辱。

五、聊天室礼仪

这些地方共同的特点是自己说的每一句话都有可能被很多人看到，也就相当于在公众场合下的聊天。因此，进入这些地方聊天更要注意礼仪问题。

1. 注意聊天的主题。在大多数人谈论同一主题的时候，不应该去谈论其他的内容。如果自己对此不感兴趣，可以离开或者私聊。

2. 不要歧视新手。我们都是从新手过来的，所以，如果有新手向自己请教，应该尽可能地给予帮助，即使问的问题很幼稚。

3. 不要在公开频道谈论私人话题，也不要在公开频道“刷屏”，这种行为是很不礼貌的。

4. 不要在聊天中散发恶意言论或者对特定人进行人身攻击，更不要在聊天环境中做广告。

5. 不要使用特别大的字体或者是刺眼的颜色，以免给其他人带来不便。如果使用英文聊天，要注意不要使用全部大写的字母。这两种行为通常被称为“大叫”（shout），是很不礼貌的表现。

6. 如果是使用公开的聊天室或者是在网络游戏中，应遵守该国的法律、法规，不要给聊天室或者游戏带来麻烦。

六、论坛礼仪

一般来说，经常在论坛上的网民，素质相对都比较高，在礼节方面也比其他的方面要做得好，不过，有一些地方可能还会被大家所忽视：

1. 注意论坛的主题。每一个论坛都会有很多版块，每个版块都只有一个主题，在发表文章之前，首先要明确自己的文章该发到哪个版块，不要发错。

2. 尊重他人的成果。如果发表的文章不是您自己写的，需要注明这篇文章是转贴的，最好把原作者和原来发表的地址也写上。

3. 如果不同意其他人的观点，可以在回复中反驳，也可以用电子邮件等形式与他人进行交流，但不应进行人身攻击。

4. 如果对某一部分内容感兴趣，最好在回复中引用他的原文，这样不会让人产生误解。

5. 谁都不可能一直正确。如果自己的观点已经被证实是错误的，那就应该表示歉意或者对其他人的感谢。

6. 不要在论坛中发表没有意义的文章或者用没有意义的文字对他人的文章进行回复（即灌水）。

7. 要注意所使用的幽默或者比喻，对有可能会使其他人误解的文本，最好予以解释说明。如果引用的文章是大多数人所不知道的，最好注明该文章的出处和在哪里能查到原文。

8. 注意该论坛所在地的法律和有关规定。如果自己的观点不适合在该论坛发表，就不能发表。

9. 尊重版主的劳动。版主和我们一样，都是普通的网民，而且是在义务为其他人服务的。他不是万能的，也有可能犯错误。如果他犯的错误涉及了自己，可以向更高级别的版主或者管理员投诉，如果他们都不受理或者坚持错误的做法，那大不了换一个论坛就是了。

【典型案例】

案例一

用笔礼仪

礼仪无时不在，无时不有。在你的礼仪常识的储备库里，也应包括各种笔的使用礼仪。

1. 自来水笔是高度私人用品，最好不要向他人借用他最珍爱的书写工具。因为所有者在使用自来水笔时，笔尖磨损着适合于自己书写的角度，此角度书写的字最完美。

2. 自来水笔墨水的选择。在工作场合，所选择的墨水在不小心沾到他人衣服上后要能够被洗掉。在家里使用，则可以按照意愿使用不可清除的墨水。

3. 圆珠笔、水笔是很可靠的书写工具，但这种笔常常会笔尖漏油，且漏出的油沾在手指、衣服上很难清洁。所以要常常检查自己的以及提供给他人使用的圆珠笔，确保它是干净的。

4. 找领导或他人签署文件或签名时，通常要左手拿文件，右手拿笔，笔尖朝向自己将笔递给对方。切勿忘了备一支笔。

5. 当需要签名或写些什么时能及时找到笔也是一种能力的体现。因此，放置笔的位置要固定，数量上要加一，即多备一支。

案例二

入室敲门

在办公室区域，入室敲门，获准方入，为的是尊重他人的领地。敲门视作通报，即使开着门，入室也要经主人同意。

战国时期的思想家、政治家和教育家孟子，是继孔子之后儒家学派的主要代表人物，被后世尊奉为仅次于孔子的“亚圣”。

孟子一生的成就，与他的母亲从小对他的教育是分不开的。孟母是一位集慈爱、严格、智慧于一身的伟大的母亲，早在孟子幼年时候，便为后人留下了“孟母三迁”、“孟母断织”等富有深刻教育意义的故事。孟子成年娶妻后，孟母仍不断利用处理家庭生活的琐事等去启发、教育他，帮助他从各方面进一步完善人格。

有一次，孟子的妻子在房间里休息，因为是独自一个人，便无所顾忌地将两腿叉开坐着。这时，孟子推门进来，一看见妻子这样坐着，非常生气。原来，古人称这种双腿向前叉开坐为箕踞，箕踞向人是非常不礼貌的。孟子一声不吭就走出去，看到孟母，便说："我要把妻子休回娘家去。"孟母问他："这是为什么？"孟子说："她既不懂礼貌，又没有仪态。"孟母又问："因为什么而认为她没礼貌呢？"孟子回道："她双腿叉开坐着，箕踞向人，所以要休她。""那你又是如何知道的呢？"孟母问。孟子便把刚才的一幕说给孟母听，孟母听完后说："那么没礼貌的人应该是你，而不是你妻子。难道你忘了《礼记》上是怎么教人的？进屋前，要先问一下里面是谁；上厅堂时，要高声说话；为避免看见他人的隐私，进房后，眼睛应向下看。你想想，卧室是休息的地方，你不出声、不低头就闯了进去，已经先失了礼，怎么能责备他人没礼貌呢？没礼貌的人是你自己呀！"

一席话说得孟子心服口服，再也不提什么休妻子回娘家的事了。

第五章 警务人员业务礼仪

警务人员业务礼仪是指警务人员基于警察特点与公安工作要求，在保障警务活动正常开展和自身安全的前提下，在窗口服务、社区走访、接警处警、巡逻盘查、侦查破案等方面，应当遵守的礼仪要求。

第一节 走访礼仪

走访是公安机关的基础工作，也是保持党同人民群众血肉联系的有效途径和渠道。通过走访可以掌握社情、民意、实情，获得工作的主动权，增进警民感情，化解社会各种矛盾，消除潜在隐患，稳定治安局势。警务人员在走访时，必须认真遵守以下细节：

第一，事先预约，及时到达。警务走访活动一般要通过电话等方式预约在先，不速之客往往令人难堪，使人不快。若实在无法预约，应在见面时委婉解释，诚恳道歉。如果是初次警务走访机关或企事业单位，最好带上介绍信。约定走访时间和地点时，应客随主便。

走访时应按约定时间准时到达。考虑到交通等因素，约定的时间可略有弹性，如“七点左右、七点半到八点之间”，以免给人留下不守时的印象。如果有特殊原因不能准时到访或无法到访，应该预先告知对方，以免让对方久等。

第二，进门有礼，不可冒失。警务人员在抵达主人办公室或私人居所门外后，无论与主人的关系多好，绝不能不打任何招呼，便“破”门而入。“客至中门须止步，亲朋临此要扬声”，即使门户洞开，也不能乱闯一通，应先站在门旁招呼，等到有人接应了再进去。没有主人允许就进屋，很可能出现双方尴尬的局面，令自己进退两难。正确的做法是应采用合乎礼仪的方式，向对方通报自己的到来。

一般来说，可以请其秘书或家人转告，也可以敲门或按门铃。敲门时，宜以食指轻叩二三下即可，在敲门的同时，要用尊称招呼主人并通报自己身份，切不可只有敲门声，而没有招呼声；按门铃时，则让铃响二三下即可。如果室内没有反应，可过一会儿再按一次。切忌大声喧哗，用拳头擂门，用脚踢门，或者频按门铃。

第三，悉心准备，以示尊重。警务人员在走访之前，应该做好相应的准备和安排，检查该带的资料、礼物之类的东西，通过一些途径事先了解到走访对象的个人和单位的资料等，以便沟通。一定要对自己的着装进行认真的选择。着装应该注意与场合相协调。注意服饰干净、整洁、高雅、庄重，得体大方，过分轻佻、随便的服装是不宜选择的。要注意着装的某些细节，例如，袜子要无洞无味，否则如进门后一旦更换拖鞋，可就要当众出丑了。

进门之后，一般应当主动脱下外套，并且摘下帽子、墨镜、手套，将其放于适当之处。如果携带了手袋等东西，应当将其放在就座后右手下面的地板上，而不宜将其放在主人的桌椅或茶几上。

警务人员前往走访对象的办公地走访，一般不必携带礼品。但是，如果前往亲朋好友的私人居所做客时，可以为对方携带一些小礼物，如鲜花、糖果、书籍等。在进门之后，应立即向主人奉上自己的礼物，不要等到告辞时再说。

第四，施礼问候，应邀就座。如果与主人是第一次见面，应该先对自己略作介绍，向对方主动问好，并与对方握手为礼。

进入室内之后，应当主动随行于主人身后，切勿抢先一步，随意前行。不可立即见到座位就坐下，一般应就座于主人为来宾指定的位置。

就座时，要注意三个问题：不要自行找座；与他人同来时应当相互进行谦让；最好与其他人，尤其是主人，一起落座。

有的时候，走访他人时未被主人相邀入室，这通常表明自己来的不合时宜。知难而退，是此刻的最佳选择。切勿不邀而入，或是探头探脑向室内进行窥视。

第五，言谈有度、举止得体。警务人员在走访时，要做到彬彬有礼，坐姿端正优雅，举止稳重，不能随随便便，但也不必过于拘谨。进屋后，对室内的人，无论认识与否都应当主动向对方打招呼、问好，决不可漏掉一人，不应当旁若无人，对其不理不睬。

主人端上茶来，要站起来双手迎接，并说谢谢。在主人让烟或征得主人的同意后，才可以吸烟。要保持主人屋内的清洁，不乱弹烟灰或乱扔果皮，更不能随便翻动主人的抽屉和橱柜。

第六，善解人意，适时告辞。走访交谈，要做到心中有数，适当的寒暄后，应尽快切入主题，不要东拉西扯，浪费时间。交谈时，要尊重主人，不可反客为主，口若悬河，喋喋不休。

走访交谈要注意掌握时间，要知道“客走主安”的道理。一般走访不超过1小时，初次拜访不超过30分钟。

告辞前要向主人道别，出门后，可主动与主人握别，并说“请留步”，也可以走几步后回身挥手致意说“再见”。

回去后最好向主人挂个电话，既表达感谢之意，又有补充提醒之功效。

一、走访居民时应注意的礼仪

（一）诚恳交谈，把握话题

民警在与居民交谈时，应集中精力并有所表示，或点头首肯、微笑肯定，或语言鼓励。对于居民所谈话题不感兴趣或陌生时，要尽量耐心倾听，并根据工作需要循循善诱，巧妙转移话题。不应坐立不安或频频看表流露出厌烦的表情，不要随意打断对方的话头或自己抢话题。一般可根据居民的个性、爱好和兴趣展开话题。对欲言又止、思想顾虑者可作适当提示或引导。谈话中，除工作需要，一般不宜问及个人隐私问题。对居民不愿谈论和回答的话题，不宜继续追问。

（二）热情服务，适时告辞

民警应视群众需要给予必要的服务和帮助。对居民群众提出的要求和咨询，能当场解决答复的要当场解决答复，不符合规定的，应将政策和规定交代清楚并婉言回绝；当场不能答复或须上级审批的，要详细说明，既不能简单回绝，也不宜满口答应，以免轻率失信。对居民生活上、身体上、经济上有困难的，要倾听他们的诉说，了解他们的疾苦，帮助他们克服悲观情绪和心理障碍，尽己所能给予帮助和指点。走访时要注意把握适时告辞。

二、走访外来人口时应注意的礼仪

（一）维护权益

对外来人口在本地区生产、生活中的应有地位应予正确认识，保护其合法权益。要调动他们依法维护切身合法权益的积极性，并依靠他们搞好管理。

(二) 平等待人

在走访中，应平等待人，不影响其正常的生产、生活秩序。在处理外来人口的治安问题时，要特别注意不能对他们持排斥或歧视的态度和做法。要坚持尊重的态度和观点，避免外来人口与常住人口之间产生隔阂和矛盾，造成不良后果，从而影响社会治安稳定。

(三) 提供服务

社区民警在走访中，如果发现外来人口遇到困难和需要帮助时，应热情地提供必要的服务。在工作中要耐心细致地询问和了解情况，积极地宣传政策和法律知识，为他们提供相关的宣传材料。

三、走访居（村）委会应注意的礼仪

(一) 因地制宜，从实际出发

社区工作要从实际出发，设身处地为群众着想，重视研究工作的可行性，既不违背事物发展的客观规律，强人所难，也不随意否定群众传统的防范措施。工作安排要充分考虑当地的环境、特点，根据群众的思想觉悟、居住条件、生活习惯、工作能力和身体状况等因素，制定有针对性的工作目标和方案。

(二) 征询意见，协商合作

要多与居（村）委会干部进行协商，善于听取居（村）委会干部和群众的意见。如果对方的某些意见不可取时，要婉转地表态，在肯定的前提下，再做解释性的否定，如“您提出的意见有一定的道理，但目前还无法这样做”等。布置工作宜用商量的口吻，如“这样可以吗”，“还有什么不合适的地方”等。

(三) 关心帮助，维护威信

对居（村）委会的工作应予以尽可能的协助和支持，并注意在地区和居民中维护其威信。在不违反警务工作职责的情况下，积极参加居（村）委会组织的公益工作和活动，主动帮助其干些脏活、累活。平时对居（村）委会干部和治安积极分子的工作和生活应给予关心和帮助，与他们建立起融洽关系和良好感情。

(四) 保证安全，保护积极性

在工作中，要注意保护居（村）委会干部和治安积极分子的工作积极性，对他们在治安防范工作中取得的成绩，应及时予以表扬和鼓励。在治安防范工作中遇到问题时，应以身示范，耐心引导，切不可指手画脚，评头论足。组织群众开展各项治安工作时，难度大或有一定危险性的工作应由民警来承担。对群众自发的治安巡逻等工作，要从保证安全上予以关心，做好安排。

四、走访遭受不法侵害的居民应注意的礼仪

（一）以同情和负责的态度待人

对居民的报案反应要及时、迅速，了解案情要深入、细致，同时应对受害居民给予安慰并积极协助居民查找隐患，切实做好补救工作。

（二）注意影响，保护受害人的隐私

需要向群众宣传时，应顾及受害者的利益，除受害人及其家属许可的情况外，不宜指名道姓，以免给受害人及其家属带来不便。对于涉及隐私的案件，要注意保密，不得随意扩散、传播案情，不向无关的人透露受害人的具体情况。

五、走访刑满释放、解除劳教人员和帮教对象应注意的礼仪

在走访中，民警不能简单地以“防范”、“改造”的心态去对待他们。态度要温和，语言要诚恳，要从尊重其人格和坚持正面宣传教育的角度，鼓励、帮助他们建立起重新生活的信心和勇气；要关心和尽力帮助他们解决读书、就业、医疗和婚姻等实际问题；要善于挖掘和发挥他们的特长，鼓励和赞扬他们的点滴进步，为他们营造追求健康人生的良好环境和氛围。

六、走访情绪对立人员应注意的礼仪

情绪对立人员主要是指民警在调解纠纷、查处违法违章、控制人员等工作中，由于各种矛盾和原因，对公安民警存在一定对立情绪的人员。在走访中，要在充分调查、全面分析的基础上，讲究谈话的方式、方法和语言。应在对方冷静的状态下，晓之以理，动之以情，推心置腹，实现问题的妥善解决，或使其自觉配合接受相关处理。

七、走访机关、企事业单位应注意的礼仪

（一）尊礼守规，举止文明

在走访相关单位时，要注意该单位的内部规章制度。出入门时主

动向管理人员出示证件，主动打招呼，按规定停放车辆；不搞特殊化，不要特权；需要检查时，应由被访单位相关人员陪同。到“三资”企业向外方及港、澳、台人员了解情况时，应特别注意服装整洁，仪表端庄，举止文明。

（二）帮其所需，解其所忧

对走访单位，应积极宣传“谁主管，谁负责”的综合治理方针，经常向其通报治安形势和动态，帮助其建立健全安全保卫工作的各项规章制度，督促其加强要害部位安全防范，及时妥善地帮助其解决和化解各种不安定因素。

八、走访港、澳、台同胞应注意的礼仪

走访港、澳、台同胞时，应态度真诚，语言亲切，让他们感受到中华民族大家庭的温暖。走访中应主动询问是否因人生地不熟或年老体弱遇到难处，并尽可能为他们提供帮助。在介绍警务服务内容、正面宣传国家的有关政策和改革开放的成果时，尽量避免敏感性话题，以免使对方尴尬。

九、走访少数民族、宗教人士应注意的礼仪

在走访少数民族、宗教人士前，要充分了解他们的礼仪禁忌，访问中应注意尊重他们的风俗习惯，避免在走访中出现“犯忌”的情形。访问中要尽量不谈其忌讳的话题，不做其忌讳的举动，不在不适当的时间拜访。对宗教、民族敏感问题应尽量回避，不要妄自谈论，以免出现差错，甚至影响团结。

十、走访外国人应注意的礼仪

走访外国人时，在走访前应预先了解要走访的外籍人士国家（地区）的基本礼仪和风俗习惯，了解其国家（地区）的一般知识（地理、历史、政治、经济等），便于加强感情交流，表示尊重和友好，避免引起误会。走访中可积极征询其对自己工作的意见和建议，并注意了解其对各级政府的重大政策、措施和重大事件的反应。对来华投资和提供各种有益帮助的外国人应表示感谢，同时应提供快捷、方便、高效的服务与帮助。与外籍人士的谈话宜富于知识性、原则性，举止应有节有度，态度要热情友好，不卑不亢，既不能过分崇拜、举止失

措，又不能反应冷淡或种族歧视。

第二节 询问、讯问礼仪

一、询问知情人、证人或被害人的礼仪

询问是公安机关执法活动的重要环节，是公安机关查证犯罪嫌疑人犯罪行为的一种有效手段。通过询问知情人、证人或被害人，可以迅速地确定犯罪嫌疑人的真实身份，查证犯罪嫌疑人的犯罪事实，收集犯罪嫌疑人的犯罪证据和材料等。警务人员在询问时，必须认真遵守以下细节：

第一，尊重为本，文明取证。询问知情人、证人或被害人时，工作态度要庄重而不失文明，严肃而和蔼。首次与证人接触时，用语要客气、诚恳。切忌有粗暴、盛气凌人或轻蔑的表现。应当根据询问对象的不同情况和侦查需要，从便于作证的角度，选择询问地点和询问时间，可以到询问对象所在单位或住所进行，必要的时候，也可以通知询问对象到公安机关进行询问。询问前应当向被询问人出示公安机关的证明文件或者侦查人员的工作证件。询问时，民警不得少于二人。如果询问对象请求自行书写证言的，应当准许。必要的时候，也可以要求询问对象亲笔书写证言。

第二，积极宣传，耐心引导。在询问中，应当向证人宣传有关法律、法规，讲明公民的基本义务，引导和启发证人提供实情；应当告知他如实地提供证据、证言和有意作伪证或者隐匿罪证应负的法律责任。收集证据必须依照法定程序进行，严禁采取威胁、利诱、欺骗以及其他非法的方法和手段。

第三，安全保密，减少压力。询问知情人、证人或被害人时，应当个别进行，并尽可能创造保密安全的客观条件。讲究交谈的方式方法，给予适当的安慰和鼓励，减少其思想压力，努力营造知无不言、言无不尽的氛围。切忌使对方产生被审问的感觉。对于证人的隐私，应当为其保密。不得向知情人、证人、被害人泄露案情或者表示对案件的看法，严禁使用威胁、引诱和其他非法方法询问知情人、证人、被害人。询问强奸案件的被害人或询问妇女的隐私情节，尽量由女侦查人员进行，询问时应当避免刺激性和淫秽语言。

第四，精神鼓励，安抚情绪。对见义勇为者，应给予高度赞赏和精神安慰。对被害方，应做好必要的安抚工作，切忌只顾破案，不顾及对方的情绪。询问受伤的证人、被害人时，尽量要带一些水果等慰问品。对有生命危险的证人、被害人，在抢救的同时，应当重点问清作案人姓名、特征、作案经过，一定要控制询问时间。询问时，可以请医生和证人、被害人的家属参加，作为见证人。有条件的可以录音、录像。

（一）询问不同年龄的知情人、证人、被害人应注意的礼仪

1. 询问儿童知情人。询问儿童知情人时，应当有儿童的监护人在场。一般应由女民警负责询问，使儿童产生安全感和信任感。多使用儿童所熟悉的语言。

2. 询问青少年知情人、证人、被害人。询问青少年知情人、证人、被害人时，民警应考虑到他们特殊的年龄和行为特点，对他们表现出的热情态度和优点及时予以鼓励，在矫正他们对犯罪嫌疑人的错误认识时，应多从正面加强教育引导。

3. 询问老年知情人、证人、被害人。询问老年知情人、证人、被害人时，民警应当表示出对长者的尊敬，以得到他们的支持与合作。询问时应当以“商量式”的语气与他们沟通，注意放慢节奏，语言通俗明了，吐字清晰准确。对其不着边际的陈述，应以委婉的语言进行引导，尽量避免争论或者用生硬的语言打断对方的陈述。

（二）询问女性知情人、证人、被害人应注意的礼仪

询问女性知情人、证人、被害人时，应尽量安排女民警进行。询问时，应注意其情绪的变化，避免使用可能激怒其情绪的提问方式。在她们激动时，不要以生硬的态度与其争吵。在知情人、证人、被害人处于怀孕期、哺乳期时，要考虑她们的生理、心理特点和实际情况，必要时可登门进行询问。

（三）询问不同心理特点的知情人、证人、被害人应注意的礼仪

1. 对有恐惧心理、害怕报复的知情人、证人、被害人进行询问时，可在询问时间、地点、方式的选择上征求他们的意见来确定。如果其人身和财产确实存在危险的，应当采取切实有效的保护措施。询问时声音轻缓，态度温和。

2. 对有抵触心理的知情人、证人、被害人进行询问时，应真诚相待，以情理感动说服对方，尽力消除其抵触情绪，如先以“拉家常”

的方式表示真诚的愿望，待对方的抵触情绪化解之后再进行询问。

3. 对有恻隐心理或讲江湖义气的知情人、证人进行询问时，应由浅入深地阐明利害，晓之以义，明之以理，因势利导，提高对方的觉悟，如实作证。切忌造成询问气氛紧张，影响证人情绪和取证效果。

4. 对有羞涩心理的知情人、证人、被害人进行询问时，要注意准确掌握其特殊的心理。如果是受害方，民警应保持凝重的神情，表现出对犯罪的愤慨以及将竭尽全力予以破案的态度。如果知情人、证人是犯罪嫌疑人的亲友，要通过宣传法律、道义，启迪和唤醒其正义之心，并对他们申明大义的行为及时给予鼓励和感谢。对痛心疾首的悲伤者予以应有的同情，切不可将其置于对立的地位。

（四）询问伤残知情人、证人、被害人应注意的礼仪

1. 询问聋哑知情人、证人、被害人。公安民警可用笔谈，也可以通过通晓哑语手势的人与之交谈。应以真诚的态度做耐心细致的思想工作，与之建立良好的心理接触，不歧视、不冷淡。切不可因为难以达到询问目的而激动、发火或以粗暴的态度对待身有残疾的知情人、证人、被害人。

2. 询问盲疾知情人、证人、被害人。民警应以礼貌的方式进行询问。要根据盲人所从事的职业和所受教育的程度，采取不同的询问方式方法，特别要注意语言中不宜出现“瞎”等字眼，避免伤害盲人的自尊心。

3. 询问有伤、病情较重的知情人、证人、被害人。要视其伤病情形适当进行。说话宜声音轻缓，态度宜耐心诚恳，充分考虑到对方的身体状况和承受能力。

二、讯问犯罪嫌疑人的礼仪规范

（一）保护权利，尊重人格

在讯问开始时，首先必须告知犯罪嫌疑人的诉讼权利和义务，依法给予犯罪嫌疑人自我辩护、核对讯问笔录和拒绝回答与本案无关问题的权利。在其进行自我辩护的陈述时，不要随意打断或妄加指责，要耐心听取并做好笔录；在核对笔录时，对没有阅读能力的犯罪嫌疑人应如实向其宣读，对其指出的有误或遗漏之处，应认真按其意见予以修改或补充；对确与本案无关的问题，遭到拒绝后，不应再追问。

（二）允许有误，及时纠正

当犯罪嫌疑人由于可以理解、合乎逻辑的原因，非故意造成口供与其他证据不相符时，要弄清其认识、记忆发生错误的原因，允许其重新进行正确的回忆和客观全面的认识，给予其纠正的机会，不宜不问青红皂白，对其一切都断然否定，更不能用恐吓、斥责、谩骂等侮辱性的言行伤害对方的人格尊严。

（三）用语规范，讯问灵活

讯问语应体现法律规范，应以对法律负责的态度提出问题。根据实际需要，可灵活运用讯问语言，以便与之沟通，使其接受讯问，予以配合。如对处于初犯、从犯地位以及女性犯罪嫌疑人、青少年犯罪嫌疑人，宜循循善诱，尖锐中含有诚意，严肃中体现温暖。

第三节　检查礼仪

警务检查是指公安机关依法对行业场所、可疑人员、消防设施、火灾隐患、出入境人员和物品以及交通运输工具实行检查与管理。执行检查任务的民警在工作中应讲究和注意工作的方式方法和自己的言行举止，树立良好形象。

一、治安检查礼仪

（一）行业场所的治安检查

1. 例行公务用语。警务检查中，应按规定由两名以上（包括两名）民警进行。公开检查时，民警首先应向被检查单位的有关人员出示本人的治安检查证和工作证。同时，要主动与被检查单位的有关人员打招呼，使用例行公务语言，例如："对不起，打扰你们了，我们是某某公安局某某单位的民警，今天对你处进行例行治安检查，请予以配合。"当检查完毕时，执行检查任务的民警应礼貌地与被检查单位的有关人员告别，例如："对不起，打扰你们了，谢谢你们的合作。如果有什么事，请与我们联系。"

2. 态度刚柔适度。检查中，民警既应庄重严肃，又要态度和蔼，给对方充分的说话和解释的机会。听取对方说话时，应专注、认真，平视对方眼睛。不应有傲慢轻蔑、盛气凌人的表现，不应使用粗俗、生硬的语言。

3. 实施文明检查。一般在合法经营的单位例行治安检查时，应本着内紧外松的原则，实行不停业、不扰民的政策。检查工作可保持充分的灵活性，为维护其正常的经营秩序提供方便。

4. 公开执法依据。在检查中，对行业场所经营者无许可证、未严格按照规定的业务范围开展经营活动及存在不安全因素等违章、违法情况，应在依法予以处罚时，指明其所违反的法规条目，并说清楚执行处罚的依据和条款。

5. 尽量避免冲突。如果遇到被检查单位对治安检查工作有误解、有偏见，不积极配合时，应注重以宣传教育为主，对其治安防范工作给予具体帮助和指导，以实际行动赢得信任与支持。一旦与对方产生矛盾，应分清其矛盾性质，属非重大原则问题的，应设法及时化解，注意控制自己的情绪，如民警言行举止确有不当的，应诚恳检讨和道歉，并迅速改正。

6. 拒绝馈赠和服务。被检查单位为谋求“照顾”或表示友好，对执行检查任务的民警馈赠礼物或提供服务时，民警应态度明确地予以拒绝。

（二）可疑人员及物品的治安检查

1. 注意控制情绪。在公共场合检查人员及物品的时间一般不宜过长，应尽量避免无关人员聚众围观。切忌滥施暴力、随意打人骂人，也不能暴跳如雷或冷嘲热讽。

2. 检查物品谨慎。如果能断定物品的性质，就尽量不要拆开包装和物品本身，以免破坏物品的性质和痕迹或发生意外；开启箱包时要轻开慢拉，拿取物品时要轻拿轻放，以防损坏；要按顺序查验，不要掏底取物、乱翻一气；检查后要按原顺序将物品装好。对涉及宗教及风俗的物品进行检查时，要小心慎重；查验女性的箱包时，尽量不要将所有物品取出、亮开。

3. 检查车辆预告。对车载人员与物品进行检查时，要首先对驾驶员和乘坐人员说明情况，请其配合工作。对表示不理解的驾驶员或乘坐人员应适当地予以说服、开导，防止他们因不明事情的真相而产生误会、偏见和对立情绪。检查完成未发现问题时，应对他们的配合表示感谢，对耽误的时间表示歉意。

4. 保持物品完整。如果需要将可疑人员带离现场时，应注意不要遗漏其所携带的物品。这样做既是获取证据的需要，更是对受检查人的负责与尊重。同时，应尽量保持物品的完好，尽量不损坏、不玷污，以免造成当事人和不明真相群众的不满。

5．约束行为恰当。对犯罪证据确凿者，可视其情节和有否反抗能力，决定是否加戴戒具或实施其他强制手段。不宜无视对方的年龄、性别、体力等情况滥用强制措施；非因工作需要不宜将加戴的戒具暴露于明处。带离现场采取必要强制手段的，应尽量迅速、掩蔽，不惊扰他人，减少影响。一般对初始拒绝接受检查者，应明确告知其有关法律法规，对仍予拒绝的，才依法采取强制行动。

二、巡逻盘问礼仪

（一）不随意盘查

民警在进行人员盘查和物品检查时，应严格依法办事，文明执法，不搞主观臆断，不随意盘查路人，不随意指责他人。在盘查可疑人员过程中，要做好充分有效的防备，同时要尊重对方的人格尊严。

（二）告知其权利

在处罚违反治安管理行为人时，民警应先向行为人敬礼，再指出其违法行为的事实，说明违反的条款和应受到的处罚，并请其配合接受处理，同时应告诉其有申诉的权利和途径。

（三）排疑速放行

对经过盘问后排除疑点的人员，警务人员应即刻予以放行，不得因被盘问人态度不好等问题而吹毛求疵，任意拖延。

三、消防监督检查礼仪

（一）警容严整先敬礼

执行消防监督检查的现役人员，应按规定着装，保持警容严整，检查时先向被检查单位的有关负责人致举手礼，出示《消防监督检查证》，报明本人单位。

（二）服务为主多指导

需要查询有关资料或启动消防设施时，应严格注意安全和保密性，并尽量维护其正常的工作、生产、经营秩序。应坚持实事求是的原则，以防火效果为标准，不追求不切实际的防火设施，不搞统一模式，不提过分要求。对因地制宜、因陋就简开展有效防火安全工作的，应予积极的支持和指导。

（三）充分协商重整改

发现火险隐患时，应以对其负责的态度和口吻，提出整改要求或发给整改通知书。比较明显、易于消除的，可立即进行现场纠正，不宜只顾批评，一味地指责。当与被检查单位意见不一致时，应认真听取对方的解释，尊重对方意见，充分协商研究，以达到消除隐患的目的。对于暂时难以解决的问题，要认真同单位负责人和相关技术人员研究临时措施，并随时进入现场核查，保证安全。切忌主观臆断，以权压人。

（四）教管并用重效果

依法对在安全防火工作中存在违法、违章等问题的单位和责任人进行处罚时，应向被处罚单位（个人）说明有关违法事实及触犯和执行处罚的法律、法规条款。同时，应积极真诚地进行防火安全宣传教育，尽量使其从思想上接受教训，从行动上服从处罚，努力减少抵触情绪。

四、边防检查礼仪

在边防检查中推广礼仪，有助于提高边检工作人员的素质，进一步提高边防检查服务水平和服务质量，树立良好的国门形象。企业是以经济利益至上，边检工作则更加注重的是政治利益，通过边检工作来体现国家的对外政策。边防检查工作具有管理属性、服务属性和涉外属性，决定了边防检查工作礼仪与其他单位、其他行业的礼仪不同，有其独特的特点，也就是边检工作礼仪涵盖的内容更广，要求更高。在改革开放的今天，国家经济利益与政治利益紧密相连，息息相关，密不可分。边检工作礼仪要服从国家经济建设大局，服务于经济建设大局。

（一）人员边检礼仪

1. 验证迅速，要求合理。在正常情况下，检查一名旅客应在 45 秒内完成；遇有手续不符等问题，检查站最迟应在 30 分钟内作出决定。核对证件照片时，可提出合理要求，如对戴口罩、墨镜、围巾、帽子等人员，请其摘下，但要求不宜过分。

2. 按章操作，讲究礼节。应严格执行边防检查中的有关规定，对外国国家元首、议会首脑、政府首脑、部长及其率领的代表团成员，我国党和国家领导人、中共中央、国务院各部（委）主要领导及其率领的代表团成员及上述部门接待的重要贵宾给予特殊礼遇，集中审验护照和其他旅行证件。

3．遇错究因，提供方便。出境、入境人员证件签发错误时，检查人员如果辨明是签发人员的差错所致，可以登记放行。对可能影响出境后旅行的，应提醒其回签发证机关改正。对来自边远地区和有特殊情况的旅客，可以让其到口岸所在地出入境管理部门、外事部门联系办理，并告之联系的地址和方法。

4．尊重人格，妥善处置。需要进行人身检查的，应严格执行审批程序，并由与受检人同性别的两名检查员实施检查。对扣留的中国护照、证件等，应该妥善保管，不污损，不遗失。

（二）行李物品和货物边检礼仪

1．宽松有序，检查公开。通常情况下，检查站对出境、入境人员携带的行李物品和交通运输工具载运的货物只做一般性例行检查，在需要时才有重点地进行详细检查。在实施检查时，应当要求物主或物品的承运人到场，当面进行。

2．翻动谨慎，损坏赔偿。检查中要爱护旅客的行李物品，轻拿轻放，注意清洁，尽量不要翻乱。对高档物品（如家用电器等）要注意检查方式，不要随便摆弄，也不要随便拆卸，需要时可请旅客协助打开，防止损坏，如有损坏，要及时报告，按价赔偿。

3．问话适宜，谢绝礼物。在盘问时，要注意问话的方式，对旅客的私生活不宜多问，对旅客的生活方式不作评论，不讲无关的话。尽量讲普通话，语言简洁明了。对旅客赠送的物品或小费等应礼貌地谢绝。

4．灵活处理，多作请示。检查过程中，遇旅客拒绝检查的，应问明理由，具体对待。理由正当的或有特殊情况，一般应请示领导再作处理。

（三）交通运输工具的监护

对出入境的交通工具进行监护时，监护人员发现有可疑情况的，应严格执行有关规定，同时进行法规宣传。在推迟或阻止交通运输工具出境、入境期间，检查站应安排人员迅速查明情况，及时作出处理，尽量不延误交通运输工具的行期。

五、涉外检查礼仪

对外籍可疑人员检查时，一般应在事实初步清楚的情况下，严格依照法律程序执行。对其态度要不卑不亢，既义正词严，又尊重人格，不傲慢轻蔑，也不过分拘谨。要在讲究方法的前提下严格检查，不得在事实不清楚、证据不确凿的情况下，轻易采取行动。可疑人员中既有外国人又有中国人的时候，应一律平等相待，不应有任何偏袒表现。

（一）尊重外交特权和豁免权

在查处境外人员违法违章案件中，对经过身份确认享有外交特权和豁免权的外国人，警务人员在准确记录其真实身份和违法违章事实、收集有关证据的同时，依法给予其应有的特殊待遇，并及时报告领导，通过外交途径解决。

（二）对特权人员即刻放行

处理涉外交通违法违章案件时，对悬挂外国国旗的国宾车辆交通违章时，一律不得令其停车纠正；对悬挂使领馆号牌的车辆违章以及享有外交特权和豁免权外国人的交通违章，情节轻微或一般的，一律不得令其停车纠正，可按涉外正常的抄报程序进行处理；对违章情节严重的此类车辆，可令其停车纠正后按涉外正常的抄报程序进行处理，然后即刻予以放行，不得暂扣驾驶证或进行当场处罚，更不得扣押车辆。

（三）不宜当场处罚

如果违法违章的外国人没有出示中华人民共和国外交部签发的享有外交特权和豁免权的有关证件，而且本人没有事前作任何声明的，警务人员可以视为一般外国人进行处理，但不适用当场处罚，应开具法律文书告知其在规定时间内到指定地点接受处理。对不享有外交特权和豁免权外国人的交通违章或中国驾驶员驾驶的车内乘员享有外交特权和豁免权的外国人的交通违章，发现后应及时纠正，并开具法律文书，告知其在规定的期限内到指定的公安机关接受处理，一般不在现场扣押证件、车辆或当场处罚。

（四）不宜请现场群众作翻译

处理涉外交通事故现场时，如语言交流上有障碍，警务人员应尽快请有翻译能力的民警到场，不宜随便请现场群众作翻译。在担当翻译任务的民警未到之前，应礼貌地请其在执勤车内或较隐蔽的地方稍事等候或休息。用手势交流时，应考虑到有些国家的手势和我国的手势所表示的意义不尽相同或截然不同，应格外注意，防止产生误会。

（五）尊重宗教信仰和风俗习惯

普通外国人在街面上违反城管执法、工商管理、环境保护、市容卫生等法规，警务人员应协助有关部门予以劝阻、教育为主。对有必要作进一步处理的，要即刻报上级部门妥善处理。需要指出的是，在处理涉外案件中，还要尊重外籍违法行为当事人国家的宗教信仰和民族风俗习惯，严禁与其发生不必要的冲突，以免影响我国在国际社会上的声誉，以及与当事人国家之间的关系。

第四节　接警、处警礼仪

接警、处警是公安机关接受群众报警，询问并登记案件或事件，然后按工作预案和上级的指令，依照规定的程序，对案件或事件进行先期处置的活动。接警、处警是公安机关履行打击犯罪，服务群众职能的重要组成部分，是公安机关快速反应能力、维护治安能力和为人民服务水平的直接体现，需要讲究必要的礼仪。

一、接警礼仪

（一）接警文明用语

1．当群众上门或电话报警时，首先应该说："您好，我是××（单位）民警××，请讲。"然后主动引导报警人讲清案由、事件、地点等要素。通话中一般应使用普通话，对使用英语报警或求助的外国人，应安排通晓英语的民警接听电话。用语要准确、简练，态度要热情、客气，不得训斥和刁难报警人。

2．当报警人焦急、紧张时，接警员应适当加快速度，从情绪上与之沟通和接近，并用"请不要着急，我们会通知民警尽快赶赴现场"，"请不要紧张（害怕），民警很快赶到"等语言，使报警人得到安抚。

3．当报警人难以正确表述时，可适当加以引导，用"您讲的情况我已大致了解，还有××情况请你再讲一下好吗"，"关于地点再核实一下可以吗"等语言进行问询。如果报警人对询问不耐烦时，应告知其只有准确报警，公安机关才能正确处警。

4．当报警人重复报警或催促时，应耐心和蔼地答复，可用"我们已经通知民警马上就到，我可以再催一下，请放心”，“民警正在前往途中，很快就到”等语言回答，不应表现出不耐烦的情绪。

5. 当接到非当事人的报警电话时，应主动说：“谢谢您！”切忌用“你是怎么知道的？你提供的情况准确吗”等责问的口气询问，避免挫伤群众的积极性。如报警内容确不清楚，应用协商的口吻，如“请您协助我们再了解清楚些好吗”。

6. 当接到群众紧急求助的电话时，接警人员应千方百计帮助群众排忧解难，用“不要着急，我们马上派民警来帮助您”或者“我们马上通知有关部门处理”来回答。如对公安机关职责范围以外不需要派警处置的求助，应告知求助人向求助事项的主管部门或单位求助。同时，接警员还应当及时将报警求助电话转到相关单位处置。应说“很抱歉，这个问题不属于公安职责范围，但我们可以为你移交或配合有关部门帮助解决，同时也请你向某某部门求援”。如有必要，应向对方说明不能解决的原因。

7. 当接到群众咨询电话时，应当热情周到地为群众解答或介绍可回答咨询内容的其他行政部门。介绍时可以用“对不起”、“很抱歉”等作开头语，并用“请您向××部门咨询”等话作说明，同时告知其部门的地址、联系电话、办公时间等。

8. 当接到语言粗鲁、不礼貌的报警电话时，应告诫对方：“请注意语言文明。”对仍故意捣乱的，接警员应做到激不发怒，骂不还口，用“这里工作繁忙，请不要妨碍我们工作”回答，然后即可挂机，不要与对方纠缠。

9. 对打错电话者。应礼貌告知对方“这里是110报警服务台，您打错电话了”。对小孩玩耍多次拨打110的，应告知对方：“小朋友，这里是110报警服务台，没有紧急事情不要拨打报警电话，影响群众报警。”也可设法告知其家人阻止。

（二）接警忌语

接待报警群众或报警电话时，不准使用的语言主要有：这事情与我们无关；这事不归我们管；你事情搞不清楚还打什么110；这小事情打110有什么用；你吃饱饭了没事做；你这个人有病吗；我们没办法，你自己去想办法；你耳朵有毛病；讲不清楚就不要报警；不是告诉你了吗，还打电话干什么；花点钱不是就解决了吗；民警不是什么都管的，像这种电话少打；急什么，民警飞过来还要时间呢；我们忙得很，又不是为你一个人服务等。

二、处警礼仪

（一）处警基本礼仪

1. 精神振作，行动迅速。处警必须有民警参加，不允许警外人员单独处警。处警民警必须警容严整、精神饱满，随其处警的社区保安队员也应着装规范。接到报警或处警指令后，以最快的速度做好处警准备工作，在最短的时间内赶至案（事）发现场。

2. 处警装备，齐全有效。根据案件或事件的不同性质、情况，民警必须携带相应的装备，包括交通、通信设备，警械、武器设备，抢险抢修、救援勘查设备等，并保持各种设备的完好有效和出警车辆的整洁。齐全完好的装备是对人民群众生命、财产安全的保障，也是对违法犯罪行为的威慑。

3. 保持神情镇定自若。在对各类案件或事件、事故的现场处置中，民警镇定的神态是对群众的最大安慰和有力支持。面对诸多复杂、多变的因素，应以稳定的心态沉着应对，感染和鼓舞群众与违法犯罪行为作斗争。

4. 现场移交操作规范。作为公安队伍内部礼仪，在现场移交案件或事件时，交接双方应相互行正规的举手礼，再按规定进行案件或事件移交。

5. 服从需要克服困难。在处警中，遇现场情况险恶或异常肮脏等环境时，民警应克服困难及厌烦情绪，不惧艰险，不怕脏臭，以群众的利益为重。同时在危险的情况下，民警要做好自身防护，避免发生伤残情形。

6. 密切合作避免扯皮。在处警中与参加社会服务联合行动的各部门和单位之间要保持密切联系，主动配合，平等对待，语气谦和，既不统包大揽，也不推诿、扯皮。

（二）处置一般纠纷

1. 平息事态。对各种纠纷均应做好先期处置工作，控制和平息事态后，能当场解决的当场解决；不能当场解决的，按规范程序转交有关民警处理；属于其他行政部门管理权限的，应告知当事人解决的途径与方法。

2. 刚柔相济。一般纠纷往往因小事引起，导致吵架、打架。民警在处置时应把握分寸，注意方式方法，既要严肃规劝，不任由事态发展，也不应以势压人，任意指责。

3. 得礼让人。当矛盾双方各执己见，相持不下，甚至对民警无礼时，民警要保持冷静，避开“火头”，始终针对主要矛盾果断处理。切不可抓住对方的态度问题不放，与之针锋相对，逞一时之快。

4. 公平合理。民警应耐心倾听双方的有序申辩，处理结果应取决于全面了解之后，即使确属一方过错，也应给其说话的机会，允许其申辩。民警的言语举止不能有偏袒一方的倾向，切忌主观武断、偏听偏信而过早下结论。

（三）处置治安案件或事件

1. 及时控制局面。先期到达现场的民警应严肃认真，动作迅捷，及时采取措施平息和控制事态的发展。了解案情时，要耐心专注地听取见证人或其他群众的陈述。

2. 执法程序完整。在当场处罚和教育工作中，民警应指明其行为违法的法律依据，同时，指出其行为的社会危害性，真正使其口服心也服。将肇事者或犯罪嫌疑人带离时，须先申明：“你（们）的行为已违反了《中华人民共和国治安管理处罚法》（或涉嫌违反《中华人民共和国刑法》）的有关规定，现在请随我们到××处，作进一步的调查处理，请配合我们的工作。谢谢！”对方有抵抗或其他不配合的行为，可采取必要的强制措施。将其带离时，要注意采取一定的保护措施，防止群众出于义愤围打肇事者、犯罪嫌疑人，或对方伤害群众，造成不良后果。

3. 取证用语文明。民警在向周围群众或见证人做必要的调查、记录时，应先敬礼再询问，言语做到“请”字开头，“谢”字结尾。对于知情而不愿意透露或有顾虑的群众，要宣之以法，晓之以理，引导其配合工作，同时也可根据实际情况安排合适的地方进行询问，切不可对群众或见证人冷言训斥、厉声责问。

4. 善待精神失控者。处置精神病人、醉酒人闹事或躺倒街面（场所）情况时，应注意行为不失文明，切忌态度粗暴。对待轻微精神病人或醉酒程度不深的人，尽量现场处理，请其监护人或单位负责人将其带回加以监护或教育；现场不能处理的，带至就近的派出所处理。对待严重精神病人或醉酒程度深的人，在不得以的情况下可采取必要的强制措施，但要注意安全，避免对当事人造成人身伤害。在无法与当事人进行语言沟通的情况下，不宜与之针锋相对，严禁对当事人进行侮辱性人身攻击。

（四）处置一般刑事案件

1. 先期处置慎行。先期到达犯罪现场的民警，其首要任务是组织力量保护现场，开展寻找证人等先期处置工作。进入现场必须小心谨慎，动作稳当，切不可乱动现场物品，以免破坏了现场痕迹或给受害方带来新的损失。同时要态度认真地听取和收集受害人、报警人、当事人对案情的陈述。

2. 保护受害隐私。等待现场勘查期间，现场先期处置应在保密的情况下进行。不宜妄加评论或散布案情。同时要注意保护现场群众的安全，避免受害人及其家属、亲友遭受二次伤害或节外生枝。

3. 安慰受害群众。先期处置的民警也应对受害人和当事人予以同情和安抚，如以“警方将全力侦破此案或严厉追究加害人刑事责任”的语言表明态度，对其进行适当的安慰。语言可不必太多。切不可表现松懈，摆出一副事不关己的态度。

（五）处置重大暴力性案件、突发性事件

1. 人民利益为重。对正在发生的重大暴力性案件、突发性事故的现场处置，民警应在听从指挥的前提下，临危不惧、挺身而出，迅速、有效地制止犯罪、排除险情，最大限度地减少人民群众生命财产的损失，不可在暴力和灾害面前躲闪不前或无所作为。

2. 安民利民为主。进行警戒、救人、调查取证、擒拿犯罪嫌疑人等行为时，应以尽量减少扰民为出发点；夜间工作应自觉减弱声响，行动迅速，不宜久拖；在居民区应主动减少影响，不应打扰无关的人；在公共场所及人多处应设法缩小范围，保持正常秩序。

3. 内部协同配合。在处置重大案件或事故中，往往是诸警种联合作战，因此各警种、各部门应以大局为重，听从统一指挥，相互支持，主动支援，协同作战。同时，要讲究内部礼节，切不可因局部利益或其他原因彼此相争。

（六）处理其他求助、救援事件

1. 尽己所能。对于群众上门或电话求助，民警首先应认真接受（听），在保证紧急事件得到迅速解决的前提下，尽量缩短报警电话的占用时间。能解决的通知有关单位、部门给予处理，不推诿、不拖延。具体帮助时，要热情周到，以礼待人，不可摆出一副施惠者的姿态，傲慢自居。

2. 减少损失。在出警处置群众求助和救援事件时，应视其需要采取措施，尽量减少破坏性损失。如必须对现场物品进行破坏，应做好必要的解释工作，并进行修复或委托修复工作。物品主人如不在现场，更应补充解释，落实修复，避免引起误会和不满。

3. 妥善处置。对不用出警的电话求助，应详细告知和耐心教授其解决的办法；对不是业务受理范围内或无力解决的事，应耐心做好解释工作，同时应向其提供可解决求助事项的途径、方法。

第五节 侦查礼仪

侦查是公安机关依照法律和国家赋予的权力，运用各种侦查手段、措施，为查明案情收集证据，揭露、证实、查缉各类犯罪活动的一项专门工作。虽然这项工作是公安机关的重要职能，具有许多特殊的权力和秘密性，但讲究文明办案仍是不可缺少的。

一、现场勘查礼仪

（一）生命第一，及时抢救

在现场如发现有人生命危急，无论是被害人还是加害人，均应及时组织抢救。并注意采取监护措施，防止发生意外。同时，要迅速排除险情，疏导交通，尽快恢复现场周边地区正常的工作和生活秩序。

（二）规劝围观，言行适当

划定保护范围后，负责现场保护的民警应禁止无关人员进入或滞留于现场。对与本案无关，却不愿离开现场的群众，应讲明情况，规劝离开；对经耐心劝说无效者，可将其带离现场，但语言宜文明，行动宜果断。

（三）规范用语，适当安抚

接警后勘查人员应以最快的速度赶到现场。应向现场当事人出示现场勘查证，并使用例行公务用语："我们是××单位现场勘查人员，请对我们的工作给予协助。"在工作中，对遭受违法犯罪行为侵害的事主，应持同情、严肃的态度，不宜习以为常，漠然视之，或嬉笑嘲讽。

（四）爱护现场公私财物

对现场的公私财物应注意爱护和保管，不得无故翻动、玩赏，不得无故损坏或使遭受侵害的物品再次污损，如有损坏，应予赔偿。特殊情况下，经征求现场事主同意，报现场指挥员批准，可对现场的某些物品进行分割、撬凿等破坏性勘查。勘查遗留的痕迹，应由民警在工作结束后予以清除或告知事主清除的方法。

（五）尊重群众风俗习惯

勘查现场时，对群众的生活习俗不宜妄加评论。特别在少数民族家庭和生活区进行犯罪现场勘查时，应预先了解其风俗习惯，在法律许可的范围内，不触犯他们的禁忌。如必须采取与其风俗习惯相悖或有冲突的工作方式时，应充分解释，耐心讲明其必要性，在事主应允的情况下进行，避免引起不必要的矛盾。

（六）尊重勘查见证人员

对按规定邀请的与案件无关、为人公正的见证人，应认真对待，虚心听取其提出的意见，并将这些意见写进现场勘查笔录里。勘验结束，请见证人在勘查笔录上签字或盖章时，应表示感谢。

（七）善后处理慎重负责

勘查结束后，不需要保留的现场，应请事主当面点清重要物品，履行必要的交接手续；需要继续保存的现场，在履行审批手续后，尽快勘验，及早解禁；带走勘验的物品，在用完后应及时返还原主。不需要保留的尸体，可以交其亲属处理，没有亲属认领的，公安机关按规定处理；需要保存的尸体，要做好死者家属或所在单位负责同志的思想工作，并妥善保存好。

二、搜查礼仪

（一）场所搜查

1. 进行必要宣传。搜查时应首先向被搜查人出示工作证和搜查证，或身着警服、出示现场勘查证。对当事人不理解或不愿配合的，应进行必要的宣传解释；对无理取闹、纠缠不清的，应向其阐明将承担的法律后果。不宜简单粗暴，任意行事。

2. 实行文明搜查。对已明确与案件无关的物件做到不乱翻、乱放、乱摆弄，经检查与案件无关的物品应放回原处，对易损易碎物品要做到小心轻放，不给被搜查人家属或者工作单位带来不必要的损失。

3. 管好暂扣押物品。对扣押的物品应详细开具扣押物品清单，并由其家属和见证人签名。对扣押的物品应妥善保管，对有争议的物品，应向当事人申明“如与案子无关，会尽快发还”。

（二）人身搜查

1．专业人员进行。对被害人、犯罪嫌疑人进行人身检查，须由侦查人员进行，或者在侦查人员的主持下，聘请具有执业资格证的法医或者医师严格依法进行，不得有侮辱被害人、犯罪嫌疑人的人格或者其他侵犯其合法权益的行为。

2．征得被害人同意。对被害人进行人身检查，应征得其本人同意，如果被害人不同意检查时，侦查人员应当耐心地进行说服教育，必要时，还可请其家属配合，做好被害人的思想工作，不得强制检查。

3．保护妇女权益。为了保护被害妇女或者女性犯罪嫌疑人的合法权益，体现对妇女的特殊保护，检查妇女的身体应当由女侦查人员或女医生进行。

第六节　安保礼仪

安保礼仪是指警务人员在各项安全保卫工作中，应该遵守的道德准则和礼仪规范。

一、安保礼仪基本要求

（一）精神状态方面

广大公安民警应牢固树立强烈的国家安全意识、职业责任意识、职业形象意识，以专注的职业态度、强烈的敬业精神投入到各项安保工作中，认真完成每一天的任务，认真做好每一天的工作，忠于职守，不辱使命。

（二）纪律作风方面

严格遵守“五条禁令”等职业纪律，严格遵守值班备勤、枪支管理、车辆管理等规章制度，严格遵守安保工作纪律、保密纪律、外事纪律，令行禁止，确保警令畅通。

（三）警容风纪方面

严格遵守、贯彻落实《公安机关人民警察内务条令》，各级公安机关及基层所、队办公场所保持环境整洁，内务管理严格；民警警容严整，姿态挺拔；大力推广警务礼仪规范，说话和气，言行得体。在各项安保工作中，做到着装严整、仪容端庄、举止大方。

（四）执法值勤方面

严格遵守各项勤务制度，严格遵循执法程序，熟练掌握本职岗位各项工作技能，确保优质高效处理各项安保工作中的各种问题。积极主动地发挥个人聪明才智，创造性地开展工作，确保每一项任务落到实处。

（五）社会形象方面

警务人员带着对人民群众的深厚感情从事执法执勤和管理服务工作，以文明、耐心、和蔼的态度对待群众，热心回应群众求助，积极为服务对象排忧解难。

二、常见类型的安保工作应注意的礼仪

（一）中外要人警卫工作

在警卫工作开始之前，应对警卫线路、现场及住地开展细致的基础调查工作。

警务人员在执勤过程中应做到仪表整洁，着装规范，举止文明，姿态良好，如有特殊的服饰规定，应严格遵守。

在警卫对象行经的路线、重点路口要加强文明管理，维护交通畅通有序和市容环境整洁。一般在信号车到达前5分钟，禁止非机动车和行人穿越警卫线路，以避免在保卫对象来临时发生蜂拥。一般在车队通过后即可恢复正常执勤。

在警卫对象经过执勤点时，负责维护交通秩序的民警应面对车队呈立正姿势向车队致举手礼或行注目礼，以示尊重；负责维护治安秩序的民警则应站姿端正挺拔地面对群众，随时注意发现和处理各种治安问题。

在线路或场馆进行警卫时，既要保证参加活动的外宾、首长的安全，还要注意保持对群众的态度友好、热情。需要管理和维护秩序时，不应大声斥责，而应礼貌说明。要用谦虚、谨慎的工作态度和方法与群众沟通，尽量避免与群众发生摩擦，从而有效保证警卫工作顺利进行。

（二）大型文体活动安全保卫工作

在大型文体活动的安全保卫工作中，警务人员首要任务就是要认真配合检票、物品检验等，在维护秩序的过程中，应文明用语，以礼待人。对群众的求助、询问应当热心帮助，认真解答。若出现险情应

立即排除或及时汇报请求支援。

大型文体活动进行之前，如有升国旗项目，在升旗时，场内的警察应面向国旗致举手礼。在节目进行过程中，警务人员应举止端庄，严肃认真，不能由于节目的精彩而随观众一起欢呼雀跃或随乐哼唱，任何时候尤其在大庭广众之下更应显示警务人员的规范行为。

（三）群体性事件的保卫工作

随着社会经济成分和分配方式的多样化，社会利益主体日益多元化，各种人民内部矛盾不断涌现，群体性事件频发，并呈现出许多新特点。虽然这些矛盾不是对抗性的，是国家、集体、个人在根本利益一致基础上的矛盾，但如果处理不及时或处理不当，往往容易使矛盾激化，甚至影响社会稳定。所以，警务人员在群体性的集会、游行、示威活动的保卫工作中，须更加严格要求，谨言慎行，不轻易发表意见，不任意处理矛盾，以免引起事态的扩大。

第七节　信访礼仪

信访，是人民群众通过写信、打电话或直接走访的方式，向公安机关或其他机关、团体和社会组织反映个人或集体意愿的一种社会活动。信访工作是公安机关密切联系人民群众的桥梁和纽带，是公安机关接受群众监督的重要渠道，也是公安机关依靠群众、加强治安管理和促进公安队伍建设的一个重要方面。因此，负责信访工作的警务人员应该讲究信访接待时的礼仪，树立正义性、纯洁性、公正性的警务形象，以维护公安机关的良好形象，改善警民关系，维护社会稳定，促进社会和谐发展。

2005 年 8 月公安部发布施行了《公安机关信访工作条例》，其中对信访工作机构及职责、信访事项的管辖、信访事项的办理、信访事项的督办、法律责任等作了明确的规定。信访接待礼仪要求除了遵守一般接待礼节之外，还应遵守一些特殊的要求。

一、信访礼仪

（一）设立专门的接待地点

设立专门的来访接待室主要是为了方便来访者，所以一般应设在易于找到又不太明显的地方，并在大门入口处悬挂指示牌，在门上也要悬挂醒目标志。在接待室内应张贴有关信访的各种规定，如注意事项和纪律等，形成一种严肃庄严的气氛。接待室应保持干净整洁，还应易于保密。如果受条件限制没有专门的招待室，遇有来访者，接待人员应将其带到一个比较安静的地方（如会议室等），然后进行交谈，以免人多使来访者不敢畅所欲言。若来访者流量较大，则应当将接待室分隔成单间，以免不相干的来访者相互干扰。

（二）有专门的接待人员

对于所有的来访者，都应安排专人接待。任何时候，都不能对来访者不理不睬，甚至冷嘲热讽。如果自己有事暂不能接待来访者，应当安排其他人员接待，不能让来访者坐冷板凳。接待时要神情专注、认真耐心倾听来访者的叙述，并做记录，以示重视和关心。对于某些情绪不稳或喋喋不休的来访者接待人员应有充分的思想准备，可使用同情、理解性语言予以沟通，辅以安慰，耐心引导，切忌产生厌烦情绪。

（三）有为人民排忧解难的态度

对来访者所提的问题，不能不信，也不可偏信。不能不回答，也不可乱作答。不可以含糊其辞，也不可以随便代表领导承诺。对确实难以回答的问题，要向来访者说明拟处理的方法和程序，让对方放心、满意。如果一时不能作答，也可约定时间再与来访者联系。但对能够马上答复的或立即办理的事，应当场答复，迅速办理，不要让来访者无谓地等待或再次走访。这有利于体现公安机关的工作效率，从而给人民群众留下良好的印象。

接待时可先告知来访者应讲述要点，无关紧要的情况尽可能少说或不说；谈话中可作必要提示，启发其讲出心里想说而又表达不清的话，如有必要，也可以让其写成书面材料反映；当其偏离话题时，可以婉转告诉来访者，因人员较多，请尽可能把问题讲得简洁明了。对态度比较极端、带有明显对立情绪或有闹事倾向的来访者，应保持以礼待人的态度，语言文明简洁，语气稳重果断，说理透彻有据，措辞恰当完整，切忌采用生硬的方式或判决的语气。

最后，接待人员不可贸然结束谈话，如正在接待来访者，有电话或有新的来访者，应尽量让他人接待，以避免中断正在进行的接待。

（四）有专门的接待程序

接待来访遵守正规的接待程序，才能表现出公安机关对人民群众意见的重视。

来访者到达时，接待人员应当面带微笑起身相迎，并主动招呼、握手问候，请来访者入座。先问清来访者的姓名、工作单位、家庭住址、身份、有无证件等，然后询问来意及要反映的主要内容。在来访者反映问题时，态度要亲切自然，耐心听取反映并做出必要的记录，听不清楚的，应有礼貌地提问；应把记录的要点向来访者复述看是否有误，必要时可请对方签名或进行核对，但不可误导对方，一般不下结论，只告诉来访者听取回音的时间、途径和方式。在接待的整个过程中切忌居高临下的态度和轻蔑厌烦的情绪。来访者告辞时，应起身相送，主动道别。

在一次来访结束时，负责接待的警务人员应注意以下细节：

1. 不要贸然结束来访。一般来说，接待来访总要等来访者把话都说完，并讲清楚上访的目的以及对解决问题的要求后，才能将接待工作告一段落。在来访者还有话要说时，接待人员就来个“紧急刹车”，这是不合礼仪的。

2. 该问的话必须问清楚。在来访结束前，接待人员要对来访者说一些安慰性的话，告诉来访者要相信组织，不要焦急。对一些情况较复杂的问题，接待人员还要向来访者讲明，在经过调查之后，一定会给来访者回音的，希望其耐心等待，以此平息来访者的不安和过激情绪。

3. 来访者告辞时，接待人员应当起身相送。对于年老体弱的来访者，应送至门口；对于不熟悉交通路线的来访者，要给他们讲清楚乘车的路线。

（五）遵守信访礼仪的基本原则

信访工作是群众工作，其基本原则是：以事实为依据，以党的政策和国家的法律为准绳，坚持执行礼仪的原则，坚持及时办理的原则。

1. 以事实为依据，就是要求信访人员要切实弄清事实真相，实事求是。弄清事实的真相，是为之正确定性的基本前提，也是依照法律、政策处理问题的基础。

2. 以党的政策和国家的法律为准绳，就是要求信访人员自觉成为政策和法律的体现者，在信访工作中坚持原则，不偏不倚，维护党纪国法，敢斗歪风邪气，而不感情用事，不偏袒，不护短，不欺软怕硬。

3. 坚持执行礼仪的原则，就是要冷静对待各种走访人员，坚持问好、微笑、让座、倾听、道谢等礼仪规范。对反映的问题要有记录，对需要反馈的，要守时守约，做到诚信，守约，礼貌待人。

4．坚持及时办理的原则，就是对人民群众要及时接待，及时对话，对问题及时解释，及时处理，及时反馈。及时办理会缓解矛盾，化解群众的不稳定情绪，争取工作的主动权。

二、信访接待中的特殊情况处理

（一）说服来访者时应注意的礼仪

在接待来访者的过程中，如果事情的真相基本搞清，是非也基本分明，但其结果却没能为来访者所接受。在这种情况下，说服来访者时应注意以下细节：

1．在说理方式上，宜多采取“商量”的方式。一件同样内容的事，有时可以用不同的方式去表达，如果能多采取“商量”态度，将会给对方一种尊重感，使人听了入情入理，如“我们的意见是这样，不知你是否有不同看法”？

2．多用“沟通性语言”和“安慰性语言”。来访者和接待人员之间，实际上也存在着一种感情交流，接待人员如能以“沟通性语言”和“安慰性语言”来说服来访者，便能使来访者在感情上与接待人员互相沟通，并从接待人员那里领受到感情的温暖与力量。

3．态度要谦和。在说服来访者时，接待人员如果简单地采取“打发”的姿态，往往会使来访者内心深感失望，也会使其对公安机关的工作作风做出“门难进、脸难看、话难听、事难办”的消极评价。所以，说服来访者的基本做法，应当是“入情”与“入理”的有机结合。

在做信访工作时，接待人员可能会因工作的疏忽出现失误，这时要掌握道歉的礼仪。不论是小的误解纠纷，还是突发性的大事件，一旦发现自己的言行有损于公安机关形象，或有损于警察公共关系的精神，应主动道一声“对不起”。当我们道歉时，态度要真诚，要发自内心去表达歉意，决不可敷衍了事。不可为了面子，明知有错却不承认，从而给人民群众留下恶劣的印象。

（二）遇到无理取闹的来访者应注意的礼仪

在来访者中，有极少数是属于无理取闹的。明明道理不在他这一边，明明有关部门对他所反映的问题早已有了结论，但他就是不罢休，想靠“闹”来达到个人的某种目的。遇到这种来访者，接待人员应该注意以下细节：

1. 理直气壮。在无理取闹的来访者面前，接待人员必须要保持应有的气度，决不能畏畏缩缩。否则，无理取闹的来访者就可能误认为是有机可乘，反而会得寸进尺。但是，接待人员要注意说话的方式方法，语气要和缓，措辞要得当。应该坚持的道理一定要坚持，对无理取闹者纠缠于细节问题，则最好置之不理。

2. 动之以情，晓之以法。对于无理取闹者接待人员不能采取以牙还牙或“对着干”的办法，应该讲明政策，说明利害。同时，还可以告诉无理取闹者，扰乱公务是为国家法律所不容的，情节严重者，还要受到法律的制裁，应警告当事人不要触犯法律。

3. 及时与有关部门取得联系。如果无理取闹的来访者屡经劝说仍无动于衷，甚至将“闹”的方式不断升级，接待人员要及时与有关部门取得联系，以共同采取必要的措施。在某些特殊情况下，也可使用高声大喝，犹如“击一猛掌”的做法，以使当事人清醒，但同时又要注意防止事态的扩大。

（三）处理信件、电子邮件、传真方式的信访应注意的礼仪

在日常生活中，人民群众经常通过信件、电子邮件和传真的方式，对领导干部及其工作提出意见和建议，或者反映自身的疾苦与碰到的各种问题。处理好群众的信件、电子邮件和传真，是各级公安机关坚持“全心全意为人民服务”宗旨，密切联系群众的一条重要纽带。

处理信件、电子邮件、传真方式的信访礼仪，主要有以下细节：

1. 及时予以处理。即按规定程序及时处理，如果是电子邮件，要回复对方“邮件已收到，请耐心等待回音”。有的群众在信件或邮件中流露出一些不正常的情绪，应与有关部门共同商量。采取迅速稳定对方情绪的措施，以防发生不测。

2. 不能拖而不办。如需要转交其他部门处理时，应迅速告诉反映者信件或邮件已转交何部门，该信件或邮件的编号是多少，怎样去向该部门询问等。采取一转了之，是不合礼仪的做法。

3. 注意保密工作。如信件、邮件或传真是揭发某个问题的，切不能把反映人的姓名、地址等信息随意公开，更不能把所反映的内容转交给被揭发的当事人。要向反映人了解情况时，采取何种方式，约定哪个地点，最好都要先征得反映者的同意，或者双方共同约定。

4．必须谨言慎行，解决群众所反映的问题，贵在落到实处。切不可乘人之危对他人作任何暗示，如索要财物、提供某种便利等。警务人员因工作的特殊性，往往掌握着一些国家机密。警务人员切不可在使用网络这种极易广泛、迅速传播信息的交际渠道时掉以轻心，泄露机密。因此，必须谨言慎行，不可把国家机密当成自我炫耀的资本加以传播，要避免在网上谈及与自己所知机密相关的话题，更不可故意泄密。

警务人员在使用网络时，应禁止下列行为：非法盗用他人的 ID 与密码；中伤、诽谤他人；侵害他人隐私；妨碍其他网络系统；触犯法律、法规；宗教、政治方面的劝诱；违反社会公德。

（四）电话信访的礼仪

近年来，人民群众以电话方式来对警务人员进行监督，反映、投诉问题的情况逐年增多，警务人员在接听人民群众以电话方式信访时，应注意以下细节：

1．各级公安机关都应设立专门的监督电话，并指定专人负责值班接听。监督电话的电话号码和值班时间，应通过媒体向社会公布。

2．建立健全监督电话岗位责任制。要确保在规定的时间内有人在岗值班，保证监督电话这一渠道有名有实，畅通无阻，不要使之形同虚设，始终处在“通话”或无人接听状态。

3．接听监督电话时，应采用文明、礼貌的语言，保持热情、友好的态度。在开始通话时，即应对打来电话者表示欢迎。在结束通话时，不要忘记对对方表示道谢。在语言、口气、态度上，均不得失礼于对方。

4．接听监督电话，务必要认真负责。可解决的问题，应当场解决，不能拖延时间。暂不能够解决的问题，应做好记录，并告诉对方今后与之联系的方式，或大致可以做出答复的时间。要使对方真切地感受到，他是受欢迎的，被重视的。

5．人民群众通过非监督电话打来信访电话时，值班人员同样应热情欢迎，认真接听。如不属于自己权限之内的问题，可介绍对方去找具体负责部门，或代为转告，但不得借故不理不睬，挫伤人民群众的积极性。

【典型案例】

案例一

上海闸北袭警案

2008年7月1日9时40分许，犯罪嫌疑人杨佳，持刀闯入上海市公安局闸北分局，用刀连续捅向多名民警和保安，6名民警送医院抢救无效牺牲，另有3名民警和1名保安受伤。

据案犯罪嫌疑人杨佳陈述，他对上海闸北警方的仇恨，源自涉嫌偷盗自行车一事。

2007年10月5日晚，杨佳骑一辆无牌无证自行车途经闸北区芷江西路普善路口时，闸北分局芷江西路派出所巡逻民警盘查，因其拒绝出示身份证件和提供所骑自行车来源证明，造成市民围观、影响交通，被带至派出所作进一步调查。

在查清杨佳真实身份及自行车是租用等情况后，尽管杨在盘查询问过程中一直不予配合，且多次辱骂民警，阻碍民警正常执法，但民警还是对其进行耐心教育后予以放行。事后，杨多次通过信访件、电子邮件等形式，向市公安局和闸北公安分局督察部门投诉，并提出开除相关民警公职、赔偿其精神损失费的无理要求。

盘查现场录音重现：

在一段嘈杂的喇叭声后，开始了带着上海口音的中年男子（民警）声音与操京腔的年轻男子（杨佳）声音的对话。

民警：小伙子，请你停车接受检查！

杨佳：马路上这么多人，为什么你单单挑我？

民警：我们一个个来，请你下车接受警方的调查，出示你的自行车凭证。

杨佳：这车我租的。

民警：请拿租车凭证交给我，你拿着纸这么远，我能看得见吗？

杨佳：你看不见执什么法啊？

民警：请你把车子靠靠边！

杨佳：你这个执法为什么查我？

民警：那你有没有义务告诉我你叫什么名字？

杨佳：你有什么理由耽误我的时间？

民警：大家相互尊重点吧！

杨佳：你不要说什么叫尊重！尊重什么？

民警：在法律的前提下，请你配合检查！

杨佳：法律有哪一条规定可以限制我的人身自由？

民警：那你有没有义务告诉我你是什么地方人啊？

杨佳：没有。

民警：你有没有义务告诉我你叫什么名字啊？

杨佳：你没有理由占用我的时间。你有什么理由在这占用我的时间？这是法律规定的吗？你把法律拿过来，你会背！你就这样子限制我的人身自由，你有什么理由？

民警：这叫相互尊重。

杨佳：你不要说这个。你别说什么相互尊重，什么叫相互尊重，尊重什么？

民警：在法律的前提下……

杨佳：法律？什么叫法律？你还敢跟我说法律，法律哪一条规定你临检无缘无故要这样地抢我的证件。你怎么可以限制我的人身自由？

民警：你不要吵。有什么事情你可以说，你认为我有什么不对的可以……

杨佳：你当然有不对，你看那，1342，你给我说说看，你为什么要当着这么多人的面查看我的证件，限制我的人身自由？你为什么谁都不拦，就拦住我一个。你也没有理由……

对此案看法：人民警察首先应当亲民，确立执法为民的信念，树立执法公正、高效的形象，建立警民之间的和谐关系。这是警察执法获得人民群众支持和拥护的前提，也是减少暴力抗法袭警事件的途径。在当前暴力袭警事件频频发生、引起社会高度关注的背景下，应注意防止警察滋生与执法相对人的对立情绪。

案例二

“手铐罩”彰显执法理念进步

南京市公安人员在拘捕一名犯罪嫌疑人时，给他戴上手铐的同时，还在外面加了一个手铐罩，使其在熟人面前“留点面子”，这是南京市公安推行人性化执法带来的新变化……以前拘捕犯罪嫌疑人时，警官不管三七二十一，见了就抓，抓了就走。现在新规定要求，抓捕犯罪嫌疑人时要顾忌是否有老人和孩子在场，以免惊吓老人或影响未成年人成长。此外，要尽量给犯罪嫌疑人留点面子，少搞警笛呼啸，大张声势，以使他们将来更好地回归社会，重新做人……”

南京警方抓捕犯罪嫌疑人时要顾忌是否有老人和孩子在场，以免惊吓老人或影响未成年人成长的做法，尤其值得称道。人的心理是复杂、微妙、脆弱易受伤害的，心理一旦受到伤害，甚至会影响一生。当着老人、孩子的面抓捕犯罪嫌疑人，会对老人尤其是孩子的心理造成什么样的影响，不言而喻。且不说不利于老人、孩子的心理健康，恐怕还会使他们自觉不自觉地产生仇视社会、对抗社会的心理。如果抓捕犯罪嫌疑人有所“顾忌”，这些问题就迎刃而解了。

有一次，南京警方要抓捕的犯罪嫌疑人正在产房里守着生孩子的妻子，为了不使其妻影响分娩、心理受到伤害，决定不马上抓捕，将医院死死看住，等犯罪嫌疑人的妻子生完孩子，犯罪嫌疑人出来后再抓捕。犯罪嫌疑人事后得知警方的良苦用心，深受感动，当即表示要主动交代其罪行，好好改造，重新做人。试想，假如当时警方冲进产房去抓犯罪嫌疑人，会对犯罪嫌疑人及其妻子产生怎样的影响？恐怕除了可能造成分娩事故等意外外，还会使他们产生仇视、对抗社会的心理。

执法，一方面要严肃、威严，另一方面也要合乎情理，追求人性化。南京警方从细微处入手，大力改革，兴利除弊，执法人性化，实乃执法理念的一大进步。

第六章　警务人员面试礼仪

我国公安机关考录公务员以及竞聘上岗选任领导干部通常采用考试方式进行。考试主要由笔试和面试两部分组成。面试方式通常为结构化面试或无领导小组讨论。无论是结构化面试还是无领导小组讨论，均对应试者在礼仪方面有严格的要求。本单元重点探讨面试过程各个环节中的礼仪问题。

第一节　面试前的礼仪

在越来越激烈的竞争中，面试已成为用人单位招聘和提拔人才采用的一种普遍形式。无论是参加公务员考录还是领导干部竞争上岗，应试者都不可忽视礼仪。我们也许很难改变一个人的思维，但可以通过职业化训练改变一个人的行为习惯，养成良好的礼仪，从而影响考官对面试者的认识与判断。

一、面试的考量要素

面试，就是当面考试，在不到 20 分钟的时间内，应试者通过自己的综合表现获得考官给出的一个量化的分数。谁懂得礼仪，谁就容易拿到高分，谁就有可能最先通过。面试，在很多情况下是与面试考官最直接的“短兵相接”，一举一动、一言一行，都让面试考官尽收眼底。所以，面试礼仪是面试最为重要的一个环节，是面试制胜的法宝。

面试是对应试者的多方面素质进行综合测评，重点测试应试者以下内容：

其一，口语表达能力（是否清晰、明确、简洁、富有逻辑性）。

其二，应变能力（是否灵活、敏捷、快速、当机立断）。

其三，分析综合能力（是否善于条分缕析和归纳概括）。

其四，仪表、风度、举止（是否端庄、稳重、练达、得体、精力充沛）等。

二、面试前的形象准备

礼仪，首先是通过我们每个人的形象展示出来的。装饰门面，包装自己，不仅仅是面试前的那个早上才要做的事。细心的面试者，很早便开始装扮自己的形象了。

（一）形象包装

包装自己的理想效果是——的确精心修饰过，却看不出修饰的痕迹，也让人挑不出毛病。包装自己时要记住一点，服饰和装扮本身就是一种无声的自我介绍，有经验的面试考官可以从这里看出许多内容。例如，年龄、家庭状况、经济条件、教育程度、曾从事的职业；喜欢的活动，如跳舞、旅游、阅读、打球、政治、赌博；气质与风格：洒脱、忧郁、内向、开朗、主动、消极；人品、善良、诚实、正直、苛刻、虚荣、软弱、嫉妒。

平时，我们可以只顾及自己的品位，随着心情去追随潮流或自创风格，但在面试中，必须给自己定一根弦——“我要凭我的个人形象来赢得面试考官的首肯”。这时，一定要清楚自己的服饰和装扮所要表达的内容：诚实而协调地显示着自己的形象；表现着自己独特的个人品位；服饰和装扮与自己的气质相协调；服饰和装扮与自己的举止相符合；与气质、时间、环境、气氛相协调；别有风格而又自然大方；吸引面试考官的注意并让他心生好感。

（二）仪表风度

仪表风度是指应试者的体形、外貌、气色、衣着举止、精神状态等。仪表风度是公务员录用、竞聘上岗选任领导干部面试的一项重要内容。公安机关人民警察作为一支纪律部队，更是对礼仪有更高的要求。研究表明，仪表端庄、衣着整洁、举止文明的人，一般做事有规律、注意自我约束、责任心强。对仪表风度的具体要求是：

1. 穿着整齐、得体、无明显失误。
2. 沉着、稳重、大方。
3. 走路、敲门、座椅符合礼节。
4. 精力充沛。
5. 口语文雅、礼貌。

对仪表风度的测定没有专门的题目，而是由考官在整个面试过程中通过观察给应试者一个评定，所以就要求应试者在整个面试过程中保持始终如一的仪表风度。

（三）着装艺术

面试礼仪中，服装一定要选择符合自己身份的正装。例如，刚毕业的大学生参加公务员考录面试时，就不适合着西装，应该穿着符合学生身份的正装。

面试中，失败者的穿戴常常不合时宜。男士西装笔挺，却不打领带，脚蹬跑鞋，或一身牛仔；女士则可能身着短裙，T恤飘飘洒洒，脚下是一双起码5厘米的高跟鞋。也许，他们认为这样“靓丽”、“不俗”，却不明白，这一身穿着无异于在公共场面自我“曝光”——表明自己“不入流”并蔑视注重与周围环境协调一致的人——而这恰恰是面试考官不希望看到的人。

职业女性面试服装一般以西装、套裙为宜，这是最通用、最稳妥的着装。不论年龄，一套剪裁合体的西装、套裙和一件配色的衬衣或罩衫，会使女士看起来显得优雅而自信，会给对方留下良好的印象。袒胸露背一般是西方女士参加社交活动的传统着装，但在我国却不一定适合。不要穿超短裙（裤），不要穿领口过低的衣服；夏天，内衣（裤）颜色应与外套协调一致，避免透出颜色和轮廓，否则，会让人感到不庄重、不雅致，也给人轻佻之感，这是面试着装之大忌。

大量的成功面试实践表明，保守的穿着会被视为有潜力的候选人，会比穿着开放的面试者更容易被录用，国家公务员面试尤其如此。一位面试考官评论某位女性应试者说：“×小姐的着装，让我们很难接受她。她美丽活泼，衣着奇特，我认为她应该做演员或模特儿，而不适于国家公务员这一职业。”而这位女性应试者，她之所以如此穿着，可能只是选择的错误，她认为这样能表现自己，却忘了从面试考官的角度考虑穿着。

一般来说，面试考官评判面试者的服装的标准是：协调中显示着人的气质与风度的档次；稳重中表达着人的可信赖的程度；独特中言说着人的个性。

面试的着装是要郑重一点，但也不必为此而改变人们日常生活中一贯的形象。例如，如果从来不穿西装，大可不必为了面试而开创自己的一个新记录。要学会从过去的无数形象中选择和面试相匹配的形象。要相信自己的审美能力和身旁的众多“参谋”的审美眼光。

色彩是服装的重要的语言符号，无意中，面试考官就会被应试者的服饰的色彩语言所打动。

1. 红色。红色代表着热情、积极，它显示着人们的个性强烈，它表述着强烈的主观意识和表现欲望。面试考官习惯了沉闷的灰黑色，红色的感染力很容易打动他，令他振奋，印象深刻。但太浓烈的红色会使人有排斥的情绪。

2. 黄色。黄色代表着丰富的想象力和自我满足的倾向，黄色表达人的自省能力、思考、分析及沉默往往超越自身的行动力。寻求公关、秘书的女性着黄色服装，易被面试考官接受。

3. 绿色。绿色象征着平衡与和谐。绿色在表达着人的协调与理性，它告诉面试考官穿着者办事干练可靠。这是面试考官一般都可接受的色彩。

4. 蓝色。蓝色体现着宁静。蓝色表明着人的稳重和保守，蓝色亦在提醒面试考官“三思而后行”。所以，面试时尽量不要着蓝色服饰。

5. 粉红色。粉红色表现出随和、可爱、柔美，但它易给人轻率、圆滑、虚荣的印象。

冷色调是男士面试时的最佳选择，它们给面试考官留下的是沉稳、牢靠、坦诚、朴实、冷静和负责的印象。

女士除红色外可选择中性色彩，它们向面试考官传达的是亲切、善良、自然和大方的信息。

服装的款式又是另一种语言符号。面试中，着装的款式宜简练、朴素、不抢眼。服装的款式可分为“门面式服装”和“风格式服装”。“门面式服装”纯为包装自己以博取他人的好印象，所以适用于面试，如西装、套裙。但是，如果一款“风格式服装”，同样能尽显人的个性，又与面试的气氛相融合，又何乐而不为呢？

（四）面部化妆

面试中，脸部的化妆一定要淡而自然。因为一副浓妆无异于在向面试考官诉说着：“我没有自信，所以我要掩去我的本来面目。”

索菲娅·罗兰曾说：“在研究了我的银幕形象后，我开始发现我的外形太人工化了，如果我能尽量任我的脸形保持原来的形状，效果肯定好得多。所以，我停止变换发色的试验，尽量少用化妆品，因为在银幕上我越显得自然，就越能打动观众的心。”

舞台上尚且如此，在当今生活中我们更没有理由化浓妆。在面试中，不管考生是否着警服参加面试，都拒绝浓妆，因为它使人的脸部不自然，它破坏了人的面部表情，而一张脸最生动的地方就在于它的细微生动感人的情绪表达。不要让面试考官必须先努力看透厚厚的化妆才能捕捉到应试者的表情。

最好将面颊修饰打扮一下，让自己看上去健康、精神焕发。

眼睛是情绪交流的焦点，一双明亮而自信的眼睛必然会给自己的面容增色不少。所以，要注意修饰一下自己的眼睛，但不要露出修饰的痕迹来，切忌在眼睛四周描上黑而深的眼影。

合理地修饰嘴唇，可以达到一种效果，即吸引人的视线，而让其忽略自己面部的其他缺陷，即便是男士也不要干皱着嘴唇去面试，应该给自己的嘴唇涂一层婴儿油膏，让它有一定的润泽感，干巴巴的嘴唇会给面试考官一种仓促匆忙的感觉。嘴大、唇深的女士也可以效仿一下男士的方法。年轻的女性要慎用紫色口红，以防给面试考官血盆大口的感觉。面试前，最好把牙齿在牙科清洗一下，面试考官喜欢看到明亮的口齿。

可适当地注意一下鼻子。如果鼻子容易出油发亮，可略施淡粉。如果有粉刺鼻、酒糟鼻，最好提前到医院去诊治一下，不要让这些本来无关的东西影响面试的效果。鼻毛长的人，面试前最好要认真修剪，没有谁喜欢看到一个人鼻毛横行。

面试是传统化、保守而正式的，所以，不要把头发搞得古里古怪。

（五）杜绝饰物

有的人天性偏爱那些形形色色的小饰物；或者，有的人听信种种服饰小册子中赋予各种小饰物的意义，不论在任何场合，有的人总喜欢或一身真真假假的珠光宝气，或一身精灵古怪的特色服饰。但是，在面试中，最好杜绝饰物。

面试考官的目光是挑剔的，他总能从应试者的小饰物上看到种种拖泥带水的意味：若一身珠宝气，他就认为应试者有钱、好消费，用不着对工作热心；若招招摇摇，他会认为应试者太好打扮自己，而在工作上低能；若花枝招展，他会觉得应试者好引人注目，虚荣心强；若精灵古怪，他就想到应试者爱玩，不专注，工作上不值得信赖。一句话，只要戴上饰物，面试考官就有理由说三道四。

第二节 面试中的礼仪

面试是一场"游戏"，因为它有一定的规则；面试是一场战斗，因为它是应试者通往成功的必经之路。我们强调平时的礼仪训练，最重要的还是要通过面试过程中的各个环节展示出来。通常，面试时，礼仪是通过以下几个方面体现的。

一、时间观念是第一道题

守时是公务员职业道德的一个基本要求。在面试时迟到或是匆匆忙忙赶到是致命的。如果面试迟到，那么不管有什么理由，也会被视为缺乏自我管理和约束能力，即缺乏职业能力，给面试者留下非常不好的印象。不管什么理由，迟到都会影响自身的形象，这是一个对他人、对自己尊重的问题，而且面试往往一次要安排很多人，迟到几分钟，就很可能永远与这个职位失之交臂，因为这是面试的第一道题。

提前 10～15 分钟到达面试地点效果最佳，可熟悉一下环境，稳定一下心神。能否迅速适应面试环境，将直接影响在面试中正常水平的发挥，为此有必要对可能面临的面试环境有更加全面、准确的预测，不要把面试环境事先就在脑子里规定好，而是要根据现实场景随机应变，迅速适应现实存在的面试环境。在候考室等候时，不要来回走动显示浮躁不安，也不要与别的面试者聊天。更要坚决制止的是：在接待室恰巧遇到朋友或熟人，就旁若无人地大声说话或笑闹，吃口香糖，抽香烟等。

二、礼貌对待考务工作人员

应试者前来面试，大都有一种忐忑不安的心理。一是对考场和考官有一种莫名其妙的怯意，有点高深莫测；另一方面担心一旦面试不过关，前功尽弃。有经验的考官非常理解报考人的这种心理，进行面试前会设法在最短时间内使报考人情绪获得调整、缓和其紧张的心情，以便使他们的水平正常发挥出来。为此，考官会安排一些考场工作人员负责对应试者的接待服务，热情友好地引导应试者进入考场。一般情况下，考务工作人员会热情、自然地和应试者寒暄几句，对应试者前来参加面试表示欢迎。对考务工作人员的热情服务，应试者应及时给予积极的反应，平等礼貌地表示诚挚的感谢。这样不仅会获得考务工作人员的好感，而且应试者温文尔雅、平等待人的君子风度会给考官留下美好的印象。礼貌对待考务工作人员，将表现出应试者的细心周到，尊重别人劳动，平等待人和善于情绪自控，不因小失大等个人修养水平，是每个应试者都要争取做到的并非小事的小事。

三、留下良好的“第一印象”

“首因效应”是指最初接触到的信息所形成的印象对我们今后的行为活动和评价的影响，实际上指的就是“第一印象”的影响。

心理学家认为，由于第一印象主要是性别、年龄、衣着、姿势、面部表情等“外部特征”，一般情况下，一个人的体态、姿势、谈吐、衣着打扮等都在一定程度上反映出这个人的内在素养和其他个性特征。

面试的起始阶段非常重要，因为“首因效应”即我们平常所说的“第一印象”的影响，面试者已经被定型化或概念化了。据调查结果显示，80%的考官在3分钟内就已经对应试者下结论了，甚至有的考官在应试者答题还没结束就已经打出分数。

当自己的名字被喊到，就有力地答一声“到”。一般来说，考务工作人员会将应试者引入考场。进入考室要敲门进入，敲两三下是较为标准的。敲门时千万不可敲得太用劲，以里面听得见的力度为宜。听到里面说“请进”后，要回答“谢谢”再进入房间。开门关门尽量要轻，进门后应转过身去正对着门，用手轻轻将门合上。回过身来将上半身前倾30°左右，向面试官鞠躬行礼，面带微笑称呼一声“各位考官好”，彬彬有礼而大方得体，不要过分殷勤、拘谨或过分谦让。若无主考官邀请，切勿自行坐下。对方示意坐下时，切勿噤若寒蝉或扭扭捏捏，应即口说“谢谢”。

现代青年比较重视表现自己的气质、风度等形象魅力，但应当记住，魅力不是故作姿态和装腔作势。有些女士与人相见，总喜欢甩甩自己的秀发，或者把头稍稍歪一点。要是过度地张扬自己的女性美，向考官无缘无故地撒娇发嗲，是不成体统的。

四、充分运用答题准备时间

5分钟的准备时间，是考官对应试者进行礼仪考量的重要时机。在应试者准备答题思路的过程中，也正是考官对应试者“评头论足”

的时候。因此，应试者要保持良好的姿态，以从容展示自信。一位著名的人才评价专家曾专门撰文强调了考察应试人自信心的重要性，并指出，面试中对自信心的判断主要靠行为语言，而不是靠回答问题的质量。判断的根据主要有：

其一，目光：应试人的目光不敢正视主考官的眼睛或一触即躲开，或盯着某一固定的地方，都是内心胆怯的表现，属于不自信。

其二，手势：如果应试人在面试过程中，一直无意识地抓住什么东西（如衣角），或者双手扭在一起，这可能就是因恐惧所造成的，属于不自信。

其三，姿势：如果应试人的姿势不自然。例如，双肩耸起，身体前倾，双臂交叉在胸前等，属于保护自己的习惯动作，是不自信的表现。

其四，语言表达：不自信的人在语言表达方面的显著征兆是声音低弱，语调犹豫、平淡、情绪化，时刻关心主考官的感觉等。

五、面试应答礼仪

面试的核心内容就是应答，应试者必须对自己的谈吐加以认真地把握。在应答过程中，要注意相应的原则和礼仪规范。

（一）面试应答原则

在面试时，应试者务必要使自己的谈吐表现得文明礼貌、言辞标准、语言连贯、内容简洁。

1．礼貌。面试时，不论答题，还是征求考官意见，均须使用必要的谦词、敬语。征求考官意见或咨询有关问题时，应从“请”开始，例如：“请问，我能先回答第二道题吗？”待回复后说：“谢谢。”

2．标准。要求应试者答题要完整、准确，绝对不允许东拉西扯，张冠李戴。除此之外，还要求应试者语言要标准，发音要准确。

3．连贯。应试者答题要一气呵成，不能拖泥带水、吞吞吐吐。

4．简洁。应试者答题应避繁为简，简明扼要。能不说的话就不要说；能少说的话就不多说；不该重复的话就一定不要重复。

（二）面试应答禁忌

1．过分卑恭。在对考官表示尊重、尊敬的同时，应注意不能表现得过分卑恭。要有礼有节、彬彬有礼、不卑不亢，避免过分客套和殷勤。

2. 背包袱。任何人在面对一个或几个可以影响自己前途的陌生人时，多少都会有压力和紧张。适度的紧张反而有助于思考，应放下包袱，轻松上阵。

3. 不懂装懂。应试者在面试中遇到实在不会回答的问题时，就应坦诚地回答："这个问题我不会回答。"这样反倒会给考官留下诚实、坦率的好印象。千万不要支支吾吾，或不懂装懂。

4. 多谈自己。许多人在面试应答时总是喋喋不休或大谈自己，这种应答方式容易引起考官的心理抵触。

5. 缺乏幽默。幽默是说话的一种技巧。应试者幽默的谈吐会使面试轻松自如，气氛融洽，增加成功的机会。

6. 不敢提问。别担心在面试中问主考官一些问题不太合适，这种顾虑是多余的。面试中应试者提问是正当的，也是允许的，关键是看提什么问题。

7. 贬低他人。应试者论人是非或自大自夸均是面试时的大忌，易给考官留下搬弄是非、不知天高地厚的感觉。

8. 任意插话。面试时，应试者应让考官把话讲完，要恭恭敬敬地听，不可打断话题，要耐心地等他把话讲完后，再阐明自己的意见。随意插话是很不礼貌的行为。

9. 不注意语气。面试中，应试者回答问题时谈话的速度、音量、声调及语气等，对于面试的效果都有微妙的影响。因为谈话的声调、语气和音量的大小可以反映出应试者的心态，还可以反映出应试者是冷静还是激动，是谦虚还是自负。因此，答问时不宜讲得太快，也不宜讲得太慢，口齿要清楚，吐字要清晰。

10. 慌张。讲错话是面试中常见的现象。有的应试者发觉自己讲错话后就停下来不做声或伸伸舌头，这些都是不成熟不庄重的表现，应该保持镇静。若谈的错话无关紧要，可以若无其事，继续交谈。因为考官也明白这种情况往往是因紧张所致。若说错的话比较重要，适时更正并道歉。

六、面试中的身体语言

身体语言是指人的动作和举止，包括姿态、体态、手势和面部表情。它是一个人的修养、教育以及为人处世的基本态度的自然流露。

（一）坐姿禁忌

1．拖拉椅子时，发出很大噪声。

2．一屁股坐在椅子上。

3．坐在椅子上，耷拉着肩膀，含胸驼背。

4．半躺半坐，男的跷着二郎腿；女的双膝分开、叉开腿等，会给人放肆和缺乏教养的感觉。

5．坐在椅子上，脚或者腿自觉不自觉地颤动或晃动。

俗话说"此时无声胜有声"。用你无声的、规范化的举止，向考官表明"我是最适合的人选"。

（二）眼神交流

应答过程要经常用目光扫视一下所有考官，以示尊重和平等，要不时注视着个别考官，用目光与之交流。国外的礼仪书上往往精确到"要看到对方鼻梁上某个位置或眼睛下多少毫米"，这有点过于精准，笼统地说"看着对方的眼部"就行了。但是，万万不可目光呆滞地死盯着对方看，这样会让对方感到很不舒服。

（三）认真聆听

通常情况下，待应试者落座后，主考官或工作人员会宣布考场规定和答题要求，此时应试者不可急于去看试题，应认真聆听。考官不希望面试者像木头桩子一样故作深沉、面无表情，面试者在听对方说话时，要不时做出点头同意状，表示自己听明白了，或正在注意听。同时还要面带微笑。

（四）坐姿端庄

面试过程中，不可仰头靠在座位背上或低着头注视地面；身体不可前倾后仰，或歪向一侧；双手保持安静，不要搓弄衣服、纸片、笔或其他分散注意力的物品。双腿不宜敞开过大，也不要把小腿搁在大腿上，更不要把两腿直伸开去，或反复不断地抖动。这些都是缺乏教养和傲慢的表现。面试时，轻易不要紧贴着椅背坐，也不要坐满，一般以坐满椅子的2/3为宜。

（五）微笑作用

在面试中，保持微笑，至少有以下几个方面的作用。

1．表现心境良好。面露平和欢愉的微笑，说明心理愉快，充实满足，乐观向上，善待人生，这样的人才会产生吸引他人的魅力。

2．表现充满自信。面带微笑，表明对自己的能力有充分的信心，以不卑不亢的态度与人交往，使人产生信任感，容易被他人真正地接受。

3．表现真诚友善。微笑反映自己心底坦荡，善良友好，待人真心实意，而非虚情假意，使人在与其交往中自然放松，不知不觉地缩短了心理距离。

4．表现乐业敬业。主考官会认为应试者能在工作岗位上保持微笑，说明热爱本职工作，乐于恪尽职守，如在服务岗位，微笑更是可以创造一种和谐融洽的气氛，让服务对象倍感愉快和温暖。

由此可见，笑容是所有身体语言中，最直接有利的一种，应好好利用。在面试中，要把握每个机会展露自信而自然的笑容，但是切忌呆笑。

七、面试“三戒”

凡参加面试的人，不管素质如何、水平高低，一定不要忘记自己是在接受用人单位的挑选，以下“三戒”应当时刻注意：

（一）逞强好胜、耍小聪明

有的应试者一入面试考场便无拘无束、神采飞扬，处处显示他高人一等。不管人家愿不愿意，主动上前与主考官一一握手，然后四平八稳地就座；对主考官所提出的各种问题均表现出不在话下的神情，回答问题总喜欢以“我以为”、“我主张”一类字眼开头，不管对错均夸夸其谈。本来有些问题自己确实答不上来，但却自作聪明地东拉西扯乱讲一通，宁可答“跑了题”也不愿做个老实人。这样做不仅容易闹出笑话，而且会使主考官感到其为人不谦虚、虚多于实，另外会以为其对提问不负责任、做事缺乏责任感。

（二）目空一切、盛气凌人

有的应试者笔试成绩名列前茅，各方面条件也较优越，于是恃才傲物、目空一切。面试中态度傲慢、说话咄咄逼人。

（三）孤芳自赏、态度冷漠

有的应试者平时性格孤僻、对人较冷淡、心事较重，并把这种个性特点带进了面试考场。面试中表情冷漠、不能积极与主考官配合，缺乏必要的热情和亲切感。岂知所有用人单位的领导，都希望自己的工作人员能够在工作中和睦相处、与人为善、团结互助，使人感到轻松愉快，这样可提高工作效率。即使应试者平时性格孤僻，在应试过程中也要善加克服，否则场面必然气氛沉闷，问答机械呆板，很难有中选的希望。

第三节　面试后的礼仪

当回答结束，考官暗示或明示可以结束面试时，应试者要礼貌地与考官告辞。告辞时应试者一般要面带微笑，自然站起，为占用考官的宝贵时间而向对方致谢，并与考官道别，例如："衷心地感谢各位考官……再见!"这时应试者仍不要主动与考官们握手，除非考官主动伸手。然后应试者整理好物品，从容地向场外走去，走到门前，转身正面朝向考官再次表示感谢和再见，之后开门，退出，并轻轻地关上门。

辞别时应整理好随身携带的物品，不要丢三落四，不要风风火火，而要从容稳重、有条不紊。

面试的整个过程是严肃的，双方都以极其认真负责的态度参与其中，告辞时一些个性化的语言（如幽默、真诚、睿智、机巧）可以有效地活跃面试考场气氛，给面试"公式化"的严肃形象带来一些个人化的亲切的东西。富有个性化的告辞会让自己更真实地被考官们了解。如果天性沉默寡言，这时没必要没话找话说，一句朴实的"谢谢"，再与考官紧紧的真情流露的握手可能就足够了。关键是要把自己的特点与感受真实地表露出来。

尊重和谦逊是一种风度，在面试结束后要表现出这种风度。尊重他人的劳动，平等待人，是一个有良好修养的表现。对工作人员表示感谢将具体体现自己的这种风度。"敬人者，人恒敬之"，自己的付出肯定会得到应有的回报。向工作人员表示感谢，肯定会赢得他们的好感。更为重要的是，这种尊重他人、谦虚谨慎的作风将给考官们留下美好的印象。

【典型案例】

案例一

面试着装

北方某省组织的一次公务员面试中，天气十分寒冷，只有零下几度。复试了几个学生，当时的学生大多着羽绒服参加面试，只有一位同学穿了西装。结果这几位学生的得分是不一样的。穿西装的这位学生得了92分，而另一位感觉自己的成绩还不错，回答相当完满的应试者，只得了80多分。为什么呢？因为他没有想到应试人员的服装是占分的。

参加公务员面试时，服装到底有什么样的要求？请记住，要穿正装，无论是男士还是女士参加公务员面试，都要穿正装。

案例二

两块钱的“敲门砖”

一位刚毕业的女大学生到一家公司应聘财务会计工作，面试时即遭到拒绝，因为她年轻，公司需要的是有丰富工作经验的资深会计人员。女大学生却没有气馁，一再坚持。她对主考官说：“请再给我一次机会，让我参加完笔试。”主考官拗不过她，答应了她的请求。结果，她通过了笔试，由人事经理亲自复试。人事经理对这位女大学生颇有好感，因她的笔试成绩最好，不过，女孩的话让经理有些失望，她说自己没工作过，唯一的经验是在学校掌管过学生会财务。找一个没有工作经验的人做财务会计不是他们的预期，经理决定收兵：“今天就到这里，如有消息我会打电话通知你。”女孩从座位上站起来，向经理点点头，从口袋里掏出两块钱双手递给经理：“不管是否录取，请都给我打个电话。”经理从未见过这种情况，竟一下子呆住了。不过他很快回过神来，问：“你怎么知道我不给没有录用的人打电话？”“你刚才说有消息就打，那言下之意就是没有录取就不打了。”

经理对这个年轻女孩产生了浓厚的兴趣，问：“如果你没被录用，我打电话，你想知道些什么呢？”“请告诉我，在什么地方不能达到你们的要求，我在哪方面不够好，我好改进。”“那两块钱……”女孩微笑道：“给没有被录用的人打电话不属于公司的正常开支，所以由我付电话费，请你一定打。”经理也微笑道：“请你把两块钱收回，我不会打电话了，我现在就通知你，你被录用了。”

就这样，女孩用两块钱敲开了机遇大门。细想起来，其实道理很清楚：一开始便被拒绝，女孩仍要求参加笔试，说明她有坚毅的品格，财务是十分繁杂的工作，没有足够的耐心和毅力是不可能做好的。她能坦言自己没有工作经验，显示了一种诚信，这对搞财务工作尤为重要。即使不被录取，也希望能得到他人的评价，说明她有直面不足的勇气和敢于承担责任的上进心。员工不可能把每项工作都做得十分完美，我们可以接受失误，却不能接受员工自满不前。女孩自掏电话费，反映出她公私分明的良好品德，这更是财务工作不可或缺的。

两块钱折射出良好的素质和高尚的人品。而人品和素质有时比资历和经验更为重要。

第七章　涉外警务礼仪

涉外警务礼仪，是指警务人员在涉外警务交往中，应当严格遵守的国际惯例与基本礼仪规范。它的基本内容，主要与维护政府形象、民族形象和国家形象有关。

警务人员在警务交往中，代表和显示了国家的形象和尊严。广泛地了解世界各国、各地区的宗教信仰、民俗禁忌、文化传统以及交往礼仪，不仅有利于执法工作的开展，而且有利于增进彼此间的理解和友谊。

第一节　涉外警务礼仪原则

警务人员在涉外警务交往中，应当自觉遵守以下涉外警务礼仪原则，维护国家尊严和公安机关的良好形象。

一、立场坚定

政治立场坚定是对警务人员的基本要求。警务人员在涉外警务活动和涉外交往中，必须坚持原则，站稳政治立场，抵制资产阶级腐朽思想与生活方式的侵蚀，做到“富贵不能淫，贫贱不能移，威武不能屈”。自觉做到忠于党，忠于祖国，忠于人民，忠于法律。热爱人民，遵守法纪，服从组织，保守国家机密，对祖国赤胆忠心，处处维护祖国的利益，捍卫祖国的独立和完整，为祖国的繁荣和富强贡献一切，为维护国家利益与民族尊严不惜牺牲个人一切。

二、尊重对方

从本质上来说，尊重对方，实际上就是在尊重自己。涉外警务交往中既要维护本国的利益、尊严，又要尊重他国的利益和尊严。国家不分贫富大小，人不分种族信仰，不分民族、宗教、风俗习惯，虚心学习对方的一切长处，做到不歧视对方，在人格上平等相待，以礼相待，友善待人。对待一切平等待我的外国友人，都要热情友好，落落大方，彼此尊重，坚决反对大国主义，霸权主义；反对傲慢自大，盛气凌人，自以为是，目空一切，唯我独尊。

三、捍卫自尊

在涉外警务交往中，警务人员必须意识到自己在外国人的眼里代表着自己的国家，代表着自己的民族，代表着自己所在的单位。因此，要以实际行动来尊重自己，即应以自尊、自爱、自信为基础，在外国人面前表现得不卑不亢，豁达开朗，乐观坦诚，从容不迫，堂堂正正，落落大方，理直气壮。既要谨慎，但又不拘谨；既要主动，但又不盲动；既要自我约束，但又不手足无措。做到热情时不殷勤，冷淡时不失礼，愤怒时不失控。在任何情况下，都要坚持自立、自强，努力以本人的实际行动在外国人面前充分地展现中华民族的道德修养和文明素质。

四、维护形象

参与涉外警务交往时，每一位警务人员都必须特别注意维护自身形象。这是因为每一位警务人员的个人形象，实际上既是我国政府形象与公安队伍形象的代表，又同时有可能被外国人视为中华民族形象与中华人民共和国形象的代表。警务人员在涉外警务交往中维护自身形象，应做到仪表堂堂，落落大方，廉洁奉公，训练有素，恪尽职守，遵纪守法。同时，警务人员有责任、有义务自觉地在涉外警务交往中维护我国政府的形象，不非议政府的方针政策，不对政府工作消极怠工，不与政府行为直接抵触。

五、诚实守信

涉外警务交往，必须言而有信。诚信是交往原则，也是礼仪原则。诚信的含义是：诚恳待人、真心待人，不说假话、不欺骗、不隐瞒，言必信、行必果。在国际交往中，人们十分重视交往对象的信誉，因此，警务人员在涉外交往中，必须认真地遵守自己的所有正式承诺，实话实说，说话务必要算数，许诺必须兑现，约会必须如约而至。在一切与时间有关的约定中，必须恪守不怠。对于因难以抗拒的因素而无法履行的承诺，尽早向有关各方通报，如实解释，郑重致歉。

六、求同存异

求同存异原则，是指在涉外警务交往中为了减少麻烦，避免误会，避免在交往中出现不愉快或尴尬的局面，做到“入国问禁、入乡问俗、入门问讳”，相互尊重，相互接纳，友好相处，求同存异，共同发展。其最为可行的做法是：认真遵守国际上所通行的礼仪惯例；从不同民族、不同国家的社会文化背景出发，了解其礼仪文化差异，了解具体交往对象的不同风俗习惯、宗教信仰和交往禁忌，并予以尊重；若是客人，应讲究“客随主便”，充分尊重主人的习俗；若是主人，则应讲究“主随客便”，为对方做出周到安排。

七、尊重隐私

在国际交往中人们普遍讲究尊重个人隐私，并且将是否尊重个人隐私作为一个人有无涵养的标志。尊重隐私，主要是主动尊重每一位交往对象的个人隐私，不询问其个人秘密，不打探其不愿公开的私人事宜。涉外警务交往时，既要回避涉及他人隐私话题，也要避免与人谈及自己的隐私话题。对来宾的关心照料应热情有度、把握分寸，以不使他们觉得受到限制，甚至影响私事和自由为度。自觉遵守涉外交往的有关规章制度，婉拒外国人提出的不合理要求，不泄露秘密，不做有辱国格、人格的事，不说有辱国格、人格的话。

第二节　涉外交往礼仪

警务人员了解并掌握涉外警务交往礼仪，不仅是为了体现其自身的良好教养，同时也是为了使自己所参与的涉外活动得以顺利进行。

一、礼宾次序

在涉外警务交往中，为了使各项活动能顺利进行，应当遵守国际交往惯例和外事礼仪规范，按照尊卑有序的原则安排礼宾次序。

（一）礼宾次序的依据

涉外交往中的礼宾次序所体现的是东道国对各国来宾的礼貌和尊重。常用礼宾次序的排列方法主要有以下几种：

1. 按来宾的身份与职务高低排列：这是礼宾次序排列的主要根据。一国代表团，按其成员的职位高低排列；多国代表团，按团长身份职位高低排列。由于各国的国家体制不同，按相当的级别和官衔进行排列。

2. 按参加国国名的外文开头字母顺序排列：在多边活动中，常采用按参加国国名起首字母顺序排列，一般以英文字母排列居多。东道国出于礼貌通常排在最后。

3. 按中文汉字简体笔画多少顺序排列：例如，第29届奥运会开幕式运动员入场顺序，中国队作为东道国，出于礼貌排在最后。

4. 按来宾抵达时间的先后顺序排列：东道国对同等身份的外国来宾，可按来宾抵达活动地点时间的先后顺序排列。

5. 按来宾任职时间的先后顺序排列：东道国对同等身份的外国来宾，可按来宾任职时间的先后顺序排列。

（二）以右为尊

涉外交往中，凡是有必要确定并排列位次时，应遵循国际上通行的“以右为尊”的排列习惯，即把来宾置于主人右手旁。

（三）女士优先

“女士优先”原则是国际社会公认的“第一礼俗”。在涉外交往场合，男士都有义务主动自觉地以自己的实际行动去尊重女士、关心女士、保护女士、照顾女士，并且还要为女士排忧解难。例如，与人打招呼时，先女士后男士；行走时让女士先走，主动为女士开门、让座等。

二、献花礼仪

献花适用于礼遇较高的来宾，迎接普通来宾一般不需献花。献花应注意的礼仪有：

（一）献什么花

1. 献花时应考虑到花的寓意、颜色及数目。最好献来宾所在国的国花及相应的辅花。所献的花需用鲜花或由鲜花扎成的花束，花束要整洁、鲜艳，花束大小应视场面大小及宾主之间的关系而定，花枝的数量以单数为宜（12除外），但忌献13枝。

2. 花的选择应注意来宾国的禁忌。不同的国家和地区，同一种花有不同的寓意，例如，菊花在我国表示“健康、长寿、尊敬、清雅”，康乃馨表示“母亲我爱你和健康长寿”的寓意，而在一些国家，菊花和康乃馨被认为是厄运的象征，如在意大利和南美洲各国，菊花被认为是妖花；郁金香在有的国家表示“爱的表白、荣誉、祝福永恒”，德国人则认为郁金香是没有感情的花；荷花在大部分国家表示“纯洁、淡泊和无邪”，而日本人则认为荷花是不吉祥之物；在法国，黄色的花被认为是不忠诚的表示；绛紫色的花在巴西一般用于葬礼。

（二）由谁来献

向来宾献花，通常由儿童或女青年在参加迎送的主要领导人与来宾握手之后，将花献上，并向来宾行礼。有的国家由女主人向女宾献花。

三、馈赠礼仪

馈赠礼品，是涉外交往中常见的一种礼节。它是为了表示敬意、友好、祝贺、感谢等的心意，从而加深理解，增进友谊。馈赠礼品时，需要在礼品选择、馈送及接受中遵守一定的礼仪规范。只有符合有关规定的馈赠，才能有利于情意的表达，为受礼方所接受，使馈赠礼品恰到好处。

（一）选择礼品

涉外交往的馈赠更多是为了表示对他人的敬意、友好、感谢等心意，因此，选择礼品不用在意究竟值多少钱，应侧重它的精神价值和纪念意义。在选择礼品时应挑选具有一定纪念意义、民族特色，或具有某些艺术价值和收藏价值，或为受礼人所喜爱的纪念品、一般日用品等。

选择礼品时，除了要遵循因人而异、以礼寓情的原则外，还应当遵从“小巧少轻”的基本要求。小，即礼品要小巧玲珑，容易保存、便于携带；巧，即礼品要追求立意巧妙、不落俗套；少，即礼品要少而精，忌多、滥、杂；轻，即礼品的价值不可过高，适度即可。

（二）精心包装

礼品的包装是赠送礼品的一个很重要环节。很多人不注意礼品的包装，不仅降低了礼品的档次，而且有失礼仪。在正式场合赠送于人的礼品，一般都应当认真进行包装，精心的包装本身就意味着对受礼者的尊重。国外非常讲究礼品包装，礼品一定要用彩色纸包装，然后用丝带系成漂亮的蝴蝶结或梅花结。在信奉基督教的国家里，礼品包装要避免把彩带结成十字交叉状。

（三）馈赠时机

馈赠时机一般选择以下几种情况：一是会见即将结束之前；二是宴会开始之前；三是如果客人停留时间短，安排在临别之前。

（四）对等平衡

注意送礼双方身份的对等，双方身份和礼品规格要一致。送礼要讲究平衡，有多方外国友人在场的情况下尤其要注意，避免厚此薄彼。

（五）认真说明

当有必要向外国友人赠送礼品时，既要说明其寓意、特点和用途，也要说明它是为对方精心选择的。不能说“这礼品不成敬意”、“拿不出手”、“没来得及认真挑选”等，这样会使外国友人感到缺乏诚意。

（六）握手致谢

接受来宾礼品时，应恭敬有礼地双手接过，并握手致谢。收到寄来的或派人送来的礼品，应及时复寄一张名信片或简函，以示谢意。

（七）当面拆封

在接受他人相赠的礼品后，如果条件许可，应当尽可能地当着对方的面，将礼品包装当场拆封。这种做法在国际社会是非常普遍的。在启封时，动作要井然有序，舒缓得当，不要乱扯、乱撕。要用动作和语言表示对礼品的欣赏之意，适时赞誉礼品，以表示自己的感谢之情。

四、手势语

在涉外警务交往中，由于语言不同，有时会借助手势进行交流。但是，有些国家的手势和我国所表示的意义不尽相同或截然不同，应格外注意，防止产生误会。

（一）向上伸出大拇指

在中国，表示“夸张和赞许”；在日本表示“男人，您的父亲、最高”；在韩国，表示“首领、父亲、部长和队长”；在英国、美国、澳大利亚、新西兰、法国、印度等国家是当做搭车的手势；在一些国家，其意是表示数字，如意大利人从一数到五时，他们用拇指表示一，食指就成了二；如果将大拇指急剧向上跷起，在美国是指责对方“胡扯”，而在希腊是要对方“滚开”；在伊朗，这个手势是对人的一种侮辱，不能随便使用，想赞赏伊朗人忌伸大拇指。

（二）大拇指向下

在中国表示“向下、下面”；在法国、墨西哥表示“运气坏、死了、无用”。

（三）向上伸食指

在中国表示数的概念；在美国，表示“让对方稍等”；在澳大利亚表示“请来一杯啤酒”；在法国，学生请求回答问题时用这一手势。

（四）向上伸中指

在中国有些地方表示“胡扯”，福建、四川等地用这一手势来表示“对对方的侮辱”；在美国、法国、新加坡，表示“愤怒和极度不快”；在墨西哥表示“不同意”。

（五）向上伸小指

在中国表示小、微不足道、拙劣、最差的等级或名次，还表示“轻蔑”；在日本表示“女人、女孩子、恋人”；在泰国或沙特阿拉伯表示“朋友、交朋友”；在缅甸和印度表示“想去厕所”；在美国，表示“懦弱的男人或打赌”。

（六）“V”字手势

伸直食指和中指。在中国表示数字“2”，若手臂放平，则表示剪刀；在英国，若做此手势而手心向外时，表示胜利；如果手心向内时，在英国、澳大利亚、新西兰等国家则成了侮辱人的信号。

（七）“OK”手势

伸直中指、无名指和小指，将大拇指和食指合成一个圈，在中国、英美等国，一般相当于英语中的“OK”；在荷兰表示“顺利进行”；在巴西则认为是对女性的引诱或对男性的侮辱；在日本，这种手势则表示“钱”；在阿拉伯人中，这种动作常常伴以咬紧牙关，一起表示深恶痛绝。

（八）其他手势语

1. 在美国，人们用挥手来表示“再见”；而在南美，人们见到这种动作时不但不会离去，反而会向你跑过来。

2. 用手指在太阳穴旁边转圈，中国人表示“动脑筋”；美国人和巴西人则表示“发疯”。

3. 俄国人把手指放在喉咙上表示“吃饱了”；日本人用此动作表示被“炒了鱿鱼”。

4. 美国人用手指着太阳穴表示“手枪自杀”；日本人用手戳向肚

子表示“剖腹自杀”；在新几内亚，将手架在脖子上表示“自杀”；在中国，这种手势表示“被人砍头”。

总之，适当地运用手势，可以增强感情的表达。但与人谈话时，手势不宜过多，动作不宜过大，应给人含蓄而彬彬有礼的感觉。

五、西餐礼仪

在国外，一般外交宴会均为西餐形式，在国内，偶而也会遇到赴西餐宴会的情况。西餐的历史源远流长，而且十分注重礼仪，讲究规矩。因此，警务人员应该认真学习西餐礼节，在与国外友人交往时，树立自己良好的形象，以免出洋相。

（一）座次安排

遵守女士优先原则。在排定西餐座次时，主位请女宾就座，而男宾位居第二位。遵循交叉排列，即男女交叉排列，生人与熟人交叉排列。

（二）餐具使用

1. 刀叉。吃西餐时右手拿刀，左手拿叉。使用刀叉时，左手用叉用力固定食物，同时移动右手的刀切割食物。用餐中暂时离开，要把刀叉呈八字形摆放，尽量将柄放入餐盘内，刀口向内；用餐结束或不想吃了，刀口向内、叉齿向上，刀右叉左地并排纵放，或者刀上叉下地并排横放在餐盘里。

刀是用来切食物的，不要直接用刀叉起食物送入口中，也不要用刀叉同时将食物送入口中；刀上蘸上酱料不可舔食；用餐刀切割食物时不要在餐盘上划出声音。

如果用餐时，有三种不同规格的刀同时出现，一般正确的用法是：带小小锯齿的那一把刀用来切肉制食品；中等大小的用来将大片的蔬菜切成小片；而那种小巧的，刀尖是园的，顶部有些上翘的小刀，则是用来切开小面包，然后用它挑些果酱、奶油涂在上面。

2. 餐巾。餐巾经常平铺于大腿上，重要礼节场合也可以放在胸前，但最好不要把餐巾塞入领口。用餐巾主要是防止进餐时掉落下来的菜肴、汤汁弄脏自己的衣服。在用餐期间与人交谈之前，先用餐巾轻轻地揩一下嘴；女士进餐前，可用餐巾轻抹口部，除去唇膏。在进餐时需剔牙，应拿起餐巾遮住口部。

餐巾摆放的位置不同，寓意不同。当主人铺开餐巾时，就表示用餐开始，当主人把餐巾放在桌子上，表示用餐结束。中途暂时离开，将餐巾放在本人座椅面上。

用餐过程中，千万要注意不要有如下失礼之举：离席时将餐巾布丢落在地上；餐巾布用得污迹斑斑或者皱皱巴巴；将吃剩食物放到餐巾布上；用餐巾布擦桌子。

3. 勺子。在正式场合，小的勺子是用于搅拌咖啡的；扁平的用于涂果酱或者黄油的；比较大的又称汤匙，用来饮汤、吃甜品，但不可直接舀取其他任何主食、菜肴或饮料；最大的是用于分食汤的。勺子入口时，以其前端入口，不能将它全部塞进嘴里。

（三）用餐礼节

1. 吃西餐时，运用手指的地方很多。例如，可以用手指把嘴里的籽、小骨头、鱼刺等直接拿出来。但在中国，我们习惯直接从嘴里吐出来，在西餐厅这是绝对不允许的。

2. 吃西餐时，应保持安静，不可以大声说话，喧闹嬉笑。

3. 学会坐端正了吃东西。我们习惯弯下头去吃东西，西方人习惯把食物拿起来，送到嘴里吃。坐直了，就会记得把食物端起来吃。

4. 吃西餐时，请别把臂肘和手臂搁在桌上。

5. 切肉时，胳膊尽量靠近自身。

6. 不要拿着刀、叉和汤勺做手势。不要把刀放进嘴里。

六、国外风俗禁忌

由于自然条件、历史文化、宗教信仰以及民族特性等差异，世界各国形成了各自不同的风俗习惯和禁忌，警务人员应该注意了解和把握这方面的常识。

（一）数字禁忌

西方许多国家，特别是天主教徒认为“13”这个数字是凶险的，应当尽量避开它。有些人甚至对每个月“13”日这一天也感到有些惴惴不安，他们对星期五也认为是不吉利的，西方许多国家不在“13”日（特别是星期五），举行活动。甚至门牌号码、旅馆房号、楼层号、宴会桌号、车队汽车的编号等都不用“13”这个数字，宴会也不安排在“13”日举行，更忌讳“13”人同席共餐。

忌讳“13”和星期五的主要原因：据说是因为“13”曾作为出卖并使耶稣致死的犹大参加“最后晚餐”的排序数和神话中天国凶神的

象征；而星期五则是耶稣被钉死在十字架上和亚当、夏娃偷吃禁果被逐出天堂的日子。如果“13”日和星期五碰巧在同一天时，这一天就被西方称为“黑色星期五”，有些人就会感到惶惶不可终日。

西方人因战争死亡的恐怖，还忌讳“3”，特别是在点烟的时候，当点到第三个人时，他们往往会面呈难色，有的人甚至会婉拒。

在非洲大多数国家认为奇数带有消极色彩；而在日本，奇数则被看做是吉祥福星的数字，对偶数反倒不感兴趣。在日本尽量避免“4”和“9”字，因为在日语中“4”与“死”同音，故日本的医院都没有4号病房和病床，谁也不愿意躺在“死”号病床上等死；而“9”的发音与“苦”相近，因此也在忌讳之列。海外华侨和港澳同胞中的广东籍人，也忌用“4”做标志，在遇到非说“4”不可时，就用“两双”或“两个二”来代替。

（二）颜色禁忌

不同国家、不同民族对于色彩也有不同的爱好和忌讳。

日本人忌紫色和绿色，视其为不吉祥，而在欧亚一些国家，绿色却受到普遍欢迎。

巴西人把棕黄色看为凶丧之色。

叙利亚和巴基斯坦忌用黄色。

埃及、比利时人忌蓝色，但在荷兰、挪威、瑞士、叙利亚、伊拉克等国家，蓝色则是人们十分喜爱的颜色。

土耳其人喜用素色，忌用花色，认为是凶兆。

有些国家出于政治或历史的原因，对颜色的使用也有禁忌，如爱尔兰忌用红、白、蓝色组（英国国旗色）；委内瑞拉忌用红、绿、茶、黑、白色（表示五大党）；法国、比利时忌用墨绿色，因为这是纳粹军服色，这两个国家在第二次世界大战中，都被希特勒军队占领过，所以人们一见到墨绿色，就普遍会流露出厌恶的情绪。

（三）动物图案禁忌

大象在泰国和印度，被看做吉祥的动物，它代表“智慧、力量和忠诚”；但在英国，则忌用大象图案，认为它是蠢笨的象征。

孔雀在我国是喜庆的标志，可是在英国却把它看做“淫鸟、祸鸟”。

蝙蝠在我国被看做“福”的象征，但在美国人眼里，它是凶神恶煞。

鹤在我国和日本被看做“长寿”的象征，而在法国却作为“蠢汉”和“淫妇”的代称。

日本人对饰有狐狸和獾图案的物品很反感，认为它们是“贪婪、狡诈”的象征。

北非一些国家普遍忌用狗作商标，但欧美等西方国家却视狗为神圣的动物、忠诚的伴侣，还常常把它们作为家庭成员向客人介绍。

在伊斯兰教盛行的国家和地区，忌用猪作图案，也不用猪皮制品，对我国的熊猫，因其外形似猪，也在禁忌图案之列。

【典型案例】

案例一

出洋相

1896 年，钦差大臣李鸿章率领中国高规格代表团，出访欧美八国，出了不少洋相。

李鸿章赴俄国庆贺沙皇尼古拉二世加冕。俄国皇后出于礼貌，向他伸出手来。李鸿章不知吻手礼，以为是皇后向他索要礼品，急忙将慈禧太后送给他的一枚钻戒放在皇后手上。皇后将戒指戴上之后，说了声“谢谢”，再次将手伸出来。李鸿章认为俄国皇后太贪心，而此时他又无礼可送，只好愣愣地站着，情景十分尴尬。

出访期间，李鸿章不断将浓痰吐在名贵地毯上。在英国伦敦赴某贵族宴会时，席间咳嗽，随手取座前盛香槟酒的小玻璃杯，将浓痰吐入杯中，然后放回原处。

赴英女王御宴时，因为杯中咖啡太热，便倒入小碟内，一口一口从容呷之。座中皆贵客，无不掩口窃笑。女王作为主人，怕这位中国上宾难堪，自己也倾咖啡于小碟内，照样举呷以陪之。

李鸿章探望英国著名的戈登将军的遗孀，妇人赠送他一只名犬。李大人以为是上等野味，回国后就剥皮放血烧烤吃了，感觉味道不错，回信表示感谢。

李鸿章应德国总理俾斯麦之邀前往赴宴，由于不懂西餐的礼仪，他把一碗吃水果后洗手的水端起来喝了，当时俾斯麦不了解中国虚实，为不使李鸿章丢丑，他也将面前洗手水一饮而尽，见此情形，其他文武百官只得忍笑奉陪。

案例二

有礼有节

2002 年 3 月，在日内瓦迎来了他上任以后第一个联合国人权大会。早就渴望在人权会上击败对手的沙祖康摩拳擦掌，跃跃欲试。可是 20 多天过去了，会期将近一半，而美国代表团谴责中国的人权提案仍然没有提交，各国代表也都猜不出美国提不提反华提案，或者是想搞突然袭击，大家都蒙在鼓里。面对这个情况，沙祖康打算直接摸摸美国的底。

正巧在会场外的走廊，沙祖康碰到美国大使，他马上大声说："大使先生，是男子汉就真刀真枪地亮出来，别窝着藏着!" 他像一个豪侠的武士，面对强手，首先亮出了自己的剑。后来知道，那一年美国没有提交反华提案。

2004 年，美国又在人权会上对中国提出了反华提案，美国大使在会议厅的公众场合对沙祖康大叫大喊道：我希望你们中国能够做好以下几件事情，一……二……三……四……给沙祖康摆了一系列的条件，还说否则我们就要提出反华提案。

沙祖康告诉记者："我当时想，本来可以私下协商的事情你拿到大庭广众之下，那我也就不客气了。当时我也叫起来，我说，搞不搞、提不提反华提案，这是你的权利。但是我可以告诉你，我一定要打败你！你就等着吧，我一定揍扁了你！他挥了拳头，我也挥了拳头，大家情绪都比较激动，谁都要维护自己的尊严。"

在这一年的联合国人权大会上，沙祖康有理有据地予以反击。他在大会发言中指出："西方国家绝不是保护人权国家的楷模，发展中国家也绝不是侵犯人权的带头者，（联合国）人权大会并没有授权任何国家，或者国家集团，成为人权法官，而发展中国家也不应该永远是人权法庭的被告。中国有句古话，'正人先正己'，我们希望个别国家，在批评和指责他人之前，先拿镜子好好照照自己。"

在现场答辩中，沙祖康用英文跟美国代表团开了个玩笑："美国朋友，我们中国是贫穷一点，是一个正在发展中的国家，但是我们即便再穷，几面镜子还是买得起的。我们想买几面镜子免费送给你们，让你们照一照自己。因为你们发表的白皮书里缺了一块，我们国务院新闻办写了一份材料，叫《美国的人权记录》白皮书，这是一面镜子，希望你们看看写得怎么样？但是我劝你们最好睡觉之前不要看，因为美国的人权记录，特别是睡觉之前看了以后，你晚上会做噩梦的。”

沙祖康4分钟的答辩，5次被掌声打断，包括美国代表团自己也都在笑。沙祖康接着向大会主持人请求：“主席先生，我的讲话，给5次掌声打断了，减少了我的发言时间，我要求延长。”大家又一次哄堂大笑。他并没有延长发言时间，只是又开了个玩笑。最后，中国提出“不采取行动”动议，以28票赞成、16票反对这样前所未有的票差，击败了美国的反华提案。

日后，沙祖康告诉记者：“这一次，我们以多出12票的票差赢得了击败美国反华提案的胜利。美国10多年来一再提出反华提案，这次以最大的票差落败。我实现了我的承诺，我要揍扁他，果然把他揍扁了。所以，从此以后他们再也没有提过反华提案。”

第八章 国旗、国徽、国歌和警徽、警歌礼仪

国旗、国徽、国歌是一个国家的象征和标志。国民无论身在何处，只要看到国旗、国徽或听到国歌，就如同见到自己祖国一样亲切，从而唤起人们的爱国主义热情和对祖国的责任感和荣誉感。警徽是人民警察的象征和标志；而警歌则是人民警察性质、宗旨和精神的体现。

警务人员要通晓和严格遵守有关国旗、国徽、国歌和警徽、警歌礼仪。

第一节 国旗礼仪

国旗是国家的象征和标志。它通常是指一种经国家法律规定的、具有一定正式规格与式样的旗帜，用以在正式场所进行悬挂。目前，世界上的大多数国家都拥有正式颁布的国旗。

我国于1990年6月28日制定了《中华人民共和国国旗法》（以下简称《国旗法》），并于当年10月1日起开始施行。《国旗法》第3条规定："中华人民共和国国旗是中华人民共和国的象征和标志。每个公民和组织，都应当尊重和爱护国旗。"

一、国旗的制作

根据《国旗法》第4条第3款的规定，国旗由省、自治区、直辖市的人民政府指定的企业制作，其他任何企业与个人均不能制作我国国旗。

二、国旗的标准

作为国家的象征与标志，各国国旗大都具有标准的固定式样。根据我国宪法规定，"中华人民共和国国旗是五星红旗"。旗面的红色象

征着革命。旗上的五颗黄色的五角星及其相互关系，则象征着中国共产党领导下的革命人民大团结。

根据规定，我国国旗的形状、颜色应两面相同，旗上五星两面相对。旗面应为长方形，其长与高为3∶2。旗杆套为白色。

根据中国人民政治协商会议第一届全体会议主席团公布的《国旗制法说明》的规定，我国国旗的通用尺寸应为以下五种：其一，长288厘米，高192厘米；其二，长240厘米，高160厘米；其三，长192厘米，高128厘米；其四，长144厘米，高96厘米；其五，长96厘米，高64厘米。

三、国旗升挂的场所和时间

（一）每日升挂国旗

《国旗法》第5条规定："下列场所或者机构所在地，应当每日升挂国旗：（一）北京天安门广场、新华门；（二）全国人民代表大会常务委员会，国务院，中央军事委员会，最高人民法院，最高人民检察院；中国人民政治协商会议全国委员会；（三）外交部；（四）出境入境的机场、港口、火车站和其他边境口岸，边防海防哨所。

（二）工作日升挂国旗

《国旗法》第6条规定："国务院各部门，地方各级人民代表大会常务委员会、人民政府、人民法院、人民检察院，中国人民政治协商会议地方各级委员会，应当在其工作日升挂国旗。全日制学校，除寒假、暑假和星期日外，应当每日升挂国旗。"

（三）节假日和活动升挂国旗

国内举行重大庆祝、纪念活动，大型文化、体育活动，大型展览会，可以升挂我国国旗。

《国旗法》第7条规定："国庆节、国际劳动节、元旦和春节，各级国家机关和各人民团体应当升挂国旗；企业事业组织，村民委员会、居民委员会，城镇居民院（楼）以及广场、公园等公共活动场所，有条件的可以升挂国旗。不以春节为传统节日的少数民族地区，春节是否升挂国旗，由民族自治地方的自治机关规定。民族自治地方在其成立纪念日和主要传统民族节日，可以升挂国旗。"

（四）境外升挂国旗

我国国家领导人和各种代表团出国访问或者参加各种国际会议

时，我国驻外使领馆以及其他常驻外交代表机构，我国在外国的投资企业，我国旅居外国的公民，则应根据其所在国的规定或习惯升挂我国国旗。

（五）升挂国旗的时间

升挂我国国旗，一般应当早晨升起，傍晚降下。

四、国旗的维护

《国旗法》第3条规定："中华人民共和国国旗是中华人民共和国的象征和标志。每个公民和组织，都应当尊重和爱护国旗。"

1. 升挂国旗，应当将国旗置于显著的位置。当我国国旗与其他旗帜呈前后列队行进时，我国国旗应处于其他旗帜之前。我国国旗与其他旗帜一同升挂时，应将国旗置于中心，较高或突出的位置。

2. 悬挂国旗，应以正面面向观众，不准随便将其交叉悬挂、竖挂或反挂，更不得倒挂。有必要竖挂国旗或使用其反面时，须按照国家的有关规定办理。

3. 在室外升挂国旗时，通常不宜令其角及地面，尤其是不得将其直接弃置于地面之上。遇有恶劣天气时，可以不升挂国旗，夜间通常不在室外升挂国旗。确需升挂，必须将其置于灯光照射范围之内。

4. 在直立的旗杆上升降国旗，应当徐徐地升起。升旗时，应当将国旗升至杆顶。降旗时，不准使国旗落地。

5. 通常不得升挂破损、污损、褪色或者不合规格的国旗。在公共场合，故意以焚烧、毁损、涂划、玷污、践踏等方式侮辱我国国旗，均属违法行为，应被依法追究刑事责任。

6. 我国国旗及其图案至高无上，在任何情况下，不得随意升挂、使用，不得用作商标和广告，不得用于私人丧事活动。

五、升旗仪式注意事项

《国旗法》第13条第1款规定："升挂国旗时，可以举行升旗仪式。"出席升旗仪式时，所有人员均应有意识地对个人表现严加约束，应注意以下细节：

（一）肃立致敬

《国旗法》第13条第3款规定："举行升旗仪式时，在国旗升起的过程中，参加者应当面向国旗肃立致敬。"因此，当国旗升降之时，任何在场者均应停止走动、交谈，并且停下手中的一切事情，然后面向国旗立正，并向其行注目礼。除身着制服者之外，一律应当脱帽，并摘下太阳镜。警务人员列队参加升旗仪式时，带队者行举手礼，其他人员一律行注目礼；警务人员不是列队参加或遇到升旗仪式时，必须行举手礼。

（二）神态庄严

参加升旗仪式时，每个人均应以庄重、严肃的态度与表情，来认真表达对国旗的敬意。此时此刻，绝对不应当态度漠然，或者嬉皮笑脸。

（三）保持安静

在升旗的仪式上，任何人应当自觉保持绝对安静。不许在此过程中交头接耳，打打闹闹，东张西望，更不许接打移动电话。移动电话不得发出铃声或信息提示音。

六、下半旗注意事项

下半旗，即将国旗降下一半的做法，意在向某些人士致哀。因此，平时不得随意下半旗。在有些国家，有以在国旗上方加挂黑纱代替下半旗的致哀方法，但在我国不允许在国旗上方挂任何物品。

根据《国旗法》第 14 条的规定，当中华人民共和国主席、全国人民代表大会常务委员会委员长、国务院总理、中央军事委员会主席；中国人民政治协商会议全国委员会主席；对中华人民共和国作出杰出贡献的人；对世界和平或者人类进步事业作出杰出贡献的人逝世时，应下半旗致哀。

发生特别重大伤亡的不幸事件或者严重自然灾害造成重大伤亡时，可下半旗致哀。

我国下半旗的日期和场所，由国家成立的治丧机构或者国务院决定。

下半旗时应先将国旗升至旗杆杆顶，然后再降至旗顶与杆顶之间的距离为旗杆全长的三分之一处。不得将国旗直接升至下半旗指定位置。

七、国际活动中升挂国旗注意事项

在国际交往活动的各种场合，既应正确升挂和使用本国国旗，也应根据《国际法》的有关规定和国际惯例，正确使用和对待别国的国旗。出于维护国旗的崇高地位的目的，各国对升挂本国或外国的国旗大都自有一套通行的做法，并且逐渐形成了一些有关国旗使用的惯例，这就是所谓国旗礼仪。

（一）《国际法》有关升降国旗的规定和惯例

1. 对于别国的国旗，应当本着相互平等、相互尊重的原则，给予应有的尊重和礼遇。故意损坏或侮辱外国国旗，通常将被视为侵犯该国荣誉与尊严，会被要求赔偿损失或公开道歉。

2. 为了表示礼遇或道歉可悬挂国旗。在国际交往中，一般情况下，为了对国宾表示礼遇，或是对涉外的侮辱事件表示歉意，可以升起或降下本国国旗，亦可向对方的国旗致敬或致歉。

3. 在战时所悬挂的国旗具有一定的特殊含义。在交战时悬挂国旗，可以表示自己处于中立或敌对状态。在陆战与海战中，作为战时的一种策略，允许交战国暂时悬挂其他敌国或中立国的国旗。但战斗一旦开始，必须悬挂本国国旗。在内乱或战乱等非常时期，应允许外国人在其他住所与办公场所悬挂该国国旗。

4. 对外国人悬挂国旗有着特别的规定。基于国际上通行的相互尊重与相互礼让的原则，准许外国人在该国国庆日或传统民族节日等特定的日子里悬挂本国国旗。除此之外，在任何一个主权国家的领土上，平时都不得任意升挂他国国旗。

5. 外交使节可以升挂本国国旗。外交使节是一国派驻他国的代表，对外代表着自己的国家，因此各国的使领馆及其人员的寓邸，以及各国使团团长所使用的交通工具上，可以常年升挂其派遣国国旗。

6. 常驻国际组织的各国代表团可以升挂本国国旗。各国派遣的常驻国际组织的代表团或代表处，可参照外交代表机关的办法，在代表团或代表处的住所、代表团团长或代表处负责人的寓邸及其执行公务时所乘用的交通工具上，可以悬挂派遣国国旗。

7. 各国商船可以升挂本国国旗。在公海上行驶时，各国商船均有义务升挂本国国旗，以此表示船籍国拥有对它的管辖权。除特别征用或者其他特定的场合之外，各国商船都不得使用他国国旗，也不准许让他国商船使用本国国旗。

8. 军舰可以升挂本国国旗。军舰是本国武装力量的一个组成部分，因此，必须升挂本国国旗。不论是在公海上，还是在外国领海上，对军舰的管辖权永远都属于船旗国。军舰之所以必须升挂本国国旗，就是为了表明这一事实，同时也是为了接受外国船只的敬意。

（二）在我国升挂外国国旗的场所及规定

一般情况下，在每个主权国家的领土上，不得随意升挂外国国旗。不过出于给予外宾的一种礼遇，或是为了遵守国际法，有时也可以升挂外国国旗。在以下场合可以升挂或使用外国国旗：

1. 当外国元首、政府首脑或其他重要领导人正式来访时，为了表示礼遇，通常在其住所以及乘坐的交通工具上，可以升挂该国国旗。有的外国国家元首拥有特制的元首旗，应准予其在寓所与座车上升挂。

2. 在外国贵宾正式访问我国期间所举行的各种重大礼仪活动中，如欢迎仪式、签字仪式、迎送宴会等，应同时升挂该国与我国国旗。

3. 在我国举行的国际会议的会场，以及到会的各国政府代表团团长的住地，准许升挂各与会国国旗。

4. 在我国举行的展览会、博览会、经贸洽谈会、国际体育比赛以及其他经济、科技、文化、体育、卫生等重大国际活动时，可升挂参加国国旗。

5. 在我国进行国际经济合作的重要项目奠基、开工、落成、开业、剪彩、揭幕以及举行其他重大庆典时，可升挂我国与有关国家的国旗。

除此之外的其他情况下，不得自作主张或容许外国人擅自升挂外国国旗。当外国人提出这方面的要求，而自己又难以决断时，应立即向各级政府的外事部门请示。升挂与我国未建交国的国旗，亦须如此事先进行请示。

（三）升挂外国国旗的礼仪要求

1. 在我国境内同时升挂中外国旗时，应将中国国旗置于荣誉地位。在一般场合，外国驻华机构、外商投资企业、外国公民在同时升挂中外国旗时，应当将中国国旗置于上首或中心位置。具体方法是：一列并排时，以旗面面向观众为准，中国国旗在最右方；单行排列时，中国国旗在最前面；弧形或从中间往两旁排列时，中国国旗在中心；圆形排列时，中国国旗在主席台或主入口处对面的中心位置。中国国旗与外国国旗一同升挂时，须先升挂中国国旗；降落时，则应最后降落中国国旗。

2. 在各国国旗并列升挂时，所有旗杆应高度相等，在同一旗杆上不得升挂两个或两个以上国家的国旗。

3. 并列升挂各国国旗时，应使之保持各自的长宽比例，同时亦应使各国国旗在面积上大致相等，以示相互平等。

4. 并排升挂两面国旗，在方位上通常讲究右高左低，并应以旗身面向为准。并排升挂三面以上国旗，仍可以右为尊，自右而左，依次将其升挂。

5. 在举行国际会议或活动时，不分主宾，各国国旗的升挂可参照礼宾顺序排列其先后次序，从左至右，一般以国名英文的起头字母为序。

6. 外国国家元首、政府首脑以及其他很重要外宾到地方访问，悬挂该国车旗时应挂在其主车右前方；悬挂宾馆旗时，只悬挂来访国国旗。

7. 任何国旗均不得倒挂，但可以竖挂。在竖挂两面国旗时，可使之均为正面；对挂时，亦可使居于右侧者为反面，居于左侧者为正面。

8. 由于文字、图案等原因，有的国家的国旗不得竖挂或反挂。特殊情况需要竖挂时，须专门制旗。在墙壁上升挂国旗时，均不得竖挂或交叉悬挂。

悬挂双方国旗，按国际惯例，以右为尊，左为次。右挂客方国旗，左挂主方国旗。所谓主客，不以活动举行所在国为依据，而以举办活动的主人为依据。汽车上挂旗，以汽车行进方向为准。驾驶员左手为主方国旗，右手为客方国旗。

第二节 国徽礼仪

国徽是一个主权国家的象征和标志，它是由国家法律正式规定的，有一定的形状、图案、尺寸、色彩等组成的，在正式场合用以代表本国的式样图案标准专用的徽记。国徽如同国旗、国歌一样，是一个国家最为重要的标志之一，并将其广泛地使用于国内事务与国际事务之中。

中华人民共和国国徽的图案以及图案的说明、使用方法，是在1950年9月20日正式对外公布的，现行的《中华人民共和国国徽法》（以下简称《国徽法》）是根据我国《宪法》于1991年3月2日制定，并于1991年10月1日起正式施行的。

一、国徽的制作

各国为了维护本国国徽的尊严，均对其具体制作作出了许多明确而具体的规定。制作国徽时，通常应由国家指定的企业统一负责，并应严格按照有关标准制作。

（一）国徽的图案

各国国徽的图案，均经过精心的设计。其主体图案，一般均由国家正式规定。我国的国徽图案，根据《宪法》第137条的规定，中间是五星照耀下的天安门，周围是谷穗和齿轮。象征中国人民自“五四”运动以来的新民主主义革命斗争和工人阶级领导的以工农联盟为基础的人民民主专政的新中国诞生。

（二）国徽的形状

根据中央人民政府委员会办公厅1950年9月20日所须颁布的《中华人民共和国国徽图案制作说明》的规定，我国国徽的具体形状应为：两把麦稻组成正圆形的环。齿轮案在下方麦稻秆的交叉点上。

（三）国徽的尺寸

对于通用的国徽的尺寸，《国徽法》明文规定，其直径的通用尺寸分100厘米、80厘米、60厘米等三种。在特定场所需要悬挂非通用尺寸国徽的，应报经我国国务院办公厅批准。

（四）国徽的色彩

根据《中华人民共和国国徽图案制作说明》的规定，国徽之涂色为金红二色：麦稻、五星、天安门、齿轮为金色，圆环内之底子及垂绶为红色；红为正红（同于国旗），金为大赤金（淡色而有光泽之金）。

二、国徽的悬挂

为了维护我国的国家主权，除外国驻华使领馆及其他外交代表机构外，不允许任何外国组织或公民在中华人民共和国境内悬挂外国国徽，或随便使用外国国徽的图案。

（一）悬挂中华人民共和国国徽的机构

《国徽法》第4条规定：“下列机构应当悬挂国徽：（一）县级以上各级人民代表大会常务委员会；（二）县级以上各级人民政府；（三）中央军事委员会；（四）各级人民法院和专门人民法院；（五）各级人民检察院和专门人民检察院；（六）外交部；（七）国家

驻外使馆、领馆和其他外交代表机构。乡、民旗乡、镇、人民政府也可悬挂国徽……”

（二）悬挂中华人民共和国国徽的场所

《国徽法》第5条规定：“下列场所应当悬挂国徽：（一）北京天安门城楼，人民大会堂；（二）县级以上各级人民代表大会及其常务委员会会议厅；（三）各级人民法院和专门人民法院的审判庭；（四）出境入境口岸的适当场所。”

（三）悬挂国徽的位置

以上机构在悬挂国徽时，应当将国徽悬挂在正门上方正中处。场所悬挂国徽时，应当悬挂于室内外的正墙正中处。在任何情况下，均不得将用于悬挂的国徽直接置于地面。

三、国徽图案的使用范围

国徽的图案除制作成徽记用于悬挂之外，还可用于国家规定使用的印章、文书、出版物、火漆印、界碑及专用服装上。

（一）用于印章

《国徽法》第6条规定：“下列机构的印章应当刻有国徽图案：（一）全国人民代表大会常务委员会，国务院，中央军事委员会，最高人民法院，最高人民检察院；（二）全国人民代表大会各专门委员会和全国人民代表大会常务委员会办公厅、工作委员会，国务院各部、各委员会、各直属机构、国务院办公厅以及国务院规定应当使用刻有国徽图案印章的办事机构，中央军事委员会办公厅以及中央军事委员会规定应当使用刻有国微图案印章的其他机构；（三）县级以上地方各级人民代表大会常务委员会、人民政府、人民法院、人民检察院，专门人民法院，专门人民检察院；（四）国家驻外使馆、领馆和其他外交代表机构。”

（二）用于文书、出版物

《国徽法》第7条规定：“下列文书、出版物等应当印有国徽图案：（一）全国人民代表大会常务委员会、中华人民共和国主席和国务院颁发的荣誉证书、任命书、外交文书；（二）中华人民共和国主席、全国人民代表大会常务委员会委员长、国务院总理、中央军事委员会主席、最高人民法院院长和最高人民检察院检察长以职务名义对外使用的信封、信笺、请柬等；（三）全国人民代表大会常务委员会公报、国务院公报、最高人民法院公报和最高人民检察院公报的封面；（四）国家出版的法律、法规正式版本的封面。”

（三）用于火漆印

以国家、政府或政府部门名义缔结的条约、协定，可加封刻有国徽的火漆印。

（四）用于界碑

在边境重镇及边境重要交通干线等地树立的界碑上可使用国徽图案。

（五）用于服装

中国体育代表团、队参加国际体育比赛时，身着带有国徽图案的服装。某些部门的制服，也可使用国徽。

四、国徽的使用规定和礼节

警务人员在执行公务活动时，对有关我国国徽及外国国徽具体使用的一系列规定，不但要认真了解，而且必须认真遵守。

（一）尊重国徽

任何人必须尊重国徽，不允许滥用国徽、错用国徽，不要对国徽乱作解释。

1. 不允许滥用国徽。为维护国徽的严肃性，任何人不得随意滥用我国国徽及其图案。根据《国徽法》第10条的规定，我国国徽及其图案不得用于下列四种情况：

（1）商标、广告。

（2）日常生活的陈设布置。

（3）私人庆吊活动。

（4）国务院办公厅规定不得使用国徽及其图案的其他场合。

2. 不允许错用国徽。在具体使用国徽及其图案时，要谨防出现差错，做到正确无误，也是对国徽应有尊重。在实际工作中特别应防止出现以下四种错用国徽的情况：

（1）将其他徽记或图案错认为国徽或其图案。

（2）将国徽或其图案错认作其他徽记或图案。

（3）使用国徽及其图案时出现颠倒、歪斜、不清或重叠。

(4) 使用残缺、变形、褪色或存在其他不规范情况的国徽或其图案。

3. 不允许乱作解释。各国对本国国徽均有口径统一的正规化解释，不允许任何人对我国国徽或外国国徽乱作解释。

(二) 爱护国徽

在日常工作与生活中，我们必须以自己的实际行动自觉爱护我国国徽。

1. 尊敬和珍惜国徽。在具体使用或接触我国国徽及其图案时，每个人都必须对其由衷地表示尊敬和珍惜。应当注意以下细节：

(1) 在交谈中涉及国徽及其图案时，不允许有失敬之意，尤其不得对其出言不逊。

(2) 在具体使用国徽及其图案时，应努力保持其完好、清洁，不允许对其拍拍打打、乱扔乱放。

(3) 在悬挂、摆放国徽及其图案时，应毕恭毕敬，小心谨慎，不允许马马虎虎，毛手毛脚。

(4) 加盖刻有国徽的印章时，应认认真真，将其加盖于规定之处，不允许将其盖得歪斜不清。

(5) 对印有国徽图案的文书、出版物，不准对其乱撕、乱丢、乱写、乱画或乱用。穿着带有国徽图案的服装时，必须令其干净而端正。

2. 保护国徽。在日常工作与生活中，应当有意识地保护我国国徽及其图案。在任何情况下，都不允许侮辱我国国徽及其图案。

《国徽法》第13条规定："在公众场合故意以焚烧、毁损、涂划、玷污、践踏等方式侮辱中华人民共和国国徽的，依法追究刑事责任；情节较轻的，参照治安管理处罚条例的处罚规定，由公安机关处以十五日以下拘留。"

在国际交往中，应当对外国国徽及其图案加以尊重和保护。任何焚烧、毁损、涂划、玷污、践踏外国国徽及其图案的行为，不仅有可能受到法律制裁，而且还有可能引发国际性的争端，严重损害两国政府之间的相互关系。

第三节 国歌礼仪

国歌同国旗、国徽一样，也是一个主权国家的象征与标志，代表一个国家的地位和尊严，有着至高无上的、神圣不可侵犯的崇高的地位。任何国家的每一位公民都应当义不容辞地热爱本国的国歌，尊重本国的国歌，了解和掌握本国的国歌，熟知国歌礼仪，自觉维护国歌的尊严。

一、了解国歌

世界各国的国歌，通常都是由国家的立法机关以正式的形式加以规定的，因此，国歌具有一定的法律意义。了解本国国歌，是每一位公民的责任，也是每一位公民所应有的爱国精神的表现。

（一）了解本国国歌

1949年9月27日，中国人民政治协商会议第一届全体会议决定，由田汉作词，聂耳作曲的《义勇军进行曲》作为我国代国歌。1978年3月5日，经第五届全国人民代表大会第一次会议通过，配上新词的《义勇军进行曲》被定为我国正式国歌。1982年12月14日，第五届全国人民代表大会第五次会议决定，以恢复原词、原曲的《义勇军进行曲》作为我国国歌。2004年3月14日，第十届全国人民代表大会第二次会议所通过的《中华人民共和国宪法修正案》则规定："中华人民共和国国歌是《义勇军进行曲》。"

我国国歌的歌词是："起来！不愿做奴隶的人们！把我们的血肉，铸成我们新的长城！中华民族到了最危险的时候，每个人被迫着发出最后的吼声！起来！起来！起来！我们万众一心，冒着敌人的炮火前进！冒着敌人的炮火前进！前进！前进！进！"

国歌一般演奏30秒。但在升旗时，就必需反复演奏，直至国旗升到旗杆杆顶为止。

（二）了解外国国歌

如同我国一样，世界上的绝大多数国家，对于本国国歌都有明确规定。

在一般情况下，许多国家的国歌一经制定，便从未发生过任何变化，如美国的国歌《星条旗》。但是，也有一些国家由于政治发生变动，或者发生了这样或那样的变化，从而使本国国歌随之发生了变化，或者出现了不同的版本，如法国国歌《马赛曲》直到1975年才以现在的这种版本被规定为法国的国歌。

有些国家由于某种原因，至今尚无正式国歌，或者仅拥有代国歌、准国歌。有些国家同时拥有两首国歌，如澳大利亚就有两首国歌，《前进吧！美丽的澳大利亚》和《天佑女王》。由州主持的仪式，以《前进吧！美丽的澳大利亚》作为国歌；由英国女王或联邦总督主持的仪式，则以《天佑女王》作为国歌。

有一些国家共同使用同一首国歌，如英国国歌《天佑女王》就被二十多个原英联邦成员的国家作为国歌或代国歌。

国歌通常有曲，也有词。但是，也有少数国家的国歌仅仅有曲而无词，如科威特、巴林、阿联酋等国家的国歌。

世界上许多国家的国歌均采用庄重、雄浑的进行曲曲调，可是其具体长度往往有所不同。有个别国家国歌的乐曲极短，因此在升挂该国国旗时，须反复加以演奏。

二、尊重国歌

在任何时候，我国公民均应主动维护我国国歌的尊严，并对其表示应有的尊重。对外国国歌也应该表示同样的尊重。

（一）尊重我国国歌

尊重我国国歌，是对我国每一位公民所提出的起码要求。

在场的任何人均应向国歌肃立致敬。其具体做法是：起身端立，目视前方，双手下垂，神态庄严，聚精会神。不允许稍息、端臂、弯腰、垂首或者瞻前顾后、东张西望。除身着制服者之外，一律应当脱帽，并摘下太阳镜。如果升国旗与奏国歌同步进行，当国歌演奏时，应目视徐徐上升的国旗，向其行注目礼。

一般来说，演奏国歌时，应同时默唱或放声高唱国歌。

（二）尊重外国国歌

在涉外交往中，各国的国歌均神圣不可侵犯。每个人对别国表示尊重的最好办法，就是对别国的国歌、国旗、国徽表示尊重。有意或无意地对别国国歌表现出不恭不敬，通常都会被理解为对对方的失敬，或者是对对方的蓄意冒犯和挑衅。

三、奏唱国歌

为了确保本国国歌的尊严不受他人的侵害，各国对本国国歌演奏、演唱的具体场合一般都有不同程度的规定。

在一般情况下，按照国际惯例，任何非正式场合，特别是娱乐场合或其他不够严肃正规的场合，均不得演奏、演唱国歌。例如，我国规定，在商业活动、舞会联谊活动以及婚丧庆悼活动中，一律不准演奏或演唱国歌。

（一）奏唱的场合

一般情况下，在一个主权国家的管辖范围之内，只准许演奏或演唱本国国歌。在我国，规定可以正式演奏或演唱国歌的有以下场合：

第一，举行正规的升挂我国国旗的仪式时。

第二，举行隆重的庆典活动时。

第三，举行大型政治性集会时。

第四，举行重大的外交活动时。

第五，举行大型体育运动会或进行重要体育比赛时。

第六，举行特殊的维护国家尊严与荣誉的活动时。

根据国际惯例与我国有关规定，其他任何国家的国歌均不得在我国境内随意演奏或者演唱。仅有以下四种情况才属于例外：

第一，举行正式的官方外交活动时。

第二，举行重要的国际会议时。

第三，举行形式严肃的文艺演出时。

第四，举行国际性体育运动会或国际性体育比赛时。

（二）奏唱国歌时的要求

在正式场合演奏或演唱国歌时，在场人员应当全体肃立，庄重、严肃。同时，还应注意以下细节：

第一，奏唱国歌时，除身体欠佳者之外，在场所有人员都必须起身站立。

第二，奏唱国歌时，不允许走动、嬉笑打闹、交头接耳，或接打移动电话；不允许鼓掌、击节、吼叫、蹦跳或者手舞足蹈、摇头晃脑；不允许手插口袋；不允许提拿物品、扶持他物或端起双臂。

第三，奏唱国歌时，每一个人都必须认真对待，确保演唱的正确。众人齐唱国歌时，还必须力求节奏适当，与大家保持一致。不允许演唱国歌时丢三落四，自由发挥，更改歌词；不允许发出怪声怪调，含混不清，或者有意拖腔。

第四，奏唱国歌时，一般均应放声高唱。不要闭口不唱，低声哼唱，或者吐字发声时不清晰、不大方、不准确。演唱我国国歌时，不应任意使用外语或土语、俗语。

第五，依据国际惯例，我国举行欢迎正式到访的国宾的仪式时，应先后奏唱中外两国国歌。其标准的先后顺序是，首先奏唱来宾所在国的国歌，然后再奏唱我国国歌。

第六，在他国领土上，应当遵守当地对于奏唱国歌的有关规定，切不可肆意而为。

第四节　警徽、警歌礼仪

一、警徽礼仪

警徽，是我国人民警察所专门使用的徽记，是人民警察的象征和标志。警务人员必须爱护警徽，维护警徽的尊严。

警务人员在使用警徽时，应当自觉遵守相关礼节。

第一，应当正确使用警徽。根据《公安机关人民警察内务条令》的规定，警徽应严格按照有关规定制作和使用。

根据《人民警察法》第36条第1款的规定，包括警徽在内的一切人民警察的警用标志，由国务院公安部门统一监制，会同其他有关国家机关管理，其他个人和组织不得非法制造和贩卖。

根据《人民警察法》第36条第2款的规定，包括警徽在内的一切人民警察的警用标志，为人民警察专用，其他个人和组织不得持有和使用。

第二，自觉爱护警徽。在日常工作中，人民警察必须自觉地爱护警徽，维护警徽的尊严。

第三，在任何情况下，都不允许任何污损、破坏警徽，必须制止一切有损于警徽尊严的行为。

第四，不允许随意放置或乱扔、乱拿、乱用警徽。

第五，不允许焚烧、涂划、践踏警徽。

第六，不允许使用污损、变形或已经变色的警徽。

第七，不允许贩卖或出借警徽。

二、警歌礼仪

警歌，是人民警察性质、宗旨和精神的体现，是我国人民警察的专用标志之一，是人民警察专门使用的歌曲。根据《公安机关人民警察内务条令》的规定，使用警歌必须遵守相关礼节。

（一）使用警歌的场合

按规定，警歌可以用于公安机关、公安院校的重要庆典、集会、检阅以及其他维护显示警威的场合。

（二）奏唱警歌的要求

在正式场合奏唱警歌时，警务人员均应庄重肃立，并且依照现场要求高唱或恭听警歌。不允许坐而不立，立而不正，四处乱走，交头接耳，打打闹闹，或者随意哼唱，改动警歌。

（三）有关警歌的禁令

为了维护警歌的尊严，警歌不得在私人婚、丧、庆、悼活动或娱乐、商业活动以及其不宜奏唱的场合奏唱。

【典型案例】

案例一

尊重国旗

奥运火炬在桂林传递期间，两个青年男女坐在一起休息，可他们的屁股下却坐着中华人民共和国国旗和有北京奥运标志的小旗子。无法轻易得出两个青年故意玷污国旗或不爱国的结论，恰恰相反，他们可能在心里还是非常爱国的，只是因为文明素质不够，在表达爱国的过程中犯了无心之过，做了对国旗不尊重的事，成了网民们讨伐的对象。

把国旗当做坐垫，坐在屁股下面肯定是不对的。往小了说，这是不文明行为；往大了说，不尊重爱护国旗，已经违反了《国旗法》，是违法行为。其实，这种现象并不少见。在前几站奥运火炬传递的过程中，还有一些国际比赛中，我们都看到过许多被扔在地上的国旗。这都是“为国助威反而为国抹黑”的例子。这样的事情，说明一些国人的文明素质仍有待提高，急需进行一些最基本的礼仪教育。

案例二

第一面中国国旗

鸦片战争以后，清政府与西方列强交往日益频繁。在谈判签约，兵船活动，通商贸易，互派使节等外交活动中，西方国家高悬国旗，而大清国无旗可挂。官员深感不便，且失“天朝威仪”。鉴于此，1866年，当时的总理衙门仿照外制确定了中国第一面国旗。该旗式样为斜幅三角形，底色为正黄色，四周以蓝色镶边，中间绘有一青色飞龙。左上角有一颗赤色玉珠（喻龙吞珠）。

黄色及龙都是大清皇帝的象征，以黄龙旗作为国旗有“朕即国家”的意思。世人呼之曰大清黄龙旗。当时清政府并未明定该旗为不可变动之国旗，主要是为雇船缉盗，兵、商船活动使用。但1868年，美国人蒲安臣代表清政府出使西方各国，就是打着此旗周游欧美的。1881年，驻英公使曾纪泽从英国为北洋水师购得“扬威”、“超勇”两艘巡航舰，亦悬挂黄龙旗途经大西洋、印度洋驶回祖国。自此外国人熟知此旗，公认为中国国旗。

第九章　民俗和宗教礼仪

民族风俗，主要是指一个民族在物质文化、精神文化等社会生活方面长期承继的、广泛流行于社会和全民的、在一定条件下反复出现的行为方式。警务交往中应预先充分了解各民族习惯和宗教礼仪的禁忌，在工作中注意尊重他们的风俗习惯，防止“犯忌”，尽量不谈其忌讳的话题，不作其忌讳的举动。对宗教、民族等敏感问题中不是很了解的方面，应尽量回避，以免出现差错，引起主人的不快，造成不良影响。

第一节　我国少数民族风俗和禁忌

我国是一个统一的多民族国家，共有56个民族。汉族约占全国总人口的94%，所以在习惯上就把汉族以外的其他民族，称为少数民族。少数民族人口不多，但分布极广，占全国总面积的50%～60%。由于历史和地理的原因，各民族生活和风俗习惯不尽一致，有着多彩多姿的丰富性，并且这些风俗习惯成为各民族的特征之一。

《礼记》上说“礼从宜，事从俗”。其含义就是要求警务人员在警务活动中，要尊重各民族的习俗。因此，警务人员要不断督促自身学习、掌握一些与自己工作有关的民族习俗知识，以免产生一些不必要的麻烦。各民族的主要风俗和禁忌有：

（一）蒙古族

蒙古族厌恶黑色，认为黑色是不祥的颜色。在饮食上，蒙古族忌食虾、蟹、鱼、海味等。蒙古人忌讳别人（包括客人）骑着马在蒙古包门口下马和骑马闯进羊群，忌讳手持马鞭进入毡房。客人不经允许不可擅自进入蒙古包内，在蒙古包内不能随便就坐，不能蹲，不能将腿伸向西北方或炉灶。不能从主人的衣帽、被褥、枕头上跨过，不能在包房内吐痰，出包房不能踩门槛。

（二）回族

进回族清真寺忌抽烟。忌食猪肉以及凡有犬齿且猎食其他动物的猛兽，忌食自死动物，忌食动物的血液。语言上，对食用的畜禽忌说“肥”，而说“壮”；忌说“杀”，而说“宰”；忌说“肉”，而说“菜”。相互间不用禁忌物来比喻。回族民居内部的布局分配体现“以西为贵”，西房通常为老年人居住，西墙是老年人在家礼拜时面对的地方。

（三）藏族

不可触摸佛像、佛供、经书、钟鼓、活佛身躯和佛徒佩戴的佛珠，因为这些都是圣物；男坐左边，女坐右边，不可混坐；家有病人或产妇，不得进入。

（四）维吾尔族

维吾尔族的饮食禁忌与伊斯兰教相同。他们忌用单手接送礼物；忌穿短裤、短小衣物外出；睡觉时禁头东脚西，禁四肢平伸仰卧。做客时洗手不可将湿手乱甩；不能在长者就座之前入座；吃抓饭不能用手乱抓或抓了再放回去；吃剩残物不要乱扔；用餐时不能从餐布或主人面前跨过；不能当着主客的面吐痰、擤鼻涕等。

（五）苗族

一般主人的卧室，外人不得随意进入。屋内不能吹口哨，老人面前不跷二郎腿，走路不从别人面前走过而要从背后绕行。苗族十分忌讳戴孝的人进入自己家。男性客人一定要接受苗家的敬酒，若实在不会喝酒，应该非常有礼貌地加以说明，否则被视为无礼。苗族妇女生了小孩以后，忌讳外人进入，特别忌讳穿雨鞋者和孕妇进入。家有产妇，都要在门前悬挂一顶破草帽或在屋外岔路口插上一枝绿树枝，以示谢绝外人进入。

（六）彝族

忌骑马遇人不下马；忌孕妇来往于他人婚礼；不准用脚蹬锅庄石，更忌从火塘上方跨过；忌火把节时，在田地中间随意走动；家中有人出门远行，忌随后扫垃圾出门；忌在屋内弹口弦、吹口哨，夜间不关门；忌对婴儿用“胖”、“重”、“漂亮”之类赞词；忌在家人外出时说不吉利的话；忌在人有病时说死伤之类的话；忌无故恶语咒骂他人和禽畜树木；忌砍神树或在神树旁高声喧哗打闹；不许妇女抚摸男人的头，更不准从男人帽子上跨过。到彝家做客，不能坐在堆放东西和睡铺的下方和左方。禁食马、骡、狗、猫、猴、蛇、蛙等肉。

(七) 壮族

火塘、灶塘是壮族家庭最神圣的地方，禁止用脚踩踏火塘上的三脚架以及灶台。杀鸡时，鸡翅必须敬给老人。登上壮族人家的竹楼，一般都要脱鞋。壮族忌讳戴着斗笠和扛着锄头或其他农具的人进入自己家中。壮族青年结婚，忌讳怀孕妇女参加。壮族妇女生小孩期间，谢绝外人进入，特别是怀孕妇女不能进入产妇家。

(八) 布依族

到布依族人家做客，不得触动神龛和供桌，也不得在供桌上摆放东西。布依族热情好客，家中来了客人，不管其酒量如何，布依族同胞习惯先斟一大碗自酿的米酒奉上，客人必须量力而行，或多或少喝一点。火塘是布依族家庭的核心，火塘边的三脚架忌讳踩踏。

(九) 朝鲜族

朝鲜族一般老少不同席，老人单独设席；晚辈要待长者用餐后方可举筷，不得在老人面前喝酒抽烟，如无法回避也要转身而饮。朝鲜族的禁忌有：严禁同宗、表亲通婚；不喜食羊、鸭、鹅及油腻食物，喜食狗肉，尤喜狗肉汤，但婚丧及佳节时禁止杀狗、食狗肉。

(十) 满族

满族是个好客的民族，如有客人来家，全家人都要穿戴整齐，到门外去迎接。留客人在家吃饭时，也是很讲规矩的，“酒要斟满、茶斟半碗”，因为有“酒满敬人、茶满欺人”之说。满族至今有放犬的习俗，家家养狗，但不杀狗，不吃狗肉，不戴狗皮帽子，不铺狗皮褥子，不用狗皮制品。满族也不准打射乌鸦、喜鹊。在满族老百姓家里的院子中，都喜欢种柳树，但不许在柳树下拴马、喂家禽等。

(十一) 侗族

侗族群众信仰多神，有自然崇拜、灵魂崇拜、祖先崇拜。在侗族的宗教信仰中，最重要的是萨崇拜。侗乡南部地区普遍崇拜的女性神，称为萨岁，意为始祖母，是最高的保护神。

(十二) 瑶族

瑶族平日里洗脸盆不能拿来洗脚；用餐时忌讳互用碗筷；忌讳衣裤当户晒；忌讳在屋内乱吐口痰。猪日不杀猪，鸡日不杀鸡，牛马日不买卖牛马。有客人到家，客人先要与主妇打招呼，主人才高兴，否则会被认为傲慢无礼。

（十三）白族

白族热情好客，先客后主是白族待客的礼节。家中来了客人，以酒、茶相待。著名的“三道茶”就是白族的待客礼。但白族人倒茶一般只倒半杯，倒酒则需满杯，他们认为“酒满敬人，茶满欺人”。白族人家的火塘是个神圣的地方，忌讳向火塘内吐口水，禁止从火塘上跨过。白族人家的门槛也忌讳坐人。男人所用的工具，忌妇女从上面跨过。家里忌讳戴着孝帕的人进入。

（十四）土家族

土家族在节庆方面，以过四月八、六月六和土家年为主要节日。最为隆重的是过土家年，俗称过“赶年”。

（十五）哈尼族

火塘是哈尼族家庭的核心，火塘上的锅庄石或三脚架，切记不能用脚踩踏，不能向火塘内吐口水，不能用脚扒火塘内的柴头，也不能从火塘上跨过。哈尼族人家的门槛忌站、忌坐、忌讳用刀砍。

哈尼族绝对禁止砍伐林中树木，禁止在林中放牧。每年早春时节，要举行全寨性的祭祀活动。举行祭祀活动的当天，不能讲本民族语以外的其他民族的语言。允许进入神林区者，态度要庄严，不可嬉笑，绝对不能跨越位于寨神丛林前的寨神石和丛林中用来烹煮食物的锅庄石。

（十六）哈萨克族

在来到主人的住地时，不能策马疾跑到毡房前下马，而应勒马慢行，到房后下马，否则会被视为前来飞报坏消息。在进入哈萨克族的毡房时，切不可跨越房中间的火塘和餐布，也不要围着火塘转行，必须从房左侧进，并由原位出。在毡房里不能随地吐痰、擤鼻涕、打呵欠、放屁，更不能坐或睡在主人的床位上和箱子上。见到主人，不要当面夸赞主人的小孩，特别忌说孩子长得“胖”等言辞。洗手后不能甩手，要用毛巾擦干。哈萨克人信仰伊斯兰教，所以在吃饭时切忌谈猪肉。

（十七）傣族

卧室是不容外人窥看的，过去的习俗规定，若主人发现外人窥看主人的卧室，男人就要做主人的上门女婿，或到主人家做三年苦工，即使是女客人也要到主人家服役三年。傣家楼上客厅中有三根柱子，两根是卧室与客厅并排分开的，一根是火塘旁边的。卧室中的两根，靠外的一根叫“吉祥柱”可以靠着休息，靠里的一根是人死后用的，称为“升天柱”。火塘边的一根是绝对不允许靠的，那是傣家的“顶天柱”，若靠了柱子就意味着不尊重主人。

（十八）黎族

黎族人忌讳头朝门口睡觉。在附近村寨发生牛、猪、鸡等瘟疫时，即在本村的寨门上挂树叶或青草，以之为禁忌符号，称为“禁星”，表示禁止外人进村，以免将疫病带入。合亩地区的黎族人民除了在杀牲供祭祀祖先时能提祖先的名字外，平时不论是自己还是别人都不能提及。毛道乡的黎族人民对猫禁杀忌食，猫死后，只能拿去埋葬。

（十九）傈僳族

傈僳族忌讳客人从前门直走到后门；忌拄手杖进家门。家有客时，忌扫地，忌洗脸。杀鸡待客时，忌妇女切肉。家长外出时忌扫地，怕对家长不利，因死人时才去扫地。

（二十）佤族

佤族人爱喝酒，佤族敬酒讲究年龄大小，先敬老人，后敬年轻人。佤族人做水酒时，一般忌外人进家，或忌带一些酸果及鱼、螃蟹之类的水中动物进家。吃饭时，忌讳饭粒掉在地上。若掉了，一般都要捡起来，不能用脚踩，也不能扫进火塘里。地支属鸡、猪的日子，不能杀鸡、杀猪，卖鸡、卖猪。

（二十一）畲族

畲族以茶待客时，客人通常要喝两碗。忌正月初一挑粪，也不许抬轿、吹喇叭。不准当乞丐。不吃狗肉。到别人家做客时，忌把盘中食物吃光，应有所剩余。平时忌反穿衣服。旧俗忌讳逢年过节或出门做客时穿白色服装，喜事时尤其不能送白布。上有父母者，不能戴白色帽子。忌以手指月亮。

（二十二）高山族

禁忌接触神物、接触死者的器物；忌遇见蛇、山猫、鼠、横死者及其葬地，忌遇见动物交尾；严禁放屁、喷嚏；禁忌吃动物头尾；禁忌男人接触女人专用的织布机、麻织品、小锄及猪圈；禁止女性接触男人专用的猎器、猎具等。

（二十三）拉祜族

拉祜族人家的卧室，外人不得擅自入内。拉祜族以敬老为荣，不准在树下大小便。到拉祜族人家做客，不得随意触摸“神桌”和“神桌”上的祭品，也不能在神桌上摆放东西，特别忌讳摆放肉类，更不能触动专供“家神”用的两节小竹筒。火塘是拉祜族家庭的核心，拉祜族视火塘和神龛一样神圣，不得对着火塘吐口水，火塘的上方不能坐人，不能跨越火塘，不得踩踏火塘上的三脚架和锅庄石。拉祜族忌讳杀狗，忌吃狗肉；到拉祜族地区，不能打主人家的狗，不能吃狗肉，不得在火塘上煮狗肉。

（二十四）水族

水族以鱼为吉祥物，崇拜巨石、大树。到水族地区，禁止触摸、攀爬或砍伐他们所崇拜的巨石、大树。春节前或者平时村寨中发生不好的征兆时，水族都要举行“扫寨”活动。届时村民用树枝封寨门，在寨门上打草标，以示禁止外人进寨，禁期1天。水族妇女生了小孩以后，在门上打草标，3天之内谢绝外人进入。

（二十五）东乡族

东乡族民间禁忌中强烈地渗透着伊斯兰教宗教文化意识。忌吃猪、狗、马、驴、骡和凶猛禽兽的肉；忌吃自死动物和动物的血。吃饼、馍要掰开吃。

语言方面，宰食牛、羊、鸡只言“宰”。

忌在饮用水和沐浴的水泉边、溪水边洗衣服、洗物、饮畜；禁非穆斯林人入灶房缸内舀水，到井中汲水或倒水；禁浪费食物和水。

可以参观清真寺，但禁止未经允许进入清真寺大殿；如准许进入大殿，则须脱鞋；禁乱扔废纸；禁抽签算命、占吉问凶；禁自杀；禁男子蓄长发；禁背地谈论别人、说谎等。

（二十六）纳西族

纳西族忌跨竖在门口的白石，忌跨火塘左边的座位。晚上点火回家，忌火把点进屋内。晚上回家先入火塘屋，忌先入卧室。披麻戴孝的人，忌进别人家的门；在家里不能吹口哨，忌吃不见血的肉；禁止污染水源、砍伐水源林；忌猎杀入家宅的小动物；忌伤害逗转耳畔的蜜蜂。

忌反手给人添饭、倒水；忌自己穿过的衣物送给人；忌喝他人喝过的残酒；在公共场所忌高声喧哗、说粗话，不可跷二郎腿。进入纳西人家时不能打主人家的狗，不能主动进入老人、女人的卧室和女孩的“花楼”。吃饭时忌敲碗筷、翻菜或连续夹菜。

（二十七）景颇族

景颇族人以骁勇彪悍、顽强刚毅著称。他们十分重视本民族的团结。男子喜穿白色或黑色对襟圆领上衣，包头巾上缀有花边图案和彩色小绒珠，外出时常佩带腰刀和筒帕。

景颇族有单方面姑表舅优先婚配的习俗。舅家的女儿，生下来就是姑家的称媳，相反，姑家的女儿绝不能嫁给舅家的儿子，这就是景颇人说的“血不倒流”。到了近代，只要排除同姓即可通婚。

（二十八）柯尔克孜族

柯尔克孜族与其他信奉伊斯兰教民族大体相同，忌食猪、驴、骡及自死动物的肉，忌食动物血，忌食非伊斯兰教徒宰杀的动物；忌对月亮、星星诉苦；忌傍晚睡觉；忌晚上往外拿白色的东西；日常生活中忌讳黑色；忌踩盐和食物。

（二十九）土族

忌在牲畜圈内大小便。寺庙大殿或家中佛堂内忌讳去过暗房（月房）的人以及服丧的人和妇女进入。妇女不戴帽子或不穿长衫，不得在长辈面前过往。忌讳用裂缝的碗给客人倒茶水。出远门或办喜事，早上出门碰上空桶、穿背斗，认为不吉，须返回改日再走。安了新大门或家中有重病的人，生了孩子等，外人不能进入院内，门上贴一方红纸或插上柏树枝，以示忌门。到土族人家做客，进门前必须先呼喊招呼，否则，被视为无礼。进屋后上炕必须脱鞋，否则是对主人的不尊敬。土族人忌讳同未婚姑娘开玩笑，不能在卧室里吐痰、擤鼻涕。

（三十）达斡尔族

男子夏穿布衣，外加长袍，用白布包头，戴草帽，足踏“奇卡米”（皮靴）；妇女穿长袍，以蓝色为主，夏日喜穿白袜、花鞋。他们最大的节日是春节，节日里都着盛装，逐户拜年，妇女们互赠礼物。

（三十一）仫佬族

忌吃猫肉、牛肉、蛇肉。不能在家煮狗肉，因狗带秽气，会犯灶君。外出经商忌讳煮饭不熟和打破碗碟。买小猪时，忌妇女看见。男人身上有创伤不能给妇女看见伤口，怕伤势不好。忌闻乌鸦连声叫喊。

（三十二）羌族

若遇天旱，人们便举行搜山仪式，祈求降雨。届时，禁止人们上山进行打猎、砍柴、挖药等活动，违者将受谴责或遭痛打。若仍不降雨，再到高山之巅举行祈雨仪式。羌族每个村寨的山后都有一片神树林，被视为山神之所在。神林禁止砍伐，也不能在其中放牧和割草，村寨定期进行化祭。

（三十三）布朗族

进入布朗族村寨的房间要脱鞋。不能用手摸佛爷、和尚和老人的头部。平时禁止砍伐神树及周围的树林，不准在其中挖土取石，更不允许任何人在神林区内大小便。布朗族妇女怀孕后，忌讳前往赕佛和参拜佛爷。孕妇忌讳参加别人的婚礼和葬礼，一般不能参加各种祭典。布朗族男子大多包白色或黑色头帕，头帕是布朗族男子尊严象征，严禁外人触摸。

（三十四）撒拉族

撒拉族忌食猪肉和狗、马、骡、驴等肉，忌食动物的血以及自死之物；严禁在清真寺内及其附近吐痰或携带污浊之物进入清真寺；外人在寺内不得吸烟、唱歌或大声喧哗，更不能翻阅经典；做礼拜时，他人不得从面前走过；忌在水井、水塘附近洗涤衣物；与人谈话时忌咳嗽和擤鼻涕；在老人面前不能有失礼的行为。

语言方面，宰牛羊时，应说“宰”；若有人去世应说“定了”，忌说“死了”。

（三十五）毛南族

外出做生意时，最忌讳别人坐在自家门口。待客时，忌无酒，忌无“腩醒”，忌无“毛南饭”。吃饭时，忌以筷击碗。种田时忌谈鸟禽，忌吹口哨。婚嫁忌门不当、户不对，贫富之间很少通婚。结婚之日，新娘进夫家时，忌踩门槛。

（三十六）仡佬族

过年时，忌扫地、挑水、下生（烹饪生的食物）、骑马、犁田及倒脏水于门外。同时不许男人用锄、耙，女人用针线。年初一、初二不得晒衣服；年初一、初三不登门拜年。有些地方过年时妇女忌出门，祭祀祖先和财神时禁止妇女参加。另外，祭祖公得由和祖公有血缘关系的人作才行。有分娩或丧葬之事的人家，忌外人随便入内。

（三十七）锡伯族

锡伯族忌食狗肉，忌穿狗皮、狐狸皮制品；在屋内不准吹哨，家中有病人、妇女生育，在大门口挂红布条或一束草，禁止外人入内。通行墓葬，每个家族都有固定坟地。

（三十八）阿昌族

阿昌族禁止在正月初一杀家畜和伤害动物；妇女生孩子未满7天时，忌讳别家男子进入院内。

（三十九）普米族

普米族村寨认定一座山为村寨之山神，定期举行祭山神仪式。祭后，祭品要平均分给祭祀者吃，但不可吃完，要带回家中，分给家人吃。禁妇女犁地、打猎和取蜜。四月至八月封山期，禁上山采集花木。忌外人进入病人居室。外出忌遇背空筐者，以为不祥。若遇挑水、担柴者以为吉利。忌讳男子向少女赠送手镯和腰带。年节不打狗，平时不杀狗，亦不吃狗肉。新娘出嫁途中禁回头张望。禁穿着白衣，禁骑骡。除此之外，该族还有神树忌、锅庄忌等。

（四十）塔吉克族

塔吉克族忌食猪、狗、驴、马肉以及自死动物。忌用脚踢羊和踏食盐。忌看羊产羔。交谈时忌脱帽。居民普遍信仰伊斯兰教伊斯玛仪派。教徒不封斋，不朝觐。一般群众仅在节日礼拜。

（四十一）怒族

火塘上方的神位不能坐人，也不得从这里经过。忌讳别人踩踏自己的影子。老人的东西不得随意乱动，不能从老人面前走过，不直呼老人的名字。怒族崇尚男女平等，不歧视妇女，提倡男嫁女方，不受家族和女方歧视。怒族崇拜大自然，视村寨边的山林和道边的古树为神林之居所，禁止砍伐，禁止在其中大小便。怒族妇女怀孕后要受到重点保护，如不让干重活、苦活、脏活等。生了小孩以后，13天内谢绝外人进入产妇家，尤其不准外人于晚上出入产妇家。

（四十二）京族

京族是多神崇拜，特别是与海有关的神尤为敬仰。在织渔网时，忌别人走近观看和讲话。一切网具，忌人在其上面跨过，特别忌讳妇女跨越。抬网出海，去捕鱼时忌见女人。新造竹筏未下水时，忌煮生鱼或焦饭。忌到渔箔里大小便。坐船忌双脚垂在船外或舱里。船头烧香敬神的地方不能坐。在京族渔家做客，千万别说饭烧焦了，因为“焦”与“礁”同音，怕触礁。

（四十三）基诺族

基诺族有许多不成文的禁忌，如煮麂子头时须在妇女睡觉后进行，产妇不能吃用铜、铁锅煮的饭；祭过寨神的食物，必须在村、社长门前煮食；祭山神的食物一定要在野外煮食，不准拿进寨；婴儿满月，其父要闭门烤一只小鸡独食，当天父亲不准讲话，认为这样可为小儿消灾免祸。

（四十四）德昂族

德昂族的竹楼一般都有两道门，即正门和后门。外人一般只能从正门的楼梯上下竹楼，禁止横穿甬道，从正门进后门出。佛龛和祖宗牌位禁止外人触摸，也禁止在此挂放东西。屋内不能随地吐痰，不能用脚踩火塘里的柴火。

德昂族崇拜蛇，视村寨附近的一棵大树为蛇树，四周围起围墙，每年行一次素祭。“蛇树”禁伐，禁人走近。禁止砍伐寨神树，也禁止在其周围大小便。

（四十五）保安族

保安族忌食猪、马、驴、狗和一切猛禽的肉；忌吃一切自死动物；忌食动物的血；忌饮酒；新娘忌入席，婚后三天忌食男家饭。客人进餐时不得剩饭。

（四十六）独龙族

独龙族非常好客，如遇猎获野兽或某家杀猪宰牛，便形成一种远亲近邻共聚盛餐的宴会。独龙族有招待素不相识过路人的习俗，对过路和投宿的客人，只要来到家中都热情款待。他们有路不拾遗、夜不闭户的良好传统习俗，视偷盗为最可耻的行径。独龙族历来实行土葬。按独龙族的禁忌，死者不能直接从大门抬出，必须在住房的后壁或地板上另撬开一条缝将尸体抬出。凡属正常死亡者，均埋在自家宅地不远的地方。下葬那天，全村人停止劳动一天，远近亲属和本村的人都带来粮食、鸡、酒等，向死者表示哀悼。

（四十七）赫哲族

赫哲族注重礼仪，有敬老尊长的良好社会风尚，晚辈出远门回来，与长辈相见时，要向长辈行跪拜礼，依次向父母、兄嫂问安，以示敬重。长辈吻晚辈的额头，以示亲热爱护。赫哲族原信仰萨满教，相信万物有灵。他们认为有多少种动物、爬虫就有多少种神，其中最受尊敬的是人面形天神。宗教形式主要表现为祖先崇拜和自然崇拜。

（四十八）门巴族

门巴人在日常生活中也有许多禁忌，吃饭、喝酒、喝茶之前，需将少许食物、茶酒向空中抛洒，以此求神保佑，之后方准饮食；杀猪当天不能吃肉，禁杀家畜，忌食其肉；若家人出远门，当天不能扫地，家中人生病，要在门口插树枝，禁止外人进屋；孕妇分娩后，家中三个晚上不准灭火，三天内禁止外人进入室内；每月的1日、11日、21日家中不能请客，也不能外出做客；10日、20日、30日不能办公事，不能出远门、做买卖。家中若死了人，一年内死者家属不能唱歌跳舞，不能杀鸡宰猪，不能打猎，不能婚嫁。

（四十九）珞巴族

珞巴族村村有神石，不得手摸、搬动、坐其上边；村村有神树，不得砍伐。人分娩、牛猪狗生崽、人患病、狩猎进出门前，均插忌讳树，三天内禁止生人入内；外村亲朋前来，要在门口征得主人同意后，连说三声“鬼怪不要入内”，由主人陪同客人进屋。

猎狗为珞巴族狩猎立下了汗马功劳，珞巴人视狗如子。客人不得打狗、骂狗。猪被看做牲畜的首领，是频繁祭祀的主要牲畜，因此，受到宠爱，猪槽里严禁大小便。珞巴族是个不上锁的民族，以偷盗和说假话为世上最丑之事，最可恨之事。

（五十）裕固族

到裕固族牧民家做客，如果是骑马去，在离帐篷比较远的地方就得下马，以免惊动畜群；马鞭不论长短一律放在帐篷外面，不要带进去。离开时，不要出门就上马，而应牵着马走一段路，等主人回去了再上马。假如带了枪支、弹药或生皮、生肉也不要拿进帐篷。穿红衣、骑红马的人是不准进帐篷的。

在裕固族同姓同族间严禁通婚。

（五十一）塔塔尔族

塔塔尔族人民讲究礼仪，亲友相见要握手问候，妇女相见时，通常握双手礼。禁在水渠、水池、水井、涝坝等附近洗衣服和在坝内洗澡游泳；忌在室内大小便；忌与妇女开玩笑；不准在住房附近、水源旁边、清真寺、墓地周围大小便、吐痰和倒脏水。塔塔尔族最忌讳猪，不吃猪肉。禁食驴、狗、骡肉和自死牲畜以及凶禽猛兽，禁食一切动物的血。

（五十二）鄂温克族

产妇未满月前，忌外人带枪或钥匙进屋。父母在世时，儿子不得蓄胡须；下午忌理发、刮脸，戴孝者尤忌；忌说“死”，若老人死，要说“成佛了”；小孩死，要说“小活了”；搬家时，忌在曾死人的地点留下不洁之物，如指甲、头发、破布包、包脚布等；忌漫骂牲畜；忌抛撒奶类食品，若不慎撒落，应将所撒的奶少许抹于前额；忌宰杀或出卖未停奶的母畜；禁止夫妻互换衣帽穿戴；禁止女人摸男人的头。

（五十三）鄂伦春族

烤肉、煮肉或食肉，均忌以刀叉肉。忌食狗、马肉。尤忌不敬山神便独自饮酒吃饭。有“关魏葛”、“吴孟”等异姓不通婚的禁忌习俗，亦忌异辈通婚。禁忌男人入产房，包括丈夫在内。家中被褥要分叠。做客忌闯屋乱坐，主人允许后方可入座。忌妇女踩坐男人衣帽；病人忌洗面；忌用有爪类野兽祭神。

（五十四）俄罗斯族

俄罗斯族人忌讳送黄色礼品，认为黄色象征着不忠诚；喜欢蓝色礼品，认为蓝色代表着友谊。从前，俄罗斯人还忌讳专门给人送手套，认为这意味着挑衅。在公众场合不能抠鼻孔、伸懒腰、抓痒、大声咳嗽。交谈时，不能用手指他人。

（五十五）乌孜别克族

饮食习惯与新疆其他信仰伊斯兰教的民族一样，禁酒和忌食猪、狗、驴、骡肉，喜食牛、羊、马肉及乳制品，一日三餐皆吃馕和奶茶。爱吃土豆炖肉及蜂蜜、糖浆。“那仁”是民族风味食物，多用以待客。用餐时严禁脱帽，更不能穿裤衩、背心去别人家里。

第二节 我国传统节日风俗礼仪

我国是一个历史悠久的文明古国。长期以来，在各民族人民的共同生活中，逐渐形成了一些稳定的、独具特色的传统节日并世代相传。受历史和现实的双重影响，我国的节日礼仪丰富多彩，颇具特色。我国的传统节日主要有：春节、清明节、端午节、中秋节、重阳节等。

一、春节

春节是我国各族人民最隆重、最盛大的节日。在几千年的历史文化演变过程中，形成了许多极富生活情趣和健康意义的风俗习惯和礼仪活动。春节的礼俗活动主要有以下内容：

（一）扫年

扫年，即大扫除。进入腊月后，家家户户都要把自家的房屋院落打扫得干干净净，以整洁、清新的面貌迎接新的一年。

（二）贴春联

春节前夕，人们都以红纸写下吉语佳言，贴在门上或墙壁上，增加了春节的欢乐气氛。

（三）吃年夜饭

这是农历十二月三十晚上的盛餐，俗称“合家欢”。各地年夜饭的内容品种不太一样，大多数地方吃饺子，意为“更岁饺子”；有的地方吃面条，恭祝大家长寿；有的吃年糕，寓意“年年高”；还有的地方吃鱼，但不能把鱼吃光，寓意“年年有余”等。不论吃什么，其含义无外乎祈求来年的生活幸福安康。

（四）守岁

大年三十晚上叫除夕，古人将其看得很重，因为“一夜连双岁，五更分两年”。所以，除夕的夜晚人们全家团聚，通宵不眠。当新年的钟声敲响的时候，大家纷纷燃放爆竹烟花，辞旧迎新。

（五）拜年

年初一早上，男女老少都穿上漂亮衣服去拜年。通常，先在家中拜长辈，拜主人，年初二、初三、初四开始走亲访友，相互拜年。晚辈给长辈拜年，长辈会给些“压岁钱”。现在，机关团体、企事业单位大多搞新年团拜活动，领导和员工互致新春祝福。

二、元宵节

农历的正月十五是元宵节，也叫花灯节。因其是一年中的第一个月圆之夜，又与春节相连，因此备受人们重视。

（一）观花灯

正月十五之夜，城镇街市到处火树银花，彩灯耀眼。人们制造出各种各样精美的花灯和焰火，还有的用许多灯扎成灯树，悬挂着制作精美的各种谜语，供人们观赏和猜测。

（二）闹社火

闹社火就是人们纷纷涌上街头观赏扭秧歌、舞龙灯、耍狮子、踩高跷、跑旱船、击太平鼓等娱乐表演。这些活动增添了节日的欢乐气氛，已成为我国民间艺术的不可缺少的组成部分。

（三）吃元宵

元宵节家家吃元宵、吃饺子、吃年糕，祝福合家团圆，年年登高。

三、清明节

清明节在每年的公历 4 月 5 日左右。这时，我国大部分地区气温转暖，万物萌发，让人感到格外清新明快，故曰“清明”。清明节期间的主要礼俗活动有：

（一）扫墓

清明扫墓是古老的寒食节祭扫祖墓活动的继续。自古以来，国人死后一般都是土葬，做有坟墓，在墓前植树以示保护，并以此作为标志。经过一年的风风雨雨，坟墓本身不免土壤流失，树木凋零，后人便每至清明带上食物供奉故人，并整修坟墓四周。久而久之，便形成了扫墓之俗。新中国成立后，每逢清明节，人们除了祭祖外，还组织祭扫烈士陵园，缅怀革命先烈的丰功伟绩，接受爱国主义教育的活动。

（二）踏青

踏青即春游。清明节前后，人们结伴出外春游，领略春天生机盎然的大好景色。

（三）插柳戴花

清明节前后，人们扫墓或踏青归来，常采野花簪发或折柳栽插，表示自己祈求驱邪避煞、消灾解祸的愿望。民间谚语中就有“戴个麦，活一百；戴个花，活百八；插根柳，活百九”的说法。

四、端午节

每年的农历五月初五是端午节，又名端阳节。五月初五这天是我国古代爱国主义诗人屈原投江殉国的日子，因而端午节便和纪念屈原的活动紧密联系在一起了。

（一）吃粽子、赛龙舟

据说屈原投江后，楚国百姓怕蛟龙吞食屈原，便一边造龙舟四处打捞，一边把粽子投进水里，希望水中的蛟龙和鱼吃粽子，不去伤害屈原遗体。这一风俗沿袭至今，每逢端午，人们便包粽子，吃粽子。在我国南方，人们还挑选年轻力壮的青年参加赛龙舟活动，使得传统节日内容更加丰富和健康。

（二）驱五毒

农历五月，天气转暖，“五毒醒，不安宁。”五毒指蝎子、蜈蚣、毒蛇、蛤蟆、壁虎。为驱五毒，人们在这一天里，大人喝雄黄酒，在门窗上插艾子，以净化空气，并将雄黄酒涂抹在小孩的耳、鼻或前额处以杀菌解毒。

五、中秋节

（一）赏月

中秋节即农历的八月十五。这一天正值秋分前后，昼夜一样长，加之秋高气爽，故中秋之夜的月亮最圆最亮，人们很自然地形成了中秋赏月的习惯。

由于中秋正值秋收的黄金季节，明亮的圆月又象征团圆，人们便赋予它吉祥、美好的含义，合家团圆，饮酒赏月，吟诗作画，共度佳节。

（二）吃月饼

中秋节，人们赏月的同时，还要吃月饼。月饼象征着合家团聚和欢乐，所以，月饼也被称作“团圆饼”。其形取月之圆，其馅尽味之美，寄托着人们的美好愿望。

六、重阳节

农历九月初九是重阳节。九为阳数，两九相重，故名“重阳”。重阳时节，秋高气爽，风清月洁，可登高望远，赏菊赋诗，喝菊花酒，插茱萸。演变至今，重阳节成为登高、敬老、赏菊的节日。

（一）登高

“重九登高，效桓景之避灾。”相传东汉时期有一名士叫桓景，一天有人告诉他，九月初九这天家中有难，并告之以避难的方法。重阳这天，桓景便携带全家登高，插茱萸、饮菊花酒以避邪。后来，重阳登高就逐步演变成一种民间节日。

（二）赏菊

九九时节，正值菊花盛开之时，文人墨客把酒吟诗，百姓们结伴出游，赏菊饮酒，消烦解毒，深受人们喜爱。

（三）敬老

新中国成立以来，重阳节又被赋予了敬老这一新的含义。这一天，社会组织老年人开展一些有意义的文体活动，对生活困难的老人进行慰问，子孙们与老人共度节日并祝愿老人健康长寿。

第三节　宗教礼仪

尊重和保护宗教信仰自由，是我国的一项长期基本政策，尊重宗教礼俗和禁忌，是保持人际关系和谐与民族团结的一个重要条件。在国内外活动中，警务人员或多或少都会与形形色色的宗教有所接触。因此，掌握一些基本的宗教礼仪非常之必要。

所谓宗教礼仪，在此是指宗教信仰者为对其崇拜对象表示崇拜与恭敬所举行的各种例行的仪式、活动，以及与宗教密切相关的禁忌与讲究。世界上存在着多种宗教，自然也就存在着多种宗教礼仪。在社会生活里，宗教礼仪不仅是各种宗教之间相互区别的显著标志，而且也是各种宗教用以扩大宗教组织、培养宗教信仰的重要的常规性手段。

一、基督教礼仪

基督教，是信奉耶稣为救世主的各教派的总称。它是目前全世界信仰人数最多的一种宗教。它的信徒约为 18 亿人，约占世界总人口的 1/4，分布于 150 多个国家之中。

基督教于公元 1 世纪出现于巴勒斯坦。相传，它的创始者为基督耶稣，并以上帝为崇拜对象。基督教的主要经典是《圣经》，象征性标志是十字架，重要节日为圣诞节、复活节等。

警务人员与基督教人士进行具体接触时，应注意以下细节：

1．在两千年的演化过程中，今日的基督教已分为天主教、东正教与新教三大流派。在具体教义、信条以及分布区域上，三者之间存在一定的区别。因此，应注意其不同流派的差异，切不可将其不同的流派混为一谈。

2．与基督教信仰者打交道时，不宜对其尊敬的上帝、圣母、基督以及其他圣徒、圣事说长道短，不宜任意使用其圣像与其宗教标志。对神职人员，一般不应表现不敬之意。

3．“666” 在基督徒眼里代表魔鬼撒旦，“13” 与 “星期五” 也被其视为不祥的数目，所有的基督徒都会对其敬而远之，因此不应该有意让对方接触它们。

4．有些教派的基督徒有守斋之习。守斋时，他们绝对不食肉、不饮酒。一般情况下，基督徒不食用蛇、鳝、鳅等无鳞无鳍的水生动物。

5. 就餐之前，基督徒多进行祈祷。非基督徒虽然不必照此办理，但也不宜在其前面抢先而食。

6. 在基督教的专项仪式上，讲究着装典雅，神态庄严，举止检点。服装“前卫”，神态失敬，举止随便者，均不受欢迎。

7. 教堂为基督教的圣殿。它允许非基督徒进入参观，但禁止在其中打闹、喧哗，或者举止有碍其宗教活动。

8. 进入教堂后，应保持严肃的态度，切忌衣着不整或穿拖鞋、短裤。应当脱帽，并摘下墨镜。在聚会和崇拜活动中禁止吸烟。基督徒一般饮食中不吃血制品。

9. 根据天主教教会的传统，天主教的主教、神父、修女是不结婚的。所以，同天主教人士交往时，见到主教、神父、修女不可问他(她们)“有几个子女”、“爱人在哪里工作”等问题。

二、伊斯兰教礼仪

伊斯兰教，旧称回教，它也是世界上最重要的宗教之一。目前，它拥有10亿多信徒，主要分布于西亚、北非、中亚、南亚和东南亚等地的172个国家和地区。其中有20多个国家，伊斯兰教被定为国教。

伊斯兰教于公元7世纪创立于阿拉伯半岛。它的创立者为穆罕默德。伊斯兰教以安拉为真主，以穆罕默德为真主的使者。所有信仰伊斯兰教者均称为穆斯林，意即安拉旨意的“顺从者”。穆斯林之间，一般互称“兄弟”。

伊斯兰教的主要经典是《古兰经》。它的重要节日有宰牲节、开斋节等。圣城为麦加。伊斯兰教的基本教义是：“万物非主，惟有真主。穆罕默德，真主使者。”

警务人员与伊斯兰教人士进行具体接触时，应注意以下细节：

1. 伊斯兰教的不同流派很多。与穆斯林打交道时，千万不要将其所属教派弄错。

2. 伊斯兰教禁止偶像崇拜，故此不应将雕塑、画像、照片以及玩具娃娃赠给穆斯林，并不宜邀请其观看电影、电视、录像、VCD，也不得邀对方参加拍摄。

3. 伊斯兰教禁止妇女外出参加社交活动。在外人面前，不允许妇女的着装暴露躯体，不允许男女共处。与穆斯林打交道时，一般不宜问候女主人，不宜向其赠送礼物。女性警务人员前往伊斯兰教国家时，衣着一定要入乡随俗，禁止袒胸、露臂、光脚、赤足。

4. 在饮食方面，穆斯林讲究甚多。他们一般都忌食猪肉，忌饮酒，忌食动物血液，忌食自死之物，并且忌食一切未按教规宰杀之物。非清真的一切厨具、餐具、茶具，均不得盛放招待穆斯林的食物或饮料。

5. 在伊斯兰教教历的每年9月，穆斯林均应斋戒一个月。斋月期间，从每日破晓直至日落，禁饮食，禁房事。在斋月期间，外人不宜打扰穆斯林。

6. 穆斯林对个人卫生极其讲究。许多地方的穆斯林认为人的左手不洁，所以禁止以左手与人接触。

7. 在穆斯林面前，绝对不允许对安拉、穆罕默德信口评论，不允许非议伊斯兰教及其教义，不允许对阿訇无礼。

8. 虔诚的穆斯林每天都要面向圣城麦加方向礼拜五次，要注意避开他们朝拜的方向。伊斯兰国家规定星期五为休息日（聚礼日），穆斯林晌午要到清真寺集体做礼拜，即聚礼。如果遇星期五注意安排时间让虔诚的穆斯林做礼拜。

9. 穆斯林忌讳用左手给人传递物品，特别是食物。给穆斯林递东西时，注意不要用左手。

三、佛教礼仪

作为一种最古老的世界性宗教，佛教在今天仍有一定的影响。它的信徒约有3亿多人，分布在86个国家和地区，主要流行于东亚、南亚、东南亚一带。在我国历史上，佛教曾产生过一定的影响。

佛教相传在公元前6世纪由释迦牟尼创立于今日尼泊尔南部的蓝毗尼。释迦牟尼本名为悉达多·乔达摩，人称其为佛祖。

由于历史悠久，流派众多，今日佛教的经典已不可胜数。它的象征性标志是“佛塔”，重要节日有佛诞节、成道节等。佛教的基本教理有“四谤”、“五蕴”、“十二因缘”等，主张依经、律、论三藏，修持戒、定、慧三学，以断除烦恼而成佛为最终目的。

警务人员与佛教人士进行具体接触时，应注意以下细节：

1. 佛门弟子及其居所的具体称呼有别。凡出家者，男称炎僧，女称为尼，合称为僧尼。凡不出家者，则一律称为居士。僧之居所称为寺，尼之居所称为庵，有时统称二者为寺庙。对所有出家者，一律禁止称呼其原有的姓名。

2. 普通的佛教信徒为了“广种福田”，通常应向寺庙、僧尼或别人主动赠送财物，此举叫作“布施”。

3. 佛教的基本礼节为合十礼，基本的礼颂用语是“佛祖保佑”。佛教信徒拜佛时，则讲究行顶礼，即所谓“五体投地”。

4. 对于佛祖、佛像、寺庙以及僧尼，佛教均要求其信徒毕恭毕敬。非信徒对其不得非议。不准攀登、侮辱佛像。不准触摸、辱骂僧尼，不得与僧尼“平起平坐”。进入寺庙时，宜慢步轻声，不乱动，不乱讲，不乱录，不拍照。

5. 正当的佛教仪式进行时，不应对其任意阻挠或者蓄意加以扰乱。

6. 信徒应守“五戒”，即规定其信徒不杀生，不盗窃，不邪淫，不饮酒，不妄语。

7. 饮食上忌食“五荤”，即禁止其信徒食用葱、蒜、韭菜、兴渠、葛头等五种气味刺鼻的蔬菜。

8. 佛教徒非常注重头部，忌讳别人提着物品从头上掠过；长辈在座，晚辈不能高于他们的头部；小孩子头部也不能随便抚摸。

9. 在与僧人有直接面对的场合，女士穿着要端庄，不要穿迷你裙等过于暴露的衣着。

【典型案例】

案例一

尊重习俗

1961 年 4 月，周恩来陪同外宾到西双版纳傣族自治州首府允景洪，参加傣族人民的盛大节日——泼水节。在开始泼水的时候，周总理和各族群众都用一根柏木枝条蘸着银碗里的水互相洒。我们傣族有个风俗，泼水节水泼得越多，越热烈，就表明彼此越亲热，越尊敬。各族群众觉得这样洒水，还不能表达对周总理无比热爱的感情，于是就改用大盆来泼水。周总理的警卫人员担心首长的健康，就用雨伞去挡水。周总理立刻要他把雨伞收起来，并说：“不要紧的，要到群众中去，和大家一样。”周总理放下银碗，拿起一只脸盆，把一盆盆清水向各族群众泼去。大片大片的水花在天空飞舞，晶莹的水珠在阳光的照耀下，熠熠闪光，一道道彩虹，把周总理和各族人民紧紧地连在一起。兄弟民族，很多都有宗教信仰，周恩来指出要尊重他们的宗教信仰。他说："不信仰宗教的人应当尊重信仰宗教的人，信仰宗教的人也应当尊重不信仰宗教的人。不信仰宗教的人和信仰宗教的人都可以合作。信仰不同宗教的人也可以合作。"另外，一个民族往往有自己的不同的风俗习惯，对此也应当尊重。他说："人家的风俗习惯是建立在自己的生活条件的基础上的。风俗习惯的改革，要依靠民族经济基础本身的发展，不要乱改。"他在西双版纳时，当地领导人向他介绍说傣族地区农民有不施肥，不修水利、靠天吃饭的习惯。周恩来亲切地说，要提倡积肥施肥、兴修水利，改变落后的耕作方式，但是要多做工作，逐步改变，因为这是个长期的习惯呀！要尊重民族的习惯，等待他们自己有要求时再改变，而改变是有利于发展生产的。

案例二

入国问禁

国内某家专门接待外国游客的旅行社，有一次准备在接待来华的意大利游客时送每人一件小礼品。于是，该旅行社订购制作了一批纯丝手帕，是杭州制作的，还是名厂名产，每个手帕上绣着花草图案，十分美观大方。手帕装在特制的纸盒内，盒上又有旅行社社徽，显得是很像样的小礼品。中国丝织品闻名于世，料想会受到客人的喜欢。

旅游接待人员带着盒装的纯丝手帕，到机场迎接来自意大利的游客。欢迎词致得热情、得体。在车上他代表旅行社赠送给每位游客两盒包装甚好的手帕，作为礼品。

没想到车上一片哗然，议论纷纷，游客显出很不高兴的样子。特别是一位夫人，大声叫喊，表现极为气愤，还有些伤感。旅游接待人员心慌了，好心好意送人家礼物，不但得不到感谢，还出现这般景象。中国人总以为送礼人不怪，这些外国人为什么怪起来了？

在意大利和西方一些国家有这样的习俗：亲朋好友相聚一段时间告别时才送手帕，取意为"擦掉离别的眼泪"。在本案例中，意大利游客兴冲冲地刚刚踏上盼望已久的中国大地，准备开始愉快的旅行，你就让人家“擦掉离别的眼泪”，人家当然不高兴，就要议论纷纷。那位大声叫喊而又气愤的夫人，是因为她所得到的手帕上面还绣着菊花图案。菊花在中国是高雅的花卉，但在意大利则是祭奠亡灵的。人家怎不愤怒呢？本案例告诉我们：旅游接待与交际场合，要了解并尊重外国人的风俗习惯，这样做既对他们表示尊重，也不失礼节。

附 录

公安机关人民警察内务条令

（2000 年 6 月 1 日公安部令第 53 号发布施行）

目　录

第一章　总　　则

第一条　为了加强公安机关人民警察队伍正规化建设，规范内务管理，根据《中华人民共和国人民警察法》，制定本条令。

第二条　公安机关内务建设的基本任务，是通过建立规范的工作、学习、生活秩序，培养公安机关人民警察（以下简称公安民警）优良的作风和严格的纪律，树立人民警察的良好形象，提高公安队伍的战斗力，保证公安机关圆满完成服务人民群众、维护社会治安、打击违法犯罪的任务。

第三条　公安机关内务建设，贯彻从严治警、依法治警方针，按照公安机关的性质、任务和特点，坚持高效务实、加强监督、着眼基层的原则，培养公正廉明、英勇善战、无私无畏、雷厉风行的优良警风。

第二章　宣　　誓

第四条　宣誓，是公安民警对自己肩负的神圣职责和光荣使命的承诺和保证。新录用的公安民警必须进行宣誓。

第五条　宣誓的誓词

我宣誓：我志愿成为一名中华人民共和国人民警察。我保证忠于中国共产党，忠于祖国，忠于人民，忠于法律；服从命令，听从指挥；严守纪律，保守秘密；秉公执法，清正廉洁；恪尽职守，不怕牺牲；全心全意为人民服务。我愿献身于崇高的人民公安事业，为实现自己的誓言而努力奋斗！

第六条　宣誓的基本要求

（一）新录用的公安民警，应当在初任培训合格后，上岗前由所在单位或者培训学校组织宣誓。

（二）宣誓前，公安机关领导人员应当对宣誓人进行人民警察性质、宗旨、任务、纪律、作风等教育。

（三）宣誓场地应当悬挂警徽。

（四）参加宣誓人员应当庄重严肃、着装整齐、警容严整。

第七条　宣誓仪式的主要程序

（一）宣誓大会开始。

（二）奏（唱）国歌。

（三）主持人讲话（简要说明宣誓的意义，讲解誓词的基本精神）。

（四）宣读誓词（宣誓人立正，右手握拳上举至耳部，由预先指定的一名宣誓人在队前逐句领读誓词，其他人高声复诵）。

（五）宣誓人代表讲话。

（六）领导讲话。

（七）奏（唱）警歌。

（八）宣誓大会结束。

宣誓时，若结合授衔、授装进行，应当先授衔、授装，后宣读誓词。

第三章 内部关系

第八条 公安民警，不论职务高低，政治上一律平等，相互间是同志关系。

第九条 公安民警依据行政职务和警衔，构成上级和下级以及同级的关系。行政职务高的是上级，行政职务低的是下级，行政职务相当的是同级。在相互不知道行政职务时，警衔高的是上级，警衔低的是下级，警衔相同的是同级。

第十条 上级应当关心、爱护和严格管理下级。下级必须服从上级。同级之间应当在上级领导下，严格履行职责，积极合作，互相尊重，互相支持。

第十一条 上级有权对下级下达命令。命令通常按级下达，情况紧急时，也可以越级下达。越级下达命令时，除特殊情况外，下达命令的上级应当将所下达的命令通知受令者的直接上级。

命令下达后，上级应当及时检查下级的执行情况；如果情况发生变化，应当及时下达补充命令或者新的命令。

第十二条 下级对上级的命令必须坚决执行，并将执行情况及时报告上级。下级如果认为命令有不符合实际情况之处，可以提出建议，但在上级未改变命令时，仍需坚决执行。

执行中如果情况发生重大变化，原命令确实无法继续执行而又来不及或者无法请示报告上级时，应当根据上级的基本意图，以高度负责的精神，积极主动地果断行事，坚决完成任务，事后迅速报告上级。

下级接到越级下达的命令，必须坚决执行。除下达命令的机关有明确要求外，在执行的同时，应当向直接上级报告；因故不能及时报告的，应当在情况允许时迅速补报。

第十三条 不同建制的公安民警在共同执行任务时，应当服从上级指定的负责人的领导和指挥。如果发生重大治安案件、重大刑事案件、重大自然灾害事故、暴乱、骚乱以及追捕逃犯等紧急情况，在建制不明时，由行政职务高的公安民警负责指挥；一时难以区别行政职务高低时，由行政警衔高的公安民警负责指挥。

第十四条 公安机关之间及各警种、各部门之间，应当按照各自职能和分工，密切合作，互相支持，协调一致地进行工作。

第四章 警容风纪

第十五条 着装

公安民警应当按照《公安机关人民警察着装管理规定》着警服，保持警容严整。

（一）除不宜或者不需要着装的情形外，在工作时间必须着警服。

（二）应当配套穿着警服，不同制式警服不得混穿。

（三）应当规范缀钉、佩带警衔标志、警号、胸徽、帽徽、领花、臂章等，不得佩带其他与人民警察身份或者执行公务无关的标志。

（四）应当爱护和妥善保管警服、警衔标志、警号、胸徽、帽徽、领花、臂章等。

第十六条 仪容

（一）公安民警应当保持头发整洁。非特殊任务需要，不得染彩发，男性公安民警不得留长发、大鬓角、卷发（自然卷除外）、剃光头或者蓄胡须，女性公安民警发辫不得过肩。

（二）公安民警不得文身，不得染指甲、留长指甲，不得化浓妆。

第十七条 举止

公安民警应当举止端庄，谈吐文明，精神振作，姿态良好。

（一）着警服或者执行公务时，不得边走边吃东西、扇扇子；不得在公共场所或者其他禁止吸烟的场所吸烟；不得背手、袖手、插兜、搭肩、挽臂、揽腰；不得嬉笑打闹、高声喧哗；不得席地坐卧。

（二）不得酗酒、赌博和打架斗殴；不得参加宗教、迷信活动。

（三）两名以上公安民警着装徒步巡逻执勤或者外出时，应当两人成行、三人成列，威严有序。

（四）外出时，必须遵守公共秩序和交通规则，遵守社会公德，自觉维护人民警察的声誉。

第十八条 礼节

（一）公安民警应当礼貌待人，语言文明，态度和蔼。

（二）参加庆典、集会等重大活动升国旗时，着警服列队的公安民警应当自行立正、行注目礼，带队人员应当行举手礼；未列队的公安民警应当行注目礼。奏（唱）国歌时，应当自行立正。

（三）晋见或者遇见上级党政领导、公安机关领导时，着警服的公安民警应当行举手礼；因携带武器装备或者执行任务需要，不便行举手礼时，可以行注目礼。

（四）晋见或者遇见本单位经常接触的领导和其他同事时，应当互相致意。

（五）列队的公安民警在行进间遇见领导时，带队人员应当行举手礼，其他人员应当行注目礼。

（六）公安民警交接岗时，应当互相敬礼；不同单位的公安民警因公接触时，应当主动致意。

（七）公安民警在外事活动场合与外宾接触时，应当主动致意。

（八）公安民警因公与非公安民警人员接触时，应当主动致意；纠正违章时，应当先敬礼。

（九）公安民警依法执行职务进入居民住宅时，应当主动出示证件，说明来意。

第五章　日常制度

第十九条　会议

（一）会议应当力求精简，讲求实效。

（二）派出所、警队等基层实战单位应当实行每日例会制度，时间一般不超过30分钟，总结、部署有关工作。

（三）县级公安机关每年至少召开一次全体公安民警大会，由领导总结、报告工作，表彰先进，布置工作任务。

第二十条　请示报告

（一）各级公安机关必须建立严格的请示报告制度，确保公安信息畅通。

（二）发生重大治安、刑事案件、自然灾害事故、民警重大违法违纪事件及伤亡情况，必须及时向上一级公安机关报告，不得以任何理由隐瞒或者拖延不报。

（三）下级公安机关必须定期向上级公安机关报告有关公安业务和队伍建设的基本情况。

（四）上级公安机关对下级公安机关的请示，必须认真研究，及时回复。

第二十一条　请假销假

（一）下级公安机关主要领导人员离开本地区，必须向上一级领导请假，特殊情况下不能及时请假的，应当及时报告。

（二）公安民警工作时间非因公外出，必须按级请假，按时销假；未经领导批准，不得擅自离岗。

（三）执行特殊或者紧急任务时，非因不可抗拒的原因，不得请假。

（四）请假人员因特殊情况经批准后，方可以续假。未经批准，不得超假或者逾假不归。

（五）国家进入紧急状态或者工作需要时，请假人员应当立即返回单位。

第二十二条 工作交接

（一）公安民警在工作变动、离（退）休、辞职或者被辞退、开除公职时，必须将自己负责的工作情况和掌管的文件、材料、证件、武器、弹药、器材等进行移交。移交工作应当在本人离开工作岗位前完成。

（二）公安民警因故暂时离开岗位时，应当将自己负责的工作向代理人员交代清楚。

第二十三条 证件

（一）证件是公安民警身份和执行职务的专用凭证和标志，应当严格按照有关规定制作、发放。

（二）除工作特殊需要外，公安民警不得使用与实际身份不相符的证件。

（三）在依法执行职务时，除法律、法规另有规定外，公安民警应当随身携带证件，并主动出示以表明人民警察身份。

（四）证件应当妥善保管，不得涂改、复制、转借、抵押、赠送、买卖。严禁将证件用于非警务活动或者非法活动。

（五）公安民警工作单位、职务或者警衔发生变动的，发证部门应当将其原证件收缴，并换发新证件。

（六）公安民警发现证件遗失、被盗（抢）或者严重损坏、无法继续使用的，应当及时报告所属公安机关并补办。

第二十四条 印章

（一）各级公安机关印章的刻制必须严格按照有关规定呈报批准，并在指定处刻制。严禁私刻公章。

（二）使用印章应当按照规定权限，严格履行审批手续，认真登记，严格用印监督。严禁利用印章谋私或者开具空白信件。

（三）印章应当指定专人保管。印章丢失的，必须及时上报，并通报有关单位。

（四）经批准作废的印章，应当登记造册，上交制发机关即行销毁；停止使用的印章，应当上交制发机关处理。

第二十五条 文件收发和保管

各级公安机关文件应当指定专人收发和保管。收发文件应当办理登记，妥善保管，并严格执行保密规定。需要归档的文件，应当按照要求立卷归档；不需要归档的文件，应当登记造册、指定专人销毁。

第二十六条 保密

公安民警必须遵守国家保密法律、法规，严守保密纪律，保守公安秘密。

公安机关应当根据工作情况，经常进行保密教育和保密检查，发现问题及时报告并严肃处理。

第六章 接待群众

第二十七条 公安机关应当简化办事程序，提高工作效率，方便人民群众。

第二十八条 公安机关执法办案和行政管理工作，除法律、法规规定不能公开的事项外，应当予以公开，并通过报刊、电台、电视台等新闻媒体和其他现代化信息传播手段以及公示栏、牌匾或者印发书面材料等形式告知群众，为群众提供方便。

第二十九条 公安机关应当根据各警种的实际情况和特点，制定文明用语和忌语，严格遵照执行。

第三十条 基层公安机关应当设置群众接待室或者服务室，实行群众办事、报警、报案、求助、咨询接待领办制度。

第三十一条 公安民警接待前来办事、报警、报案、求助、咨询的群众，应当首先问好并致意，然后认真、热情接待。接待时，应当态度和蔼，语言文明，认真受理，不得以任何借口推诿、扯皮、要态度，严禁态度冷、硬、横。

第三十二条 公安民警应当热情为求助的群众提供必要的帮助，解答群众提出的问题，对群众报警、报案应当及时妥善处理。

各级公安机关的警车在临时停靠或者行驶中，乘车的公安民警应当随时随地接受群众的报警与求助。

第七章　值班备勤

第三十三条　公安机关应当实行24小时值班备勤制度，由领导干部带班，安排适当警力备勤，配备相应器材和交通工具，保障随时执行各种紧急任务。

第三十四条　县级以上公安机关及刑警、巡警、交警部门和看守所、拘留所、派出所应当设置值班室，建立值班备勤制度。

第三十五条　值班人员职责

（一）接待报警、报案、检举、控告、投案自首或者其他原因来访的人员。

（二）发生案件、事故或者其他紧急情况，立即报告上级，并按照上级指示或者预案做出应急处理。

（三）及时、妥善处理公文、电话等。

（四）维护本单位工作、学习、生活秩序，承担内部安全保卫工作。

（五）完成领导交办的其他任务。

第三十六条　值班记录

建立值班记录制度，详细记录值班期间发生的重要事项及其处置情况。记录的主要内容包括：

（一）问题或者事件发生的时间、地点、有关人员的姓名和主要情况；

（二）向上级报告的时间，接受报告人的姓名和答复的主要内容；

（三）对上级指示的传达、办理情况和时间；

（四）负责处理的单位和人员姓名；

（五）值班人员姓名。

值班记录应当存档，妥善管理。

第三十七条　值班人员必须坚守岗位，切实履行职责。值班人员因故经批准离开岗位时，应当有人代岗。换班时，下班人员应当将工作情况向接班人员交代清楚，并履行交接手续。

第三十八条　值班备勤人员在值班备勤之前和期间不得饮酒，值班备勤期间不得进行妨碍值班备勤秩序的娱乐活动。

第八章　突发事件的处置

第三十九条　公安机关应当预先制订各种紧急行动方案，规定紧急集合和执行任务的联络方式和要求，并按照规定报经上级批准，组织必要的演习和训练。

第四十条 遇有下列紧急情况，县级以上公安机关应当按照紧急行动方案，组织有关人员立即赶赴现场，并及时报告上级公安机关：

（一）发生重大治安事故、事件和案件；

（二）发生重大刑事案件；

（三）发生重大涉外事件；

（四）发生重大自然灾害事故；

（五）发生外敌侵扰、空袭；

（六）其他紧急任务。

第四十一条 公安民警接到执行紧急任务的命令后，应当迅速到达指定地点，服从统一的指挥调动。发现紧急情况时，应当及时报告并迅速进入现场履行职责。

第四十二条 公安机关应当将所属民警的住址、联系方式等有关情况详细登记，以备发生紧急情况时迅速调集警力。

第九章　装备管理

第四十三条 公安机关应当建立严格的装备管理制度，加强装备的日常管理，保证装备经常处于良好状态。

第四十四条 装备的维护保养

（ ）使用的装备应当定期进行维护保养。

（二）对封存和外出人员留下的装备，应当指定专人定期维护保养。

（三）发现装备损坏，应当及时上报，并根据损坏的程度及时组织修复；如本单位不能修复，应当按上级要求组织送修或者就地修理。

第四十五条 装备的保管

（一）设置装备保管室（库）或者专用保管柜，建立账目，专人管理。

（二）妥善保管装备，做好防抢夺、防盗窃、防破坏和防火、防水、防潮等。

（三）严禁任何单位或者个人擅自将装备进行调换、转借、赠送、变卖、出租。

（四）装备交接、送修，应当严格手续，及时登记、统计。装备的损失、消耗情况应当及时上报。

第四十六条 公安民警佩带、使用武器、警械，应当经过严格训练，遵守《中华人民共和国枪支管理法》《中华人民共和国人民警察使用警械和武器条例》《公安机关公务用枪管理使用规定》的规定。

第四十七条 公安机关应当经常进行爱护装备和管理、使用装备的教育和检查，增强公安民警爱护装备的意识，掌握维护保养、保管、检查和正确使用的方法。

第十章 办公秩序与内务设置

第四十八条 公安机关应当加强办公秩序管理，维护正常的工作、学习、生活秩序，保证办公环境整洁优美，秩序井然。

第四十九条 办公秩序

（一）严格门卫制度。办公人员应当凭有关证件出入办公区；必要时持物外出，应当开具持物证明；经批准临时居住的人员，应当办理临时出入证件。

（二）严格控制外来人员、车辆进入办公区。对确需进入办公区的，应当严格登记手续，检查其证件和携带物品，经接待人员允许后方可以进入办公区，并督促其在限定的时间内离开办公区。

（三）雇请临时工作人员应当进行审查、登记，经审查没有问题并批准后方可以雇用。

（四）公安民警在办公时必须姿态端正，不得斜靠、倒卧、翘腿、聊天，不得从事与工作无关的活动。

（五）禁止商贩进入办公区或者在办公区旁摆摊设点。

（六）严禁将办公区内用房出租给他人经商或者从事娱乐活动。

第五十条 公安机关办公区和宿舍区应当分开，基层科、所、队办公室和民警宿舍应当分设。非特殊情况，不得在宿舍内办公或者在办公室内住宿。

第五十一条 城市公安局所属分局、派出所，县公安局所属派出所和责任区刑警中队，应当设置规格统一、美观大方、标志明显的灯箱或者门牌，便于群众辨认。

第五十二条 内务设置

内务设置应当整洁、有序。办公室内的办公用具摆放、图文像表悬挂（张贴）、衣物鞋帽放置以及民警宿舍内的被褥叠放、洗漱用具摆放，应当统一、整洁。

第五十三条 县级以上公安机关应当建立史迹陈列馆、荣誉室等，记录公安工作和队伍建设发展的历史。

第五十四条 派出所和基层警队应当建立小文化室、小健身房、小食堂、小浴室和小洗衣房，丰富民警的文体生活，保障民警身体健康和个人卫生。

第十一章 安全防卫与卫生

第五十五条 公安机关应当重视安全工作，坚持预防为主的方针，建立各项安全制度，实行安全工作责任制。

第五十六条 公安机关应当加强安全教育，增强民警的安全意识，正确处理队伍内部问题，积极消除各种不安全因素。

第五十七条 公安机关领导布置任务时，应当交代安全要求，并采取相应保障措施。公安民警应当时刻保持警惕，严格遵守各项安全制度。

（一）执行拘留、逮捕等任务时，应当认真设计方案，周密组织实施，严防被违法犯罪分子伤害或者误伤群众。

（二）执行审讯、看管、押解等任务时，应当严格遵守有关安全规定，防止发生脱逃、暴狱、袭警等事件。

（三）自觉遵守交通法规，安全行车。

第五十八条 发生安全事故，必须如实及时报告上级，查明原因，总结教训，妥善处理。

第五十九条 卫生健康

（一）公安机关应当经常对民警进行卫生健康教育。

（二）公安机关应当每年组织对民警进行一次体检；积极开展文娱、体育活动，增强体质，丰富民警业余文化生活。

第十二章 警徽、警歌

第六十条 警徽

（一）警徽是人民警察的象征和标志。公安民警必须爱护警徽，维护警徽的尊严。

（二）警徽应当严格按照有关规定制作和使用。

第六十一条 警歌

（一）警歌是人民警察性质、宗旨和精神的体现。警歌的奏唱，可以用于各级公安机关、公安院校的重要庆典、集会、检阅以及其他维护、显示警威的场合。

（二）警歌不得在私人婚、丧、庆、悼活动和娱乐、商业活动以及其他不宜奏唱警歌的场合奏唱。

（三）奏（唱）警歌时，公安民警应当庄重肃立。

第十三章　阅　　警

第六十二条　阅警是地（市）级以上党政机关领导、公安机关领导在重大节日、庆典、集会等重要场合对公安民警队伍的检阅。

第六十三条　阅警应当严格审批制度。县级以下公安机关原则上不得举行阅警；特殊情况下确需举行的，应当报省级公安机关批准。地（市）级公安机关举行阅警，应当报省级公安机关批准。公安院校举行阅警，应当报主管机关批准。

第六十四条　阅警式的主要程序

（一）阅警指挥员向阅警领导报告。

（二）阅警领导宣布阅警开始。

（三）阅警领导检阅队伍。

（四）阅警领导讲话。

（五）阅警指挥员向阅警领导报告。

（六）阅警领导宣布阅警结束。

第十四章　附　　则

第六十五条　本条令适用于全国各级公安机关、铁路、交通、民航、林业系统公安机关和走私犯罪侦查机关及其人民警察。

第六十六条　违反本条令，情节轻微的，应当给予批评教育并当场纠正；情节严重的，应当依据《中华人民共和国人民警察法》《公安机关督察条例》等有关规定采取停止执行职务、禁闭措施，给予辞退、行政处分或者降低警衔、取消警衔等处理；构成犯罪的，依法追究刑事责任。

第六十七条　本条令由公安部负责解释。

第六十八条　本条令自发布之日起施行。1984 年 6 月公安部颁布施行的《中华人民共和国人民警察内务条令》（试行）同时废止。其他有关内务建设的规定有与本条令不一致的，以本条令为准。

公安机关窗口单位服务规定

（2003 年 2 月 17 日）

第一条 为进一步加强公安机关作风建设，提高公安机关窗口单位的工作质量和服务水平，根据《中华人民共和国人民警察法》《公安机关人民警察内务条令》等法律法规，制定本规定。

第二条 本规定所称“窗口单位”，是指各级公安机关值班室、接待室，交警队、刑警队、巡警队、派出所、车管所，出入境管理办证室、边防检查站执勤现场、信访办、办证中心以及其他直接面向社会，接待和服务群众的单位。

第三条 窗口单位接待和服务群众，必须坚持依法、公开、公正，便民、利民和务实、高效的原则，严格执法，热情服务。

第四条 在便民服务设施上，窗口单位应当做到：

（一）昼夜服务群众的窗口单位应当设置指示灯箱或警示红灯、公开电话号码；其他窗口单位应当在醒目地点、位置设置指示标牌。

（二）在接待场所设立警民联系箱（簿）、意见簿，提供办事指南，公布上下班时间和报警、咨询、监督电话，有条件的单位应设置触摸式显示屏服务指南，便利群众办事、救助和反映情况、问题。

（三）根据需要和条件设置供群众使用的桌椅、纸张、笔墨，饮水设施以及其他相应的服务设施，并保持完好有效。

（四）接待、服务场所的提示标志醒目，环境卫生整洁，内务管理井然有序。

（五）城市和城镇派出所办公服务场所与民警休息室应当分设；其他单位也应创造条件逐步分设。

第五条 窗口单位必须建立和实行以下制度：

（一）警务公开制度。依法公开窗口单位的工作职责、执法依据、办事程序、法定时限、收费标准、监督方式以及其他相关内容，主动接受群众的监督和评议。

（二）首接责任制度。接待群众报警、求助、咨询及外来办公、办事人员的首位民警，对属于职责内的事应当及时办理；对不属于自己管辖或职责以外的事，应当先行受理，做好接待记录，及时移交有关部门和人员办理，并向群众说明情况。

第六条 昼夜服务群众的窗口单位和其他窗口单位的工作时间，应当确定民警专人负责接待工作，不得出现空岗或由非警务人员替代。窗口单位的民警在工作期间必须按照《公安机关人民警察内务条令》规定着装上岗，做到警容严整，举止端庄，精神饱满。

第七条 在服务行为上，窗口单位及其民警应当做到：

（一）接待群众态度热情，语言文明，举止得体，执法、服务规范。

（二）严格依法办事，提高工作效率，严格执行有关办事时限的规定。对符合法律规定、手续齐全的，应当当场办结；手续不全的，应当指导群众完备手续；对依法不能办理的，应当向群众说明原因。

（三）严格按照法定的收费项目和标准收费，严格执行有关罚缴分离和“收支两条线”的规定，严格执行票据的管理和使用制度。

（四）严格遵守警务工作纪律和有关廉洁自律的规定。

第八条 窗口单位的民警不得有下列行为：

（一）对待群众作风粗暴，态度冷漠，语言生硬，行为蛮横，办事推诿、拖拉，刁难群众；

（二）工作时间从事与工作无关的活动；

（三）工作时间或工作之前饮酒，或在接待场所、执勤期间吸烟、饮食、闲聊、进行娱乐活动等影响工作形象和工作环境的行为；

（四）向服务对象及其代理人托办私事；

（五）接受服务对象及其代理人请客送礼；

（六）向服务对象及其代理人敲诈勒索或者索取、收受贿赂；

（七）违法实施处罚或者收取费用；

（八）玩忽职守、滥用职权，不依法履行义务；

（九）其他违法违纪行为。

第九条 各级公安机关应当建立窗口单位工作考评制度，加强对窗口单位工作的管理指导和监督检查。年度考评应当与日常考核相结合，考评结果作为对窗口单位及其民警进行奖惩的依据。对执法服务好的单位和个人应当予以表彰奖励；对执法服务差的应当予以通报批评，责令限期整改，并取消年度内评优受奖资格。

第十条 窗口单位及其民警违反本规定，情节轻微的，应当给予批评教育并当场纠正；情节严重的，应当依据《中华人民共和国人民警察法》《公安机关督察条例》《公安机关人民警察辞退办法》《公安部五条禁令》等有关规定，给予相应处理。

公安机关人民警察着装管理规定

（2007年6月5日公安部令第53号发布施行）

第一条 为了加强公安队伍正规化建设，规范公安机关人民警察着装管理，树立人民警察良好形象，根据《中华人民共和国人民警察法》，制定本规定。

第二条 公安机关人民警察（以下简称公安民警）着装，是指公安机关在编在职的职业制人民警察按照规定，穿着全国公安机关统一的制式服装。

第三条 除规定情形外，公安民警在工作时间应当着装。

第四条 公安民警有下列情形之一的，不着装：

（一）执行特殊侦查、警卫等任务或者从事秘密工作不宜着装的；

（二）工作时间非因公外出的；

（三）女性公安民警怀孕后体型发生显著变化的；

（四）其他不宜或者不需要着装的情形。

第五条 公安民警辞职、调离公安机关，或者被辞退、开除公职、因涉嫌违法违纪被立案审查、停止执行职务、禁闭的，不得着装。

第六条 公安民警在工作时间，通常着执勤服；参加训练时，通常着作训服；参加授衔仪式、宣誓、阅警、重大会议、外事等活动时，除主管（主办）单位另有规定外，着常服。

第七条 公安民警着装时，应当严格遵守下列规定：

（一）按照规定配套穿着，不同制式警服不得混穿。警服与便服不得混穿。警服内着非制式服装时，不得外露。

（二）按照规定缀钉、佩戴警衔、警号、胸徽、帽徽、领花等标志，系扎制式腰带，不同制式警用标志不得混戴。不得佩戴、系挂与公安民警身份或者执行公务无关的标志、物品。

（三）保持警服干净整洁。不得歪戴警帽，不得披衣、敞怀、挽袖、卷裤腿。

（四）除工作需要或者其他特殊情形外，应当穿制式皮鞋、胶鞋或者其他黑色皮鞋。非工作需要，不得赤脚穿鞋或者赤脚；男性公安民警鞋跟一般不得高于 3 厘米，女性公安民警鞋跟一般不得高于 4 厘米。

（五）不得系扎围巾，不得染指甲，不得染彩发、戴首饰。男性公安民警不得留长发、大鬓角、卷发（自然卷除外）、剃光头或者蓄胡须，女性公安民警发辫（盘发）不得过肩。

（六）除工作需要或者眼疾外，不得戴有色眼镜。

第八条 公安民警着装时，除在办公区、宿舍内或者其他不宜戴警帽的情形外，应当戴警帽。

（一）进入室内时，通常脱帽。立姿可以将警帽用左手托夹于左腋下（帽顶向体外侧，帽徽朝前）；坐姿可以将警帽置于桌（台）前沿左侧或者用左手托放于左侧膝上（帽顶向上，帽徽朝前）。

在办公室和宿舍内时，警帽挂在衣帽架上（帽顶向外，帽徽朝下），或者统一放置在床铺被褥正上方。

（二）除紧急情况外，驾驶或者乘坐警用摩托车时，应当戴警用头盔。

第九条 公安民警着装时，应当仪表端庄，举止文明，精神饱满，姿态良好。

第十条 公安民警着装时，不得在公共场所以及其他禁止吸烟的场所吸烟，不得饮酒；非因工作需要，不得进入营业性娱乐场所。

第十一条 公安民警着装时，应当随身携带《公安机关人民警察证》。

第十二条 两名以上公安民警着装徒步巡逻执勤或者外出时，应当行列整齐，威严有序。

第十三条 公安民警应当爱护和妥善保管警服以及警衔、警号、胸徽、帽徽、领花等标志，除工作需要外，不得赠送、转借给公安民警以外的人员。

第十四条 公安民警季节换装的时间由省级以上公安机关根据气候条件和工作需要确定。

第十五条 对违反本规定的公安民警，由公安机关警务督察部门依照《公安机关督察条例》等规定进行处置：

（一）情节轻微的，当场予以批评教育和纠正；

（二）情节严重、影响恶劣的，或者拒绝、阻碍警务督察人员执行现场督察工作任务的，可以暂扣其证件及相关物品，通过下发《公安督察通知书》等方式通报其所在单位要求整改。必要时，可以采取带离现场、停止执行职务或者禁闭措施。

第十六条 违规者所在单位收到《公安督察通知书》后，应当对违规者进行批评教育并责令其写出书面检查；对再次违规者，应当在本级公安机关范围内予以通报，并取消当年参与评功受奖资格；对屡教不改或者造成严重后果的，应当按照规定予以纪律处分或者辞退，该单位集体和主管领导当年不得参与评功受奖。

违规者所在单位应当及时向发出《公安督察通知书》的警务督察部门报送处理结果。

第十七条 本规定适用于各级人民政府公安机关，新疆生产建设兵团公安机关，铁路、交通、民航、森林公安机关和海关缉私部门及其人民警察。

第十八条 离休、退休公安民警在参加重大礼仪活动时，可以根据需要，参照本规定穿着制式服装，并佩戴专用标志。试用期尚未评授警衔的公安民警以及公安警察院校学生着装，参照本规定执行。

第十九条 本规定自发布之日起施行。

公安机关人民警察警服主要品种穿着规范

一、执勤服

着春秋执勤服时，佩戴扣式软质肩章和软质警号、胸徽，内着制式圆领恤衫；男性公安民警戴大檐帽或者警便帽，女性公安民警戴翻檐帽或者警便帽。

着冬执勤服时，佩戴扣式软质肩章和软质警号、胸徽，内着制式圆领毛衣；男性公安民警戴大檐帽、栽绒帽或者警便帽，女性公安民警戴翻檐帽、栽绒帽或者警便帽。

着夏执勤服时，佩戴扣式软质肩章和软质警号、胸徽；男性公安民警戴大檐凉帽，女性公安民警戴翻檐凉帽。

二、常服

着常服时，佩戴硬质肩章、警号、胸徽；内着内穿式制式衬衣，系制式领带；男性公安民警戴大檐帽，女性公安民警戴翻檐帽。

三、作训服

着作训服时，佩戴套式软质肩章，戴警便帽，内着制式圆领恤衫或者制式圆领毛衣。

四、多功能服

着多功能服时，佩戴套式软质肩章和硬质警号、胸徽，内着冬执勤服或者冬常服；男性公安民警戴大檐帽或者栽绒帽，女性公安民警戴翻檐帽或者栽绒帽。

五、外穿式制式衬衣

外着外穿式制式衬衣时，佩戴扣式软质肩章和软质警号、胸徽，通常系制式领带，各单位也可以根据工作需要决定统一不系领带；衬衣下摆系于裤腰内，系制式腰带；男性公安民警戴大檐帽，女性公安民警戴翻檐帽。

主要参考文献

1．公安部政治部．公安机关人民警察礼仪问答．中国人民公安大学出版社，2008

2．［美］苏·福克斯．身边的礼仪．机械工业出版社，2008

3．林强．福建中级警官讲堂录．中国人民公安大学出版社，2008

4．机关文明礼仪手册．中央文献出版社，2007

5．步社民．跟我学礼仪全集．海潮出版社，2007

6．［美］林·布伦南等．商务礼仪．新华出版社，1997

7．侯永平．机关公务礼仪．人民出版社，2007

8．谢金生．警察公共关系教程．中国人民公安大学出版社，2006

9．朱燕．现代礼仪学概论．清华大学出版社，2006

10．朱匡宇．礼仪大学堂．文汇出版社，2006

11．张岩松．现代公关礼仪．经济管理出版社，2006

12．董保军．中外礼仪大全．民族出版社，2005

13．金正昆．社交礼仪教程．中国人民大学出版社，2004

14．熊卫平．现代公关礼仪．高等教育出版社，2004

15．礼记．北京燕山出版社，1995

16．郝铭鉴，孙为．中国应用礼仪大全．上海文化出版社，1991